GHQ「児童福祉総合政策構想」と児童福祉法

児童福祉政策における
行政間連携の歴史的課題

駒崎 道
Komazaki Michi

明石書店

目　　次

序　章　被占領期児童福祉政策研究の視角

第一節　研究の目的 8
第二節　研究の視点及びその方法 10
　1　「被占領期」の特殊性 11
　2　検討の枠組み～四つの変容過程 23
　3　研究資料 35
第三節　本論文の構成 39

第一章　児童福祉法制定過程の研究とその課題

はじめに 46
第一節　寺脇隆夫の児童福祉法立案過程の研究 47
　1-1　法立案期前史（1945 年 9 月～ 1946 年 9 月） 50
　1-2　児童保護法立案期／児童保護法案①～③（1946 年 9 月～ 12 月） . . 51
　1-3　児童福祉法立案前期／児童福祉法案④～⑧
　　　（1946 年 12 月～ 1947 年 3 月） 54
　1-4　児童福祉法立案後期／児童福祉法案⑨～⑪
　　　（1947 年 3 月～ 11 月） 57
第二節　児童福祉法及び行政の「問題性」 59
　2-1　児童問題に対する法と行政特色 59
　2-2　児童福祉法の問題性 60
　2-3　児童福祉行政の問題性 62
第三節　児童福祉法制定 30 周年の研究課題 63
　3-1　「法成立の経過と法案の推移」 64
　3-2　「法対象の拡大とその限界」 67
第四節　本研究における児童福祉法制定過程研究の課題 70

第二章　被占領期における児童福祉政策研究

第一節　村上貴美子の厚生省公文書分析による被占領期児童福祉政策研究‥76
　　1-1　戦時下の児童保護対策 77
　　1-2　生活困窮者対策としての「児童の保護」. 78
　　1-3　児童局設置に至る過程 80
　　1-4　児童という特殊ニード 81
第二節　岩永公成のGHQ資料分析による被占領期児童福祉政策研究 82
　　2-1　終戦以前の米国対日児童福祉政策方針 83
　　2-2　被占領初期のGHQ児童福祉政策構想 89
第三節　本研究における被占領期児童福祉政策の研究課題 95

第三章　GHQ「児童福祉総合政策構想」

第一節　被占領期の福祉政策概要とその方針. 100
　　1-1　GHQセクションの概要 100
　　1-2　PHWの「総合的な福祉政策」 103
第二節　GHQ「児童福祉総合政策構想」第一期（1946年9月～10月）. . 105
　　2-1　記録用覚書・日本帝国政府宛覚書「世話と保護を要する児童」
　　　　について（9月9日） 106
　　2-2　記録用覚書「『世話と保護を要する児童』の提案の検討に
　　　　関する会議」（9月17日） 116
第三節　GHQ「児童福祉総合政策構想」第二期（1946年10月～11月）. . 122
　　3-1　GHQ「児童福祉総合政策構想」の発令（10月18日）. 123
　　3-2　記録用覚書「児童福祉」 124
　　3-3　「完全な意味における児童福祉計画」（1946年11月）. 128

第四章　GHQ「児童福祉総合政策構想」変容過程1（ABC）
〜厚生省における「不良児対策」の「一元的統合」議論〜

第一節　前史——児童福祉政策をめぐる二つの歴史的課題 140
　　1-1　「非行児」の行政所管における内務省と文部省の対立 141
　　1-2　「大正少年法」をめぐる内務省と司法省の対立. 142
　　1-3　戦時下の厚生省「児童福祉」構想と「児童局」構想 145
第二節　戦後の厚生省官制における児童行政の変容 149
　　2-1　「児童婦人局事務分掌一覧（案）」（1946年10月）. 149

2-2 GHQ構想以降の児童局所管の変容......................152
第三節 「児童福祉総合政策構想」変容過程A......................157
3-1 児童保護法案とGHQ構想の相違点......................158
3-2 中央社会事業協会の「意見書」（1947年1月）......................159
3-3 行政統合方針における厚生官僚の強い意志......................165
第四節 「児童福祉総合政策構想」変容過程B......................167
4-1 「児童の総合立法」としての児童福祉法案と「一元的統合」議論..169
4-2 参議院厚生委員会における「児童院」構想
（1947年9月～11月）......................177
4-3 児童保護の歴史的課題と近き将来の一元化......................183
第五節 「児童福祉総合政策構想」変容過程C......................188
5-1 被占領期の司法省・法務庁における少年法制度確立の概要......189
5-2 少年法改正をめぐる歴史的課題解決への手がかり......................195
5-3 「児童福祉の基本方針」における法制的整備......................199
5-4 「虞犯少年」をめぐる調整......................202

第五章　GHQ「児童福祉総合政策構想」変容過程2（D）
～青少年不良化防止対策をめぐる「連携的統合」議論～

第一節 前史——戦時下の青少年不良化防止対策......................213
1-1 内務省の青少年不良化防止対策概要......................214
1-2 文部省の不良化防止対策概要......................215
1-3 厚生省・司法省の青少年不良化防止対策概要......................216
第二節 「児童福祉総合政策構想」変容過程D......................218
2-1 児童福祉法制定後の青少年不良化防止対策の議論......................219
2-2 法務庁における青少年犯罪防止対策の検討......................223
2-3 「青少年犯罪防止に関する決議」に至る国会審議......................225
2-4 「青少年指導不良化防止対策基本要綱」に至る議論......................228
2-5 「青少年不良化防止に関する決議」に至る厚生省関係者の議論...231
2-6 「青少年不良化防止に関する決議」に至る国会審議......................239
第三節 戦後の文部省による青少年不良化防止対策の検討......................253
3-1 戦後初期、文部省「青少年不良化防止」対策の検討......................254
3-2 青少年教護委員会による三つの建議......................255
3-3 「青少年研究所設立」に関する「事務」所管の議論......................258
第四節 青少年問題対策協議会設置......................260
4-1 青少年問題対策協議会設置過程......................261

4-2 「青少年問題対策協議会決定事項中本年度内に実施すべき
　　　緊急対策要綱」（1949 年 8 月 30 日）....................... 264
4-3 青少年問題対策協議会の「連携的統合」に関する国会審議...... 270

終　章　行政統合議論とGHQ構想の変容と着地点

第一節　混合型改革としての被占領期児童福祉政策 284
　1 GHQ構想における対象範囲拡大と行政統合の方針.............. 284
　2 混合型改革としての児童福祉政策 285
第二節　GHQ「児童福祉総合政策構想」と厚生省の歴史的課題 286
　1 感化院と矯正院をめぐる所管の議論...................... 286
　2 戦時下の厚生省社会局児童課長の児童福祉構想と対象拡大....... 286
　3 戦時下の関係省庁の「連携的統合」による青少年不良化防止対策 ... 287
第三節　児童行政の対象範囲 287
　1 1938 ～ 1947 年までの厚生省官制の児童行政の変容、
　　　及び児童保護の対象の変容........................... 288
　2 「一般児童」と「特殊児童」の保護と不良化防止対策の位置づけ ... 288
第四節　GHQ「児童福祉総合政策構想」変容過程 1............... 289
　1 対象範囲の拡大、児童保護から児童福祉への理念転換
　　　（変容過程A）................................... 289
　2 児童保護行政の「一元的統合」（変容過程B）................ 290
　3 児童福祉法研究会が指摘した児童福祉法の「矛盾」生成過程...... 291
　4 「不良児対策」の「一元的統合」（変容過程C）............... 291
第五節　GHQ「児童福祉総合政策構想」変容過程 2................. 292
　1 戦後の青少年不良化防止対策をとりまく状況 293
　2 青少年不良化防止対策の行政統合方針の転換 293
　3 青少年問題対策協議会設置過程 295
第六節　本研究の限界と課題 296

文　献 299

おわりに 303

序　章　被占領期児童福祉政策研究の視角

第一節　研究の目的

　児童福祉法は、1947年12月12日に公布され、翌年1月より施行された。児童福祉分野の研究では、この法律が、その総則第1条の2で「すべて児童は、ひとしくその生活を保障され、愛護されなければならない」としているように、いわゆる要保護児童政策から大きくその政策理念を転換したことが高く評価されてきた。だがこの総則と、児童保護中心の法内容の齟齬、また戦後日本の児童福祉政策の基底にある連合軍最高司令官総司令部（General Headquarters, Supreme Commander for the Allied Power = GHQ/SCAP 以下GHQ）の児童福祉政策構想の出発点は、治安維持を目的とした不良児対策が主なものであることが先行研究から指摘されている。つまり、第二次世界大戦後、かならずしも児童福祉への単純な理念転換が行われたわけではなかった。

　戦後の児童福祉政策及びこの児童福祉法を、それが制定された「被占領期」との関係で検討した研究は少なく、1980年代後半以降になってようやく村上貴美子と岩永公成の研究成果が公表された。村上は、1987年に厚生省公文書を中心に、岩永は2002年にGHQの一次資料を中心に、それぞれ検討している。この二つの研究において、戦後の児童福祉政策の基底に、GHQの児童福祉政策構想があったことが指摘されている。村上は、この児童福祉政策構想を「日本政府」が歓迎し、困窮者・児対策から児童福祉政策へ切り替わったこと、岩永はその基本方針が、「対象児童の一般化」及び「関係機関との連携」であったことを明らかにした。なお1970年代の寺脇隆夫の研究においても、児童局設置と児童福祉法の関係を検討する中でGHQの「全児童計画」の意義を指摘しているが、1970年代後半のGHQ資料公開の限界からか、踏み込んだ検討は行われてはいない。

　この村上と岩永によって確認された、「被占領期」GHQの児童福祉政策構想を、ここでは仮にGHQ「児童福祉総合政策構想」（以下GHQ構想）と名付けておきたい。GHQは、占領以前から対日占領政策における児童福祉の分野に関して、治安維持という視点より、不良児対策をその中心にお

8

いていた。占領後、街にあふれる戦災孤児、浮浪児の保護の現状や課題、それに対する日本政府の認識の問題など検討を重ねたGHQは、児童福祉政策は民主化政策の主軸として教育改革と同等な重要性をもつという結論に達した。間接統治体制においてGHQ構想を実施する日本政府に求められた行政統合の方針は、関係省庁それぞれの専門的分業を維持しつつ「連携的統合」によって「児童福祉総合政策」を実施していくことであった。特に司法省の一部、及び文部省の所管を厚生省に「一元的統合」しないことが明記されていた。

　他方、要保護児童政策から大きくその政策理念を転換したという上記の定説に対し、1960～1970年代に児童福祉法研究会及び寺脇隆夫によって、その法制定過程における方針の「矛盾」や、総則と法内容との「乖離」等について疑問が投げかけられた。それは、第一に制定過程の初期、児童保護法立案時期に、「健康及び文化」の項目で、「普通児童」対策を前面に打ち出す方針を示しながら、少年教護と司法省の一部を含む行政所管の統合、つまりは「特殊児童」を中心とした児童保護対策の一元化方針に執着していたという、方針の「矛盾」である。第二に、児童保護から児童福祉に法理念が大きく転換され、児童福祉法の対象範囲「すべて児童は」が総則に示されながらも、法内容は、上記の「特殊児童」の保護や施設設置基準が中心になった点を、総則の対象範囲と内容の「乖離」として指摘したのである。特に「普通児童」対策に関して、児童保護法案の初期に掲げられた「健康及び文化」の内容よりも、母子保健と保育所、「児童厚生施設等」、「特殊児童」に「限定」されたのはなぜかという点が問題となった。

　このように児童福祉法制定過程及びその改正過程において、厚生省は、一方でGHQの「連携的統合」による全児童の福祉の達成方針を「歓迎」しながら、他方で司法省所管の一部である、いわゆる非行少年・不良児対策の「一元的統合」の主張を、行政機構改革または他の関連法制との調整において、繰り返し強調していく。児童福祉法は、このような、厚生省の「連携的統合」と「一元的統合」の矛盾に満ちた行政統合の議論の果てに成立し、またその改正が促されていったものである。

　本研究は、このGHQ「児童福祉総合政策構想」を起点として、児童福

祉法の制定過程を厚生省の「連携的統合」及び「一元的統合」の議論を通して再検討することを目的とする。

　厚生省の不良児対策における行政統合の議論を中心に、法制定の経緯と理由を、GHQ構想を起点として再検討することは、児童福祉法研究会等が指摘した、児童福祉法の孕む矛盾や疑問を明らかにする上で、一つの貢献をなし得ると考える。

第二節　研究の視点及びその方法

　「被占領期」の複雑な行政構造によって、GHQの「基本構想・理念」と「現実に成立したもの」の「乖離」及び「変容」が生じた（大橋 1991：90）分野は、児童福祉分野だけに限らない。行政学及び教育行政学の「被占領期」行政構造研究においては、その「乖離」及び「変容」の理由として次の二点が明らかにされている。第一にGHQは、日本においては間接統治という占領形態を選択したため、戦後改革及び政策の実施主体は戦後に生き残った官僚が担うという二重構造が生じていたことである（辻 1995：273）。第二に、この二重構造の中で、戦時体制の解体及び省庁再編、新憲法に沿った各法制が同時に検討されており、官僚らは一方でGHQ構想を受容しつつ、他方でGHQ構想とは異なる、戦前からの歴史的課題を戦後改革の中で実現させようとした点である（西本 1985：荻原 2006）。つまり、児童福祉法制定過程研究で指摘された「矛盾」や「乖離」も、この同じ構造によって生成された可能性がある。

　本研究では、第一に、児童福祉法制定過程の背景となった、「被占領期」の行政機構及び法制度改革の特殊な位置に着目する。すなわち、（1）戦前からの「連続」と占領による「断絶」の混合型としての戦後改革の中に児童福祉法の制定を位置づける。（2）内務省から厚生省へ受け継がれた官僚の歴史的課題認識を確認する。（3）二重統治下における法制度の整備として把握する、（4）戦時体制の解体及び省庁再編の動向に注目する。第二に、以上の被占領期改革の特殊な位置を前提として、起点としてのGHQ構想

が、司法省と重複する児童保護及び青少年不良化防止対策をめぐる議論の中で変容していく過程を把握し、その中に児童福祉法の制定と改正を位置づける。この過程は、「変容過程ABCD」の四つに区分・整理し得る。この「変容過程ABCD」を分析することによって、矛盾に満ちた児童福祉法の意味が明らかになってくると考える。

1 「被占領期」の特殊性

(1)「混合型」政策アプローチとしての戦後改革

「被占領期」と戦後改革に関する先行研究は膨大な数にのぼる。本研究ではその詳細には立ち入らないが、「被占領期」の政策時期を分類し、様々な占領研究の整理、再構築を行った中村正則の研究を参照したい。中村は、「日本占領の諸段階—その研究史的整理—」において、被占領期の諸段階に関して以下のように述べている。

　　一九四五年から約七年ちかくに及んだ連合国による対日占領（事実上は米国の単独占領）は、「第二の開国」といわれるように明治維新に匹敵する、壮大な改造の時代であった。しかし、この占領期は国際情勢の面でも冷戦の激化と重なっており、また国内的にも経済情勢、保革の対立状況、国民意識の変化などが推移しており、決して一直線の道ではなかった。そこで占領期を時期区分してみると、およそ次の三期に分けることができよう。
　　　第一期　一九四五年八月から四八年末まで…非軍事化と民主化の時代
　　　第二期　一九四八年末から五〇年六月まで…対日占領政策の転換により「改革」から「復興」への力点移動が始まった時代
　　　第三期　一九五〇年六月から五二年四月まで…朝鮮戦争の勃発からサンフランシスコ講和にいたる時代　　　（中村 1994：87）

本研究が対象とする時期は、中村の被占領期の区分において、第一期及

び第二期中盤までが該当する。中村は、「日本占領の諸段階」として、第一期を戦前からの「いわゆる『連続と断絶』問題」に的をしぼって、その学説の変遷を検討している。すなわち、「学説史的にみると、『断絶説』が通説的な位置を占めていたといってよいが、1970年代に『連続説』が浸透しはじめ、1980年代になるとむしろ『連続説』が支配的となった観さえある。これは時期的にいうと、日本が二つの石油危機を乗り切って、経済大国としての地位を確定し、世界的にも『日本モデル』がもてはやされるようになった時代に対応する。だが、他方で1990年代に入ると『連続か断絶か』の不毛な二者択一から抜け出ようとする試みが出てきた」。その1990年代の試みとして、中村は五百旗頭真の戦後改革の三類型を紹介している（中村1994：91）。

A　日本側先取り改革定着型──労働組合法・選挙法──連続
B　混合型──農地改革・地方自治法──GHQ・日本政府の共同作業、連続と断絶の混合
C　GHQ指令型──憲法改正・警察法・財閥解体・独占禁止法──断絶　　　　　　　　　　　　　　　　　　　　　　（中村1994：91）

　五百旗頭は、この三つの類型のうち、「混合型こそが、占領改革の縮図であり、事実は両要素の組み合わせの程度と性格が問題なのである」（五百旗頭1990b：78）として、Bの「混合型」を「典型」と規定している（「(B) 典型─混合型」）。このことについて中村は、これはまだ試論の域を出ないとしながらも、「政策の構想から立案・実施とその効果（受益者層の分析）にまで研究」が進むことによって、「混合型」を実証し、「従来の不毛な二者択一」＝「連続・断絶」学説から解き放たれ複眼的な視点を獲得することができるのではないか、と指摘している（中村1994：91）。
　五百旗頭の「占領改革の三類型」A、B、Cの「(A) 日本側先取り改革定着型」と「(B) 典型─混合型」をもう少し詳しく確認してみよう。（A）型においては、労働組合法と選挙法が挙げられているが、労働組合法は、「敗戦必至を見て取り、戦後に労働問題が再び重大化することを予見した

開明的官僚」が「戦前日本の経験に立脚」して行ったものであり、「戦前期に労働立法にむなしい努力を重ねてきた人々にとって、戦後の努力は、自ら行わねばGHQに強制されるかもしれない改革の『先取り』であったが、それに劣らず積年の課題と夢を実現する政治的機会の到来という意味合い」があったのだという（五百旗頭 1990a：107）。

　このような「先取り改革」が可能であったのも、「米国側が『国民の自由に表明する意思』を重視していることは、ポツダム宣言でもすでに明らか」であり、労働組合法及び選挙法は、戦前期の経験に基づいて「内務官僚主導型の立案」が早期になされたのであった（五百旗頭 1990a：108）。他方、「（B）典型―混合型」の性格は、（A）型とGHQ改革のミックスであるが、その混ざり方については、「（A）日本先取り改革定着型は、戦前の経験に基づく日本政府の自主的立案と、GHQによるその承認を二要件としていた。前段が同じであるが、後段が異なるのが、この（B）型である。すなわち、戦前の経験に立脚して、日本政府は先取り改革を推進する。しかしGHQがそれが充分に『民主的でない』と拒否するとともに、一層徹底した改革を指示するのが、（B）典型―混合型である」と述べている（五百旗頭 1990a：110）。

　本研究も、以上の新たな占領期研究の成果に学び、「被占領期」の児童福祉法制定・改正過程を「混合型」という角度から捉え、その「程度と性格」を検討してみたい。

(2)「間接統治」と官僚の歴史的課題認識（アクターとしての官僚）

　以上のように、「被占領期」政策が「混合型」とならざるを得なかった重要な要素として、間接統治という形式と、戦前からの「連続」した存在である厚生官僚が、「被占領期」にどのような立ち位置を獲得し、戦後児童行政の形成を行ったのかという点が重要なものとなる。

1）間接統治と官僚の粘着力

　「間接統治」という用語を使ったのは、行政学の辻清明である。辻は、「被占領期」のGHQの間接統治と実施主体である日本政府との関係を『日

本官僚制の研究』において以下のように述べている。

　　ポツダム宣言の実施が、このようにして、「間接統治」の形式を
とったところから、当然、この政策を実行する担当者が日本側に求め
られることになり、その唯一の責任者となったのが、官僚機構だった
わけである。もとより、連合軍にとって、わが国の官僚機構を占領政
策の代行機関とすることが、そのまま、この存在に対する承認を意味
するものではなかったことは、九月六日に、東京のＳＣＡＰへ送付さ
れたところの「降伏後におけるアメリカ初期の対日方針」のなかに、
日本に現存する政治形態を利用する（to use）だけで、支持するもの
ではない（not to support）と書いているところからも明瞭であろう。
～（中略）～けれどもわが国の行政機関は、決して、そのような技術
的存在ではなく、むしろ機構全体として、数十年の永きにわたり、権
力的支配に参加してきた重要な政治的存在であった。ひとたび、日本
の行政機関に、占領政策を実施するという重要な役割があたえられた
となるや、あたかも、地に臥していた竜が雲をえたごとく、それは官
僚機構の本然の姿を露呈しはじめたのである。（辻 1995：273-274）

　また、被占領期の「新憲法体制に即応したわが国の行政機構の再編問
題」としての「官僚制」について、岡田彰も『現代日本官僚制の成立—戦
後占領期における行政制度の再編成—』の中で、「国会を最高機関とした
ものの、政党は未成熟であり、片山内閣においても、官僚制改革への関心
よりも官僚への依存とその活用が優先したのである」と指摘している（岡
田 1994：104）。さらに、戦時下に大蔵省に入省した庭山慶一郎も、この被
占領期は、官僚もまた、「一番仕事がしやすく、従ってはり切っていた時
代」（庭山 1973：35）であったことを回顧している。
　このように、間接統治という占領体制であったため、敗戦後に戦時体制
が解体される過程において、「機能」として活用されるはずだった官僚制
が「政治」的な主体者となり、戦前及び戦時下の政策方針及び政策形態の
継承が図られたという。

14

序　章　被占領期児童福祉政策研究の視角

　GHQによる「激しい」民主化の時代にも生き残った被占領期の官僚制の性格を、辻は「強靭な粘着力と生命力」と印象的な言葉で表現している（辻 1995：264）。またこの「強靭な粘着力と生命力」を持つ官僚制が、占領の「協力者」、また「抵抗」者から政治の「主体」者として変容していく側面を分析した岡田彰や西本肇等の研究をさらに参照してみよう。

2) 占領の「協力者」としての官僚
　岡田彰は、上記の著書において、「第一節　占領を規定するもの」として、まずポツダム宣言を挙げている。それは、「日本占領は軍国主義の駆逐による世界平和、安全、正義の新秩序の確立と日本国の戦争遂行能力の破砕、それに日本政府による国民の民主主義的傾向の復活教化に対する一切の障礙の除去、言語、思想信条の自由、基本的人権の尊重」であった（岡田 1994：3）。
　「占領」政策の目的は「侵略をすすめ、敗戦に導いた国家体制を否定し、国民の自由な意思の表明に基づく政府という新たな統治体制を確立する」ことにあった。また間接統治という統治形態を通して、この「占領」政策を遂行するために必要なものは、敗戦国である日本の残存勢力から「協力者」を確保することであった、と岡田は指摘する。目的に示された「自由な意思を表明する政府」の形成は、すなわち日本政府が主体的に自らの意思によって民主主義的改革を行うことであり、「占領の成果」としての「評価」はそこにあった。しかし、岡田が指摘するように「協力者」にも「固有の伝統や習慣」があり「新たな体制、政府が樹立されたとしても、占領目的に即した政策がすべて支持されるという保障はない」というリスクがあったのである（岡田 1994：3-4）。
　さらにこの「協力者」と「占領者」の関係及び相互作用に大きな影響を与える要因として「有限の占領」という「期間」の問題を岡田は挙げている。この「有限の占領」という制限によって生じる、被占領期における占領政策の変容、それらは次の三つの段階に分類されているという（岡田 1994：4）。
　①「理想的、全面的、概括的な占領政策」には、時間の経過とともに、

15

より具体的、個別的、現実的なものへすすみ、「見通しと実態との乖離という問題」が生じる。

　②「占領者」と「協力者」、つまりGHQと日本の各中央省庁との相互作用は、時間の経過に伴いGHQ自体が「政策の補強ないし修正」を迫られる。

　③「協力者」自体が主体として「既成秩序の破壊と再編」から「新たな秩序」形成のための秩序を模索し、その安定化の努力を進める一つのパワーを獲得する。(岡田 1994：4)

　これらの特徴は、間接統治による占領政策が、いかに「協力者」＝官僚というアクターによって変容されていったのかを検討することの必要性を示している。さらに岡田は「官僚制の特質」を解明する作業として、「占領者」と「協力者」の相互作用とその結果としての「国の行政機構の再編」と、もたらされた「課題」の「検証作業」が必要であることを指摘した（岡田 1994：5）。

3)「被占領期」教育行政構造分析の手法

　「被占領期」の「混合型」政策のアプローチをとった研究として、学ぶところの多いのが、教育行政学の戦後教育改革に関する研究である。とりわけ、西本肇「戦後における文部行政機構の法制と環境（一）」(1985) と、荻原克男『戦後日本の教育行政構造──その形成過程』(2006) は、従来の教育行政学における戦後教育改革に関する主な研究手法が、GHQ資料の分析であったが、これのみでは有効でないこと、GHQ資料は、「むしろ改革に対応した執行権力としての文部省の性格を照らし出す一つの鏡」（荻原 2006：15-16）として用いることが有用であると指摘する。

　西本は辻清明の「間接統治」という占領形態の概念を用い、日本の官僚が「技術的な存在ではなく、むしろ機構全体として、権力的支配に参加してきた重要な政治的存在であった」（辻 1995：273-274）こと、占領政策の実施主体であることを指摘する。このような理由から、西本は従来の研究において、「被占領期」の積極的な自主的文部行政改革が単純に評価されている点、さらにはこの自主的改革の民主化の「不徹底さ」に関して何も

検討されない点に疑問を呈した（西本1985：71）。この文部省の自主的改革は、「日本官僚制の積極的抵抗という文脈の中でこそリアルに認識されうる性質」のものであり（西本1985：72）、「単純な連続と断絶のワクに解消できないような二重の改革課題の同時解決といった面を有している」と指摘している（西本1985：73）。「単純な歴史の連続や断絶のワクに解消できないような二重の改革課題の同時解決」とは、占領政策の受け入れと、その民主化政策の中で戦前戦中からの歴史的課題を解決しようとする二重構造を示す。西本は、戦前戦中の内務省と文部省の関係を挙げ、戦後改革において文部省は、積極的な自主改革による生き残りと、GHQの地方分権化の大義名分により内務省からの独立を図ったと指摘する。この生き残りと独立のために、文部省は地方分権と民主化の改革を実際は消極的な程度に留め、1951年以降の文部行政の中央集権化に続く文脈を形成したと結論づけた（西本1985：71-73）。

　西本の研究を引き継いだともいえる荻原克男『戦後日本の教育行政構造──その形成過程』（2006）においては、従来の通説評価、すなわち戦後教育行政改革によって「文部省が指導監督官庁から指導助言機関へ性格転換した」（荻原2006：3）にもかかわらずその転換が不徹底であった理由の解明を試みた。「"転換"説は、基本的にはこうした文部官僚自身による、みずからへの改革の性格づけの域を出ないものである」と批判し（荻原2006：7）、次のような説を展開する。

　文部官僚がGHQの地方分権化政策を基本としたこの「転換」定説を強調し、「一貫性」のある「不徹底」な地方分権化を行うことにより、むしろ着々と教育行政の実施体制を中央集権化していくことができたのである（荻原2006：45）。そのような矛盾ともいえる文部官僚の目指すところは、戦前からの「地方教育行政の所管問題」の解決であった。文部省は、地方教育行政の所管を「内務行政系統からの引き離しと、みずからの行政領域への専管的一元化の課題」を実現しようとしていたのであった（荻原2006：35）。このような文部省における教育行政の「専管的一元化」は、文部省にかかわらず「内務省による一元的中央統制機構から他の中央各省による『タテワリ』統制機構への移行、という全体的な行政機構の変動方

向となんら矛盾しない」と荻原は述べている（荻原 2006：45）。

さらに、「この一貫して一元的な『タテワリ』性という機構的特質が、非権力的な『指導』機能を通じた中央による実質的な規格付けを可能にしているのではないか」、との仮説を提示し、「文部行政においてはその『タテワリ』性がより一貫した機構として制度化された点」を明らかにするため、文部省と内務省の戦前戦中の前史を検討している（荻原 2006：ⅱ, 36-37）。それは、西本が指摘した占領政策に沿った積極的な自主改革による「日本官僚制の積極的抵抗」と、戦前戦中からの歴史的課題解決を結びつける作業であった。

(3) 二重統治下における法制度の整備

辻、岡田が指摘した「被占領期」の間接統治におけるGHQと官僚の関係、また中村、五百旗頭による「被占領期」の特殊性、GHQ介入による歴史の断絶と連続の「混合型」改革の中で、戦後の法制度の基礎が形成された。岡田は、「新憲法」に基づいた行政改革の特徴として「官制」の「法律化」を挙げている。「官制大権の消滅により、勅令という立法が不可能」となったため、「行政府を規定していた勅令に代わる法律化が必要となった」のである。国会は、「内閣法案、行政官庁法案等」の制定によって「国家権力の最高機関として、また唯一の立法機関として、行政府に関与する機能を発揮する機会」を得た。新憲法制定の具体的な役割を担った法制局は、「従前の『官制』の法律化を立法技術的に措置する」ことによって「改革そのものを現状維持的」に留めようとしたことを岡田は指摘する。その結果として「新憲法と官制との形式的な整合性を重視し、新憲法を理念レベルにとどめることによって、実質的には従前の秩序を形成した官制の体系の温存を図ること」となったのである（岡田 1994：117-118）。

岡田が指摘するように、「官制の体系の温存」は、官僚制の温存でもあったといえるであろう。勅令ではなく「法律化」へと大きく変化したように見えるが、行政機構全体と新憲法との関係は、官制、官僚制の維持という骨格を維持したままであったことがわかる。岡田が示したこの「官制の体系の温存」システムについて、戦後の行政機構改革・行政整理の背景

序　章　被占領期児童福祉政策研究の視角

を通して福沢真一も同様の見解を示している。第一に戦後、GHQによって「戦時中の総力戦体制で肥大化した行政機構が整理・縮小」され、また「官僚主義を打破し民主化改革を推進」するために、地方分権体制の確立が目指されたこと。第二に「内閣や各省庁」から一定の独立性を有する「多様な合議機関が中央・地方に設置」されたことにより、「わが国の政治・行政機構は大きく変化を遂げた」とされた。しかし福沢は、「GHQは間接統治方式により日本政府・官僚機構を活用した占領改革実施の方針をとっていたため、内務省を中心とした戦前からの行政組織は基本的に温存されていた」と述べている。(福沢 2010：111)。

(4) 戦時体制の解体及び省庁再編

平野孝は『内務省解体史論』(1990) の中で、GHQの対日占領政策基本方針を検討している。そこには「占領以前」既に日本の中央政府機構に関して「膨大に報告書」が作成されていたことが指摘されている。しかしながら、その「報告書」だけでは、日本の中央政府機構の「実態を把握」するには不十分なものであったため、GHQの「政策も端初的なもの」に留まっていたことが述べられている (平野 1990：62)。

1) GHQによる戦時体制の解体

占領後、「機構に関する報告」(1945年9月19日) によって調査が開始され、GHQは「軍国主義的要素を一定程度排除された行政機構に占領政策の代理執行機能を遂行」させていた。それと併行し、占領政策が立案されていったという (平野 1990：62)。平野は、「『戦後改革』期におこなわれた政治領域の改革」において中心となったGHQの民政局 (Government Section) に焦点を当て、「民政局のどの機関が、どのような体制の下で内務省の分権化・解体を担ったのか」を検討している。内務省の解体は、戦後初期の中心となる機構改革、戦時体制の解体である (平野 1990：86)。

新憲法施行 (1947年5月3日) をもって統治構造改革の占領政策が示された。その少し前になる同年4月30日、ホイットニー民政局長名による「内務省の分権化に関する件」が日本政府に提示され、内務省の「分権化」

19

作業が開始される。しかし、内務省の分権化問題をめぐる「折衝の過程」
の中で、GHQ当局は「内務官僚を中心とする日本の官僚勢力の抵抗とサ
ボタージュ」を認識したことから、1947年9月16日マッカーサー書簡に
より、内務省解体・廃止が指令された。このように、内務省に関する民政
局の政策は「当初の『分権化』方針から『解体』へと転換」し（平野
1990：96）、結局平野が述べるように「一九四七年一二月三一日、内務省
は廃止され、残務処理を行った内事局も、四八年三月六日に廃止された。
中央行政機構の改革は、内閣の強化と内務省、司法省の廃止を両極とする
ものであった」[1]（平野1990：62-63）。この解体が、実質的に「戦時行政体
制の解体と行政民主化の推進」（平野1990：195）となったわけである。

2) 被占領初期の省庁再編

1945〜1948年にかけ行政機構全体においては、上記のようなGHQ主導
の戦時体制の解体が行われており、また民主化政策の要となった新憲法制
定とその体制づくりが行われていた。この最初の行政機構改革と草案作成
の中心となったのは、内閣補助部局の法制局であった（岡田1994：5）。

この法制局は、「敗戦直後からすでに憲法改正の調査作業に着手」（岡田
1994：6）しており、「憲法改正や主要法令の改廃という新憲法体制の整備
過程の初期段階では、法制局が実質的な主役を演じた」（岡田1994：7）と
されている。だが法制局自体が行政構造の中で統制力を強めることに懸念
を示したGHQ/SCAPの要請により、1946年10月28日に行政調査部の臨
時設置がなされた。「他方、民生局との合意や指示」によって「行政機構
及び公務員制度並びにその運営の根本的改革に関する件」が1946年9月
6日に閣議決定され、「GHQ側の要望もあり、今後我国の行政機構及び公
務員制度の改正において、GHQ側と折衝をなす場合には、行政調査部に
おいて終戦連絡中央事務局と連絡の上これをなすものとし、各庁区々にこ
れをなさざること」（岡田1994：40）とされた。

「行政組織の改編」については、民政局が「すでに一月から繰り返し、
非公式ルートを通じて、事前にこれを提出することを求めていた。各省と
これを所管するGHQセクションの "独自の改編" は法制局・民政局の両

者にとって好ましいものではなかった。改正憲法のもとで行政機構をいかに構成し、その整備をすすめるか、法制局にとっては統合的な一体性を図る上でも大きな障害であった。民政局もまた各セクションの割拠性に煩わされていたのである」（岡田 1994：41）。本研究の起点である、1946 年 9 月〜 11 月の GHQ「児童福祉総合政策構想」における児童局設置に関しての公衆衛生福祉局（Public Health and Welfare Section：PHW）と民政局のやり取りも、この方針に従っていたといえよう。

　このように、行政機構改革は、各省庁の割拠性だけでなく、GHQ の各セクションの割拠性によりその性質が増幅されたことがわかる。民政局も法制局もこの割拠性の増幅に対処するため、「行政調査部による窓口一本化」を行ったのである（岡田 1994：40）。

　厚生省も PHW と共に省内の機構再編を行い、社会局援護課を廃止し、児童局の設置を計画することになる。だが行政機構全体の財政の「節約」からも、このように新しい機構を設置しても、現状の職員の中で対応していくことが求められており、予算配分の紛争がおきたとしても不思議はない。厚生省の社会局と児童局の予算の取り合い（厚生省児童家庭局 1978：237，254-255）[2] もその一つだったといえよう。さて、1946 年 10 月 28 日より、前述の内閣に設置された臨時行政調査部が、新憲法下における行政制度の根本的改革の調査立案にあたることとなった。この行政調査部が中心となって行った重要改革の中でも、先述した内務省解体と並んで、司法省解体と法務庁設置は、厚生省の法制度ならびに行政機構再編と深く関係する。特に厚生省による司法省の一部との「一元的統合」議論が、第一回国会の児童福祉法案審議で再議論された一つの契機は、この司法省の解体であった。

3）「被占領期」行政機構の統合化とその調整

　ところで、これまで述べてきた「被占領期」把握の視点に加えて、本研究で重視すべきは、当時の行政機構改革の中で、省庁間の「一元的統合」「連携的統合」がどのような意味をもって登場したかを明らかにすることである。

行政学者の牧原出は、戦後初期「被占領期」の行政機構改革は、省庁間の「連携的統合」に関する議論というよりも、戦時体制の解体と民主化を行うために、どのように行政機構を「簡素化」「分化及び純化」＝「統合化」するかが、検討の中心であったと指摘した。つまり、当時の行政機構改革は「一元的統合」方針が中心となっていたといえるのである（牧原2005：84）。3) 牧原は、この点に関して、当時の「調整」の意味を以下のように指摘する。

　　しかしながら戦時期に制定された官制や戦後の各省設置法は、組織の権限または事務内容を表す際に、「総合調整」・「調整」という文言を用いており、とりわけ戦中・戦後にかけて内閣に設置された機関の多くが「総合調整」を任務とするという規定をもっていた。これらは新憲法体制にともなう行政機構の整備の中で整理され、1949年の国家行政組織法並びに各省設置法の整理以降、総理府の任務に「総合調整」を規定するほかは、原則として各省の調整関係事務は「調整」または「連絡調整」と規定するよう統一が図られた。
　　このように、戦後の行政機構の確立と占領終結に際して、「調整」は、まずは組織法上の概念ではあり、改革をめぐる言説の中で使用されてはいたが、アメリカの行政管理に関する大統領委員会、オーストラリアのRCAGA、ドイツのPRVRのように、改革課題を象徴的に表す概念になってはいなかった。組織法が、行政改革においては「政策」にあたるとすれば、改革課題を指示する概念こそ「ドクトリン」である。つまり、占領終結の段階では、「調整」は「政策」であっても、「ドクトリン」を構成する概念ではなかったのである。

（牧原 2005：84-85）

　本研究のテーマである児童福祉法制定過程において、厚生省及び関係省庁が「連携的統合」を占領政策としてしか捉えず、その議論を深めなかったという事実は、牧原が指摘するこの「調整」と「ドクトリン」の差異を考慮すれば理解が深まる。つまり、1947年12月の司法省解体が、前述し

た通り、厚生省が児童保護法立案過程において一度断念した司法省の不良児対策を含む児童保護の「一元的統合」議論を復活させる大きな契機となったことは当然のことであったとも考えられる。

　牧原によれば、「調整」が「主たる標語として登場するようになった」のは、「第三次鳩山内閣が推進した行政改革以降」である（牧原 2005：85）。このようなタテ割り行政間の紛争を是正する「二省間の調整」及び「総合調整」に関する詳細は、牧原の研究を参照されたい。

　「被占領期」の行政機構改革は、このようにGHQの示唆により戦時体制の解体と民主化を目的に始められ、新憲法にのっとった省庁再編及び法体制の整備が行われた。ここで使われた省庁間の「調整」は、改革課題を示す理念ではなく、あくまで組織法上の概念でしかなかった。児童保護法案～児童福祉法案立案期は、まさに戦時体制の解体及び行政機構改革の方針が集中的に検討され、様々な「調整」が試みられた、この時期に該当する。

　以下の年表1「行政機構改革と児童行政概略年表」は、この時期の行政機構・法政改革の内容と、児童行政の特質を明らかにするために、司法省設置の時期から、児童福祉法第5次改正過程の1951年までを一つの見取り図としてあらかじめ描いたものである。

2　検討の枠組み〜四つの変容過程

　本研究は、上述した「被占領期」を見る四つの研究視点、すなわち（1）戦前からの「連続」と占領による「断絶」の混合型としての戦後改革、（2）官僚の歴史的課題認識、（3）二重統治下における法制度の整備、（4）戦時体制の解体及び省庁再編の動向を前提とする。このような視点から成果を上げている教育行政学の行政構造形成過程分析に学びつつ、矛盾に満ちた児童福祉法の制定及び改正の過程をこれらの研究視点から以下整理してみよう。

　（1）の研究視点に対しては、GHQの児童福祉構想（「連携的統合」による「児童福祉の全般的問題」への対応）と厚生省の児童福祉政策形成過程が対象となる。また（2）の視点としては、3点挙げられる。第一に感化法

年表 1　行政機構改革と児童行政概略年表

年度	行政機構・法制改革	改革内容等	同時期の内務・厚生省児童行政
1870年	新律綱領	刑法典	
1871年	司法省設置、文部省設置	1872年監獄則雛形公布／1872年学制、1879年教育令（学制廃止）、1883年国民学校令、1886年小学校令・中学校令	1869年私立日田養育館設立／1871年棄児養育米給与方
1873年	内務省設置	1874年内務省に警保寮設置（司法省の警保寮廃止）、1876年警視庁を警保局と改称／1879年内務省に監獄局設置	1874年恤救規則／1876年警視庁「不良子弟懲治館入出手続」／1879年私立岡山孤児院設立
1880年	太政官制改革／刑法公布／治罪法公布	1881年監獄則改正・懲治場を設置／1885年内務省監獄局廃止、警保に監獄課を設置	1881年瀧野川学園設立／1883年私立感化院創設（池上雪枝）／1885年私立子備感化院創設（後の東京感化院）
1889年	大日本帝国憲法公布、内閣制定	1890年第一回帝国議会	
1890年	刑事訴訟法公布	1893年法制局設置	
1900年	治安警察法公布／感化法公布／未成年者喫煙禁止法公布	司法省に監獄局設置（1908年監獄法）、監獄所管は司法省へ、感化院所管は内務省	1899年内務省が警察監獄学校設置、私立感化院「家庭学校」創設／教育所にある孤児の後見職務に関する件公布執行　二葉幼稚園設立（1909年工場法）
1913年	行政整理		
1917年	軍事救護法（法律第1号）施行／国立感化院令公布	内務省に社会行政の専門職制が設置（地方局救護課）、1919年地方局救護課から社会局に改正、1920年内務省社会局設置、司法省に保護課設置	1917年済世顧問制度設定（岡山）／1918年方面委員制度（大阪）／1919年国立感化院、武蔵野学院開院／1920年社会事業職員要請規定公布
1922年	未成年者飲酒禁止法／少年法、矯正院法	司法省監獄局を行政局に改正、監獄の名称を刑務所に、少年審判所設置（東京、大阪）／内務省の外局として社会局新設	1923年工場労働者最低年齢法公布、船員最低年齢法公布
1923年	関東大震災		

序　章　被占領期児童福祉政策研究の視角

1925年	治安維持法公布、行政調査会設置	地方社会事業職員制公布 1926年内務省外局社会局の社会部（失業救済・賑恤救済・児童保護・軍事救護・失業保険・その他の社会事業）	1924年財団法人中央社会事業協会設立 1929年救護法公布 1933年児童虐待防止法公布、少年救護法公布（感化法廃止）
1937年	企画庁設置 企画院発足（総裁：法制局長官）＊企画庁と資源局を統合	総合国力の拡充運用に関する重要国策の審査や予算統制（物資動員計画、国家総動員法案の立案）	1936年方面委員令公布 1937年母子保護法公布 軍事救護法改正→軍事扶助法、保健所法公布
1938年	1月厚生省設置 4月国家総動員法制定	内務省衛生局・外局社会局を統合→厚生省設置	厚生省令に児童課新設（その他。保護課、福祉課、職業課） 社会事業法公布、中央社会事業委員会官制公布
1939年	司法保護事業法公布		軍事保護院設置
1940年	10月大政翼賛会結成、11月大日本産業報国会結成	11月司法省に保護局新設、1942年1月保護処分が全国で施行	国民体力法公布 国民優生法公布
1941年	12月太平洋戦争突入	1月大日本青少年団 8月厚生省社会局は人口局、体力局は生活局に	7月「青少年不良化防止に関する名件」（内務・文部・厚生・司法次官通牒） 医療保護法公布 社会局児童課は人口局母子課に
1942年	6月行政実施要領（閣議決定）＊企画院の総合調整	11月に興亜院、拓務省、対満事務局廃止統合、大東亜省の設置 司法省保護局は総務、少年補導、思想補導の三課	国民医療法公布 妊産婦手帳規定公布
1943年	企画庁と商工省、内閣調査官が廃止、軍事と内閣参事官の新設	11月行政整理、11月1日司法省保護局は行政局と統合、刑政局と改称され、少年保護の事務は三課が担当 11月人口局と生活局廃止、健民局創設、鍛錬課、修錬課、母子課	1月「勤労青少年補導緊急対策要綱」（同法省保護局と厚生省勤労省保護局と改称され、少年保護緊急対策に関する各省連絡懇談会（内務省） 7月青少年不良化防止に関する各省連絡懇談会 12月勤労青少年補導緊急対策要綱廃止 1944年8月健民局母子課廃止

年度	行政機構・法制改革	改革内容等	同時期の内務・厚生省児童行政
1945年	8月敗戦 10月4日GHQ「人権指令」(東久邇宮稔彦内閣) 10月11日GHQ「五大改革指令」(幣原喜重郎内閣) 11月24日法制局官制改正	婦人解放、労働組合結成の助長や奨励、教育の自由化・民主化、司法制度改革により言論弾圧機構の廃止、警察・経済統制その他統治機構の民主化官吏制度、行政組織その他立案に関し調査、審議及び立案をすること(同案第一号)GHQ/SCAPと交渉	9月戦災孤児等保護対策要綱閣議決定(保護課、福利課、住宅課) 10月社会局設置
1946年	1月公職追放令 2月27日GHQ覚書「社会救済」 8月20日「行政調査部機構仮案」(法制局)	政界、官界、財界、言論・教育分野に適用 5、6月頃社会省援護課から、児童局構想をGHQに提案	2月厚生省健民局廃止 SCAPIN-775指令 GHQ覚書「社会救済」 3月社会局援護課、衛生局に母子衛生課の内容吸収 4月社会局援護課に母子児童の保護、保育徴収 4月浮浪児其の他児童保護等の応急措置実施に関する件
	9月6日「行政機構及び公務員制度並びにその運営の根本的改革に関する件」(閣議決定) 10月11日「行政調査部臨時設置制閣議決定」に合わせて閣議決定	9月9日GHQ・民主化政策の一つとして厚生省に新たに「児童福祉局」設置提案 9月30日「少年に対する防犯機構の整備について」(内務省警保局長通達)	9月民生委員令公布 10月主要地方浮浪児等保護要綱 10月旧生活保護法施行 10月5日児童愛護婦人事務分掌一覧(案)厚生省 10月15日児童保護法案 10月18日GHQ「児童福祉総合政策構想」口頭示唆
1947年	10月28日臨時行政調査部設置(内閣)(勅令第490号) 11月日本国憲法制定(1947年5月3日憲法施行)	新憲法下における行政制度の根本的改革の調査立案	11月14日児童福祉法(仮)案 11月26日児童福祉法改編案 12月中央社会事業委員会児童保護法要綱案検討
1947年	3月教育基本法公布、学校教育法公布、行政官庁法公布 4月労働基準法公布、地方自治法公布、行政官庁法公布 4月30日「内務省の分権化に関する指令」(GHQホイットニー民政局長)	3月19日厚生省児童局設置(企画課、母子衛生課、養護課) 5月11日「保健及び厚生行政機構改正に関する件」(GHQ覚書)	2月児童福祉法案作成、GHQ介入 6月児童福祉法案、7月児童福祉法案から前文「児童憲章」削除、同月総則三条から前文「児童憲章」削除 8月児童福祉法案国会提出

1948年	1月7日「行政機構整理試案」(行政調査部) 2月6日教育刷新委員会第12回建議 2月15日法務庁設置法施行 3月15日臨時行政機構改革審議会 4月16日「行政機構の改革、定員の増減についての総合調整に関する件」、4月28日臨時行政機構改革審議会 6月30日「臨時行政機構改革組織法」 7月国家行政組織法公布 建設省設置、人事院設置 少年法公布 少年院法公布	文部省廃止案(中央教育委員会)厚生省に合併 「中央教育行政機関に関する各省の権限重複・折衝の停止のため教育文化行政の一元化の必要性」学芸省設置案 法務庁の少年矯正処、少年行刑、少年司法保護を担当 「第一次臨時行政機構改革案(幹事会案)」甲:学芸省、乙:文部省廃止で厚生省と合併案 「文部省・機構改革に関する件」→文部省機構拡大容認 臨時行政機構改革審議会最終答申 7月少年審判法公布 12月少年観護所令公布 少年鑑別所令公布	内務省・司法省・法制局解体へ 地方分権化、中央行政と文化の分離 文部省の文化・学芸省への転換案(行政調査部) 司法省・内閣法制局廃止 内務省12月31日廃止	9月第一回国会「児童院構想」 11月職業安定法公布 11月21日児童福祉法案、参議院可決 12月12日児童福祉法公布 児童局に、保育課設置、4課へ 戸籍法公布 改正民法公布 1月1日児童福祉法の一部施行 2月全国孤児一斉調査実施 4月児童福祉法全公布 6月予防接種法実施 7月優生保護法公布 7月12日行政執行法廃止に伴う保護の取り扱いに関する件 子どもの日第一次 7月29日第一次児童福祉法改正 民生委員法公布 9月浮浪児童緊急対策要綱閣議決定 10月家庭養育運営要綱実施 児童文化財に対する要綱実施 12月児童福祉法及び児童委員活動要領実施 12月23日第二次児童福祉法改正 12月28日「改正少年法と児童福祉との関係について」(児童局長通知) 12月29日児童福祉施設最低基準公布

年度	行政機構・法制改革	改革内容等	同時期の内務・厚生省児童行政
1949年	行政機構刷新審議会設置 1月4日閣議決定「行政機構刷新の基本方針」 2月10日「行政機構刷新の基本方針」 2月25日「行政機構刷新及び解任整理に関する件」 4月15日及び16日「各省庁中央機構改革要綱」 4月29日閣議決定「行政整理による整理人員数に関する件」 5月31日厚生省、文部省、労働省設置法、法務行政設置法の一部改正→法務府へ 6月1日国家行政組織法施行 6月10日社会教育法公布 10月12日行政制度審議会答申「経済安定本部の機構について」 12月身体障害者福祉法公布	行政刷新審議会 3月4日閣議決定「行政整理本部設置要綱」 3月29日閣議決定「行政制度審議会設置に関する件」 4月12日閣議決定「地方公共団体の行う行政機構の刷新及び人員整理に関する件」 4月14日青少年犯罪防止に関する決議（衆議院） 4月19日「地方出先三機関廃止についての閣議決定」 5月20日青少年不良化防止に関する決議（衆議院） 5月31日犯罪者予防更生法公布 6月14日青少年問題対策協議会設置要綱閣議決定 6月23日青少年問題対策協議会、内閣官房に設置	1月厚生省児童局と労働省婦人少年局の廃止及び合併案 3月厚生省児童局廃止案の反対運動、存続決定 4月28日厚生大臣請議「青少年指導及び不良化防止対策基本要綱」閣議決定 厚生省設置法・児童局の掌握事務に青少年不良化防止対策が位置づけられる 6月15日第三次児童福祉法、少年法改正、「児童福祉法と少年法の関係について」 6月「児童公園の設置及び運営について」 12月15日第15回中央児童福祉審議会に児童憲章を提出（5月PHWマーカンシーが児童憲章を提示）
1950年	4月行政制度審議会 4月中央青少年問題協議会令制定 5月生活保護法公布	「行政機構の全面的改革に関する答申」文化省、または厚生省と文部省を合体、児童局を労働省の婦人少年局と合併案 6月15日「昭和26年度予算編成中機構関係に関する件」 9月4日「行政機構改革に関する広川行政管理庁長官発各省大臣宛書簡」	1月1日児童保護措置費等が地方財政平衡交付金制度に 5月第四回国民児童福祉大会に児童憲章提出案を合体、第四次児童福祉法改正、6月全国要保護児童調査実施、8月児童憲章関係官庁連絡打合会議、中央児童福祉審議会文化財推薦勧告書、10月児童福祉法全面改正試案「学校案」 12月児童福祉法全面改正試案第一次改正試案

| 1951年 | 3月社会福祉事業法公布
5月児童憲章
9月サンフランシスコ平和条約調印
日米安全保障条約締結 | 3月下旬「児童憲章案」関係官庁連絡打合会議（児童局主催2回）、4月11日第一回児童憲章案準備会 | 1月中央児童福祉審議会第一回文化財推薦実施
3月全国児童福祉審議会委員長会議
6月6日児童福祉法第五次改正 |

出典）行政管理庁行政管理二十五年史編集委員会（1973）『行政管理二十五年史』
行政管理庁行政管理部（1950）『行政機構年報　第1巻』1-154.
行政管理庁行政管理部（1951）『行政機構年報　第2巻』1-39.
児童福祉法研究会（1977）『児童福祉関係資料集』財団法人日本児童問題調査会、306-312
児童福祉法研究会（1979）『児童福祉法成立資料集成　下巻』ドメス出版、835-862.
笠原英彦編（2010）『日本行政史』50-243、304-310.
西本鑾（1985）「戦後における文部行政機構の法制と環境（一）」『北海道大学教育学部紀要』1985-03、69-95
寺脇隆夫（2010）「幻となった児童福祉全面改正試案」『児童福祉法研究』第10号、146-191.
山住正己（2008）『日本教育小史―近・現代―』岩波書店、11-15.
財団法人矯正協会（1984）『少年法施行六十周年記念出版少年矯正の近代的展開』財団法人矯正協会、3-115.

と感化院の所管をめぐる内務省と文部省、感化法と少年法をめぐる内務省
と司法省の所管争い。それに伴う「不良児」「不良少年」の保護をめぐる
議論を通して生成された省庁間の確執の存在である。第二に大正期の感化
院と矯正院における保護対象に関する議論から、内務省官僚が児童保護法
案を企図し結果的に断念することとなった経緯。第三は、戦時下の児童福
祉構想の存在とその断念が挙げられる。(3)、(4) の視点としては、GHQ
と厚生省という二重統治下における児童福祉法制定、戦時体制の解体であ
る司法省解体と再編が与える児童福祉法制定への影響である。

　これらを勘案しながら、児童福祉法の整備過程を四つの「変容過程」と
して区分、検討することとした。まず本研究の時間軸ともなる 1946 ～
1949 年の児童福祉法制定及び第三次改正過程の概要を確認し、次にこれ
らの過程を四つに整理した「変容過程ABCD」の概要を述べる。この変
容過程と児童福祉法制定過程の経過と位置づけは、表 1「児童福祉法制定
～第三次改正過程と変容過程ABCD」を参照されたい。

(1) 児童福祉法制定及び改正過程概要

　児童福祉法の制定過程は、児童福祉法の前身といえる児童保護法案の提
出された時期と、児童福祉法案が提出された時期に大きく区分できる。寺
脇によればこの二つの時期はさらにそれぞれ二、三の時期に分類すること
ができるという (寺脇 1996 : 19-24)。すなわち 1946 年 10 月 15 日にまとめ
られた「児童保護法要綱案（大綱案)」及び 11 月 4 日「児童保護法（仮)
　案」が提出された時期を児童保護法案 I 期、1946 年 11 月 26 日、30 日
にまとめられた「児童保護法要綱案」を児童保護法案 II 期としている。後
述するように、児童保護法案 I 期目には「普通児童」対策を前面に出す方
針、II 期目には、司法行政との「一元的構想」が法案の中心に据えられた。
　この児童保護法要綱案について、厚生大臣は中央社会事業委員会に諮問
を行った。同委員会の児童対策小委員会は児童保護から児童福祉への法理
念の転換を望むとの答申を行ったため、厚生省は翌 1947 年 1 月以降、児
童福祉法要綱案を作成することになる。厚生省社会局援護課は、中央社会
事業委員会総会答申に添付された 1 月 25 日の児童福祉法要綱案に修正を

序　章　被占領期児童福祉政策研究の視角

表1　児童福祉法制定～第三次改正過程と変容過程ABCD

児童保護法案Ⅰ期　　　　「普通児童」対策を前面に
　①児童保護法案（大綱案）1946年10月15日、18日 GHQ構想示唆 （児童局設置）
　②児童保護法（仮）案　　　1946年11月4日
児童保護法案Ⅱ期　　　　司法省の犯罪少年対策を含む「特殊児童」の保護
　　児童保護法要綱案　1946年11月26日
　③児童保護法要綱案　1946年11月30日
児童福祉法案Ⅰ期　　　　児童保護→児童福祉へ。「普通児童」「特殊児童」区別
　　児童福祉法要綱案　1947年1月2日（中央社会事業委員会・児童対策小委員会）
　④児童福祉法の構成案　（日付不明）
　⑤児童福祉法の構成例示　1947年1月　中社協「意見書」
　⑥児童福祉法要綱案　1947年1月6日児童憲章「すべて児童」対象　健康及び文化
　　児童福祉法要綱案　1947年1月8日前文に変更「教育」加筆
　　児童福祉法要綱案　1947年1月11日
　⑦児童福祉法要綱案　1947年1月25日（中央社会事業委員会答申）
　　　　司法省管轄を含む　児童保護の統合断念
　⑧児童福祉法案　　　1947年2月3日　　　　　　　（健康及び文化）
児童福祉法案Ⅱ期　　　　　3月19日厚生省児童局設置
　⑨児童福祉法案　　　1947年6月2日
　　児童福祉法案　　　1947年7月4日
　　児童福祉法案　　　1947年7月21日総則三条に変更「教育」削除
　　児童福祉法案　　　1947年8月5日
児童福祉法案Ⅲ期　　　　　9月GHQ：内務省・司法省解体指令（解体12月末）
　⑩児童福祉法案　　　1947年8月11日→10月25日修正
　⑪児童福祉法成立　　1947年11月21日
　　児童福祉法公布　　1947年12月12日　　（法律第164号）
　　児童福祉法施行　　1948年1月一部施行、4月全部実施　2月法務庁設置
　　児童福祉法第一次改正　1948年7月29日
　　児童福祉法第二次改正　1948年12月21日
　　児童福祉法の一部を改正する法律案要綱　1949年4月
　　児童福祉法の一部を改正する法律案　　　1949年5月頃
　　　　　　　　　5月31日厚・文・労各省設置法制定
　　　青少年問題対策協議会設置　1949年6月14日　6月法務府設置
　　児童福祉法第三次改正　1949年6月15日

（左側欄外）変容過程A／変容過程B／変容過程C
（右側欄外）変容過程D／青少年問題対策協議会設置

※児童保護法立案Ⅰ期、Ⅱ期、児童福祉法案Ⅰ～Ⅲ期：寺脇隆夫（1996）『続児童福祉法成立資料集成』ド
　メス出版、20.
※①～⑪の表示：寺脇隆夫（1976）「児童福祉法の成立と『児童の権利』—法成立過程研究の視点から—」
　『社会福祉研究』No.19, 15-20.
※ 1948 ～ 1949：児童福祉30年史編纂委員会（1977）「児童福祉関係資料集」．財団法人日本児童問題調査
　会，307-308.

31

加え、「普通児童対策」を積極的に取り入れた最初の児童福祉法案を2月3日に作成する（寺脇1996：26）。この時期が児童福祉法案I期である。

児童福祉法案II期（1947年6月～8月）は、2月3日案を大改訂し、国会提出方針を打ち出した6月2日法案から始まる（寺脇1996：28）。I期とII期における変化は、対象範囲についてである。I期はその対象を「普通児童」と「特別児童」に区分していたが、II期の6月2日案以降は対象区分が消え「すべて児童」と修正された点。もう一つはI期の前文（II期の最後で総則三条に変更）に明記された「生活・教育・愛護の三位一体的な権利保障」（寺脇1978：71）が、II期には「教育」の文言が文部省の要請で削除された点である（寺脇1978：74）。

児童福祉法案III期は、8月11日の国会提案法案から法制定までの期間である。法案は閣議決定、GHQの承認を受け、8月19日から第一国会で法案審議が行われ、1947年12月12日制定された。以上が、寺脇の児童福祉法制定過程の検討である。

本研究の検討範囲は、児童福祉法第三次改正に至るまでを含む。制定後、1949年6月の第三次改正にむけて、児童福祉法に少年法の一部を吸収するための議論が行われる。また、「不良化防止のしおり」「児童文化向上対策要綱」など、児童福祉法制定時に明記されなかった青少年不良化防止対策が「普通児童対策」として児童福祉法第三次改正にむけて議論されていった。

(2) 変容過程ABCD

第三章に詳しく述べるが、GHQ構想では、児童保護に限らず①「児童福祉の全般的問題」へ、②「関係機関の連携」という行政統合方針＝「連携的統合」によって対応するべきとの二つの方針が示された。

またこのGHQ構想において厚生省は、司法省・文部省との「連携的統合」方針が示唆され、特に司法省との「連携的統合」が強調されている。他方、当時の緊急対策であった青少年不良化防止対策に関しては、厚生省所管ではなく、新しい機構を設置し、関係省庁との「連携的統合」により政策を実施していく旨が明らかにされていた。これがGHQ構想の「連携

的統合」である。

　このGHQ構想を受け入れ、かつ変容させるアクターともなる厚生官僚の中には、GHQ構想とは異なる文脈で、既に戦前、戦中「廣く一般の児童の問題」と「司法行政との一元化」の構想が存在していた。したがって、GHQ構想を受け入れながらも、厚生官僚がこの歴史的課題認識から、GHQ構想を変容していこうとする意図が出現してくる。

　本研究は、児童福祉法制定過程～第三次改正において、GHQ構想の方針とは異なり、児童保護全般、つまり司法省所管の一部、少年保護及び不良化防止を厚生省に「一元的統合」しようとする議論を、二つの側面に峻別しながら検討する。第一に、戦前からの児童保護の所管をめぐる司法省との歴史的課題を継承した厚生官僚が、「非行少年」・「不良児」を含んだ児童保護対策の「一元的統合」を児童福祉法の中で結実させようとする側面である。厚生官僚が、GHQの一連の戦後改革である省庁再編、新憲法に即した児童関係行政の法整備という機会を利用して、積年の課題解決を図ろうとする意図がここに出現してくる。その側面を「児童福祉総合政策構想」変容過程1とする。

　第二は、上記の問題に包含されていた青少年不良化防止対策の側面である。青少年不良化防止対策においても、GHQ構想の方針は勿論「連携的統合」であり、厚生省ではなく中央政府に新しい組織を設置して行うという構想であった。このGHQ構想に対して、厚生省は児童福祉法における「一元的統合」という抵抗を試みるが、最終的には「連携的統合」方針に収斂され、青少年問題対策協議会設置に至ったという側面である。その側面を「児童福祉総合政策構想」変容過程2とする。

1）「児童福祉総合政策構想」変容過程1

　第一の側面については、戦前、戦中の児童政策の課題であった児童保護対策の「一元的統合」にむけた一連の変容過程を時間軸で区分し、変容過程A～Cに整理する。

　変容過程Aは、表1にも示したように児童保護法案～児童福祉法立案期の過程である。厚生省がGHQ構想における対象範囲拡大方針を受け入

れ、歴史的課題である戦時下の児童福祉構想を理念上実現させるが、他方で司法省の少年保護との「一元的統合」を断念し、児童福祉法制定自体を優先させる過程である。そのため行政統合の方針は一旦「連携的統合」に収斂される。

　変容過程Bは、児童福祉法案の国会審議中に司法省の解体が明らかにされたことを好機とみなし、司法省及び児童保護関係の全行政を「児童院」という新しい機構によって「一元的統合」しようとする過程である。変容過程Aにおいて、児童保護から児童福祉への法理念の転換をし、「一元的統合」は断念したにもかかわらず、第一回国会の児童福祉法案審議において再度司法省の一部を「一元的統合」しようとする議論が活発に行われる。国会提出法案としての児童福祉法は、「児童の総合立法」という性格が厚生省によって強調されるが、国会審議において総則の理念以外は児童保護法、児童保護施設法に留まっているという批判的な議論が行われる。そのため変容過程Bの議論は、司法省解体を好機とした行政機構の「一元的統合」＝「児童院」構想が提案される。結果、厚生・司法両大臣の折衝により、司法省の一部との「近き将来の一元化」を条件に、児童福祉法が制定されることとなった。

　変容過程Cは児童福祉法制定後〜第三次改正における、変容過程Bの「近き将来の一元化」の具体化作業である。ここで変容過程Bと異なる点は、「児童院」により行政の「一元的統合」を行うのではなく、厚生省の児童福祉法に少年法の一部を吸収することによって、「不良児対策」の「一元的統合」を目指す方針があったことである。また、この変容過程Cには、「不良児対策」のみならず、青少年不良化防止対策をも児童福祉法に「一元的統合」しようとする意図が含まれていた。

2)「児童福祉総合政策構想」変容過程2

　児童福祉法制定後、上記の変容過程C（不良児対策を含む児童保護の法体系の「一元的統合」）と併行かつ一体的に厚生省の中で青少年不良化防止対策が検討され、最終的に児童保護の所管及び、青少年不良化防止対策の厚生・司法両省の役割分担が明らかにされていく過程が第二の側面である。

序　章　被占領期児童福祉政策研究の視角

　この青少年不良化防止対策の変容過程は、二つの段階に分類可能である。第一に児童福祉法制定後、青少年不良化防止対策を厚生省に「一元的統合」しようとする段階であり、第二に児童福祉法第三次改正審議途中において行政統合方針を関係行政との「連携的統合」に転換させ、新しく内閣に青少年問題対策協議会を設置していく段階でもある。

　変容過程Dは、変容過程Cの達成を契機とし、厚生省が青少年不良化防止対策を「普通児童対策」として位置づけ、その行政統合方針を転換し、法務庁（旧司法省）と競い合うように「連携的統合」のリーダーシップ獲得を試みる時期でもある。これは、青少年不良化防止対策の行政統合方針がGHQ構想の方針に収斂されていく過程ともいえよう。児童福祉法制定後、1949年4月28日厚生大臣請議により「青少年指導不良化防止対策基本要綱」が閣議決定され、厚生省の青少年不良化防止対策の行政統合方針は、「一元的統合」から「連携的統合」に方針転換された。同年5月には厚生委員会発議により、参議院「青少年不良化防止に関する決議」がなされ、厚生省は再び「連携的統合」方針に転換した旨を明らかにした。当時の国会及び中央児童福祉審議会における厚生省関係の議論からは、その方針転換の理由は明らかにされていないが、他方、青少年問題対策協議会設置過程において、その「連携的統合」へ転換せざるを得ない実情が見えてくる。さらにはその施策に関する具体的な議論の中で、厚生省と法務府（旧司法省、法務庁）の青少年不良化防止対策における両省の役割分担が明らかにされていく。

　あらかじめ、これらの変容の見取り図として、図1を描いてみた。「一元的統合」と「連携的統合」の方針の変遷を矢印で記している。

3　研究資料

　本研究において、第一に、GHQが厚生省及び関係行政に示した「児童福祉総合政策構想」はどのようなものであったかを、GHQの国立国会図書館憲政資料室のGHQ資料と財団法人社会福祉研究所（1979）『占領期における社会福祉資料に関する研究報告書』に収められている1946年9月

35

図1 GHQ「児童福祉総合政策構想」変容図過程と関係図

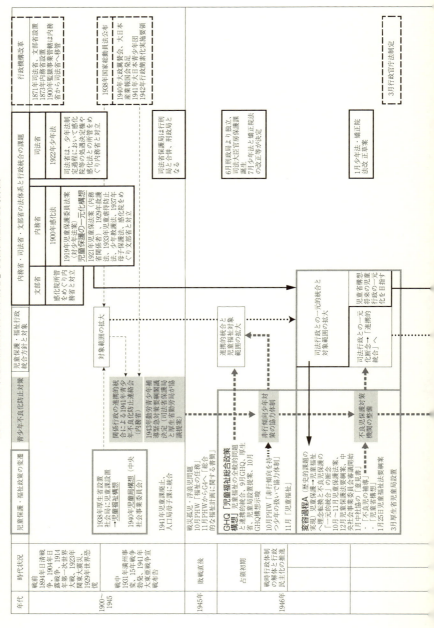

序　章　被占領期児童福祉政策研究の視角

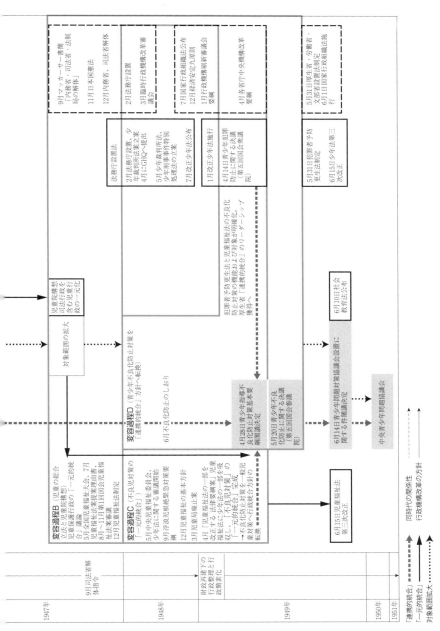

（※拡大もできるPDFを明石書店ウェブサイト（http://www.akashi.co.jp/files/books/4563/chart1.pdf）にご用意しています）

～ 1951 年 5 月の被占領期 GHQ の社会福祉政策関係の資料を用いて確認する。国立国会図書館憲政資料室の資料は 1988 ～ 1989 年度に、米国国立公文書館における PHW の資料から作製されたマイクロフィッシュである。岩永公成、菅沼隆が分析した PHW の資料も、この国会図書館憲政資料室で確認できる。財団法人社会福祉研究所の資料は、ワシントン D.C. の国立公文書館や連邦会議図書館、メリーランド州スートランドのワシントン・ナショナル・レコーズ・センターより蒐集されており、秋山智久等が中心となり、当時の日米関係者へのインタビューが行われている。この財団法人社会福祉研究所の研究報告書において翻訳された GHQ の児童福祉政策の構想は、児童保護ではなく対象拡大を強調した「児童福祉計画」（社会福祉研究所 1979：78）、「強力な児童福祉計画」（社会福祉研究所 1979：62．143）、「完全な意味における児童福祉計画」（社会福祉研究所 1979：161）などという用語・訳語が登場する。岩永は、これらを総称して「児童福祉政策構想」と名付けたが、本研究においては、GHQ が児童保護に留まらず対象範囲を「児童福祉の全般的問題」（PHW-0014）とし、児童に関するすべての行政の連携によって総合的な政策を行うことを明示した意味を含め GHQ「児童福祉総合政策構想」と名付ける。

　第二に、厚生省内の議論を確認するために 1948 ～ 1949 年中央児童福祉委員会議事録のほか、厚生省児童局関係の主な資料として、寺脇隆夫編 (2011)『マイクロフィルム版　木村忠二郎文書資料　戦後創設期／社会福祉制度・援護制度史資料集成　第二期』、児童福祉法研究会編 (1978)『児童福祉法成立資料集成　上巻』、児童福祉法研究会編 (1979)『児童福祉法成立資料集成　下巻』、寺脇隆夫編 (1996)『続　児童福祉法成立資料集成』に収められた二次資料を併用する。その他厚生省内部資料は、その存在が確認できなかった。[4]

　また児童福祉法制定及び改正過程における議論は、第一回～第六回国会議事録（国立国会図書館のデータベース）などの一次資料を使用する。青少年不良化防止対策に関する設置過程の変容を検討する資料として、国立公文書館デジタルアーカイブ「第三次吉田内閣次官会議書類綴」を用いる。また、戦時厚生事業の中で行われる青少年不良化防止対策の概要は、鳥居

和代等の研究に依拠し、当時の厚生省、司法省、文部省等の関係機関誌（『児童保護』『少年保護』『労働時報』等）の一次資料と、『復刻版・大日本青少年団史』（1996）、『内務省史』（1971）などを併用し全体像を把握することに努めた。また、文部省との議論の中で有効に活用できる資料としては、上記のものに加え、内閣に設置された教育諮問機関である教育刷新委員会・審議会の公文書の二次資料、日本近代教育史料研究会編（1997）『教育刷新委員会・教育刷新審議会会議録　第九巻』である。

　本研究では、特に会議録等を中心に検討するが、その理由は、行政学者の牧原出が、「省庁間調整」、特に2省庁間の「調整」及び「総合調整」については、紛争当事者の意図や決定に関する部内資料・回顧録などを詳細に蒐集して過程を分析する作業が不可欠だと述べていることに基づいている。牧原は「従来の日本を対象とした事例研究の多くは『調整』をセクショナリズムに類する組織内紛争の処理」と捉え、「『調整』の過程を、紛争とその終息と見る素朴な過程論」に留まっていることを指摘した。さらに、「その最大の問題は、紛争の制度的背景についての理解」が不十分であり、「紛争当事者の意図や決定についての部内資料・回顧録などを詳細に蒐集して過程を分析する作業を欠落させている点」であると批判した。特に、資料の公開が進んだ90年代以降には、事例研究ではすまないとしている（牧原2009：11）。

　この牧原の指摘から、厚生省の「一元的統合」方針による司法省との紛争（紛争の制度的な歴史課題を吟味した上で）及び、青少年不良化防止対策における厚生省の「連携的統合」方針への転換、その「意図や決定」過程を明らかにするには、部内資料及び議事録の検討が不可欠だと考えた所以である。

第三節　本論文の構成

　本論文は全七章で構成される。
　序章では、本研究の目的、研究の視角、研究方法、論文の構成について

述べた。

第一章は、1970年代の児童福祉法研究会及び寺脇隆夫の児童福祉法制定過程研究に関する研究の検討と残された課題について考察し、本研究の課題について明らかにした。これらの先行研究は、児童の権利という視角から、児童保護法案から児童福祉法案までの法内容の変容過程を詳細に検討しているが、厚生官僚の歴史的課題の認識、行政機構改革、GHQの児童福祉政策との関係等の視点が欠けていた点に課題が残されていた。

第二章では、被占領期の児童福祉政策に関する先行研究として、厚生省公文書を中心に検討した村上貴美子の1987年の研究、また2002年にGHQの一次資料を中心に検討した岩永公成の研究を取り上げた。この二つの研究の成果は、戦後の児童福祉政策の基底に、GHQの全児童福祉計画があると指摘した点である。村上は、「児童という特殊ニード」に対応するという方針がGHQと厚生省において一致したことによって、児童局が生まれ、この児童局の任務を法律において明確化するため、児童福祉法が制定されたと位置づけた。岩永はGHQの基本方針が、「対象児童の一般化」及び「関係機関との連携」であったことを明らかにした。だが両者はGHQ方針と厚生省の対応関係を検討する視点が欠けていた。

第三章では、GHQ構想の対象範囲、行政統合方針を、改めて検討した。その結果、GHQ構想では、特に司法省及び文部省との「連携的統合」が厚生省に指示され、青少年不良化防止対策は関係行政の「連携的統合」によって実施されるべきこととされていた。また、GHQ構想の対象範囲は、岩永のいうように一貫して「一般化」だったわけではなく、「児童福祉の全般的問題」と表現されており、またその関心は非行問題にあったことを確認した。

第四章は、GHQ構想に示された「児童福祉の全般的問題」を「連携的統合」で対応するという方針が、1946〜1949年における児童福祉法制定及び改正過程の中で、対象範囲と行政統合方針が変容させられていく過程ABCを検討した。まず厚生省の歴史的課題を整理するために、戦前における感化法と少年法、その対象範囲をめぐる内務省（厚生省）と文部省及び司法省との議論、また戦時下の厚生省社会局に日本初の「児童課」が設

40

置され、初代課長伊藤清が全児童の福祉を増進する「児童福祉」構想を打ち出したことを確認した。

その上で、1946年10月15日「児童保護法案大綱案」～11月30日「児童保護法要綱案」の保護法案検討期と1947年1月2日「児童福祉法要綱案」～2月3日の「児童福祉法案」までを変容過程Aとした。この時期は、GHQがその「構想」を日本政府に口頭によって指令し、児童局の所管をめぐる厚生省及び関係行政との合意形成も行われた時期である。だが11月30日「児童保護法要綱案」には、司法省の非行少年及び犯罪少年の保護までを厚生省に「一元的統合」する方針が打ち出されていた。しかし少年司法関係者の反対だけでなく、中央社会事業協会が、一般児童の福祉は立法精神に留め、立法技術上も困難な司法行政との「一元的統合」は法案から外し、法制定後に行政機構整備で「一元的統合」を謀るべきとの意見書を提出した。その結果、「明朗且積極的なるものであることを標榜する意味」で「児童福祉法」へ名称変更し、「すべて児童」を対象とするが、法案内容は厚生省管轄の範囲に留め、司法省の一部を「一元的統合」する方針は、一旦断念された。

だが、司法省少年保護行政を厚生省に「一元的統合」する厚生省の意図は維持されていた。変容過程Bは、1947年5月全国児童福祉大会から8月～11月の第一回国会終了までの児童福祉法案審議期間である。同年9月の司法省解体指令を好機とし、上記の司法省少年保護処分対象である犯罪少年、虞犯少年を児童福祉法に「一元的統合」するだけでなく、「児童院」構想による児童保護行政の「一元的統合」が議論された。結果、大臣間の折衝で「近き将来の一元化」を条件に児童福祉法案が可決され、その「一元的統合」作業は、児童福祉法制定後に行われることとなった。

変容過程Cは、1947年12月児童福祉法制定後から1949年6月15日児童福祉法第三次改正に至るまでの時期に行われた、変容過程Bの「近き将来の一元化」の具体化過程である。行政機構の「一元的統合」は断念され、児童福祉法に少年法の一部を吸収するという手段により、14歳以上の犯罪少年を除く司法省と厚生省の不良児保護（非行少年保護）の法体系の「一元的統合」が行われ、歴史的課題の一つが解決した。

第五章は、児童福祉法及び少年法第三次改正、犯罪者予防更生法制定過程、青少年問題対策協議会設置過程（1948年1月～1949年6月）における厚生省と法務府の青少年不良化防止対策所管をめぐる議論である。ここでは、厚生省の方針転換＝関係省庁との「連携的統合」に至る変容過程をDとして検討した。ここでは厚生省及び文部省が不良化の予防、法務府（旧司法省・旧法務庁）は犯罪防止、という二つの役割分担が明確になり、関係省庁の「連携的統合」による青少年問題対策協議会が1949年6月内閣に設置された。

　終章では、結論として以下の三点を挙げた。第一に、被占領期の児童福祉政策は、GHQの民主化政策の先取りと厚生省の歴史的課題解決のための抵抗という要素で構成された混合型改革であった。ここから、児童福祉法における総則と内容の「乖離」が生み出された。第二に、児童福祉法研究会等が指摘してきた「一般児童」と「要保護児童」という二分法的対象理解とは異なり、児童福祉の「対象」把握やそのカテゴリー名には、GHQにおいても、厚生省児童局においても、かなりの変遷がある。またGHQの関心も、厚生省の抵抗も、司法省所管の非行・「不良児」保護が中心にあり、司法省解体を契機として14歳未満の犯罪少年及び18歳未満の虞犯少年を児童福祉法に吸収する形で決着したことになる。第三に、残された歴史的課題である青少年不良化防止対策の所管問題は、結果的にGHQ構想の「連携的統合」方針に沿った形となった。これは基本的に各省の財政難が主な理由である。

　なお本研究における限界として二点指摘した。第一にアクターとなった厚生官僚の歴史的課題認識についての、より掘り下げた検討である。第二に文部省と重複した厚生省の「健康及び文化」についての議論の検討も残されている。

註

1) これら内務省解体に関する占領軍の動きについて、平野は次のように述べている。
　　「一九四六年一月二二日、『府県ならびに地方レベルの改編と同様』『分権化・非軍事化の観点からする日本の統治構造の研究』が開始され、完成までに五ヶ月の期限を

序　章　被占領期児童福祉政策研究の視角

与えられた。担当者は民政局行政課統治権係のジョン・M・マキである。ここにおいておこなわれた研究は、日本の政府機関の類型として抽出された、内閣、外務省、内務省を対象としていた。このうち、『内務省に関する勧告』は地方・警察行政による統制機能を主な理由として内務省の分権化を勧告した」（平野 1990：62-63）。

　　また福沢も同じく上記の戦時行政体制の解体がひと段落すると、「内務省の解体、及び警察行政の地方分権化」が進められていくことを指摘している。その後 1947 年 4 月ホイットニー民政局長名による「内務省の分権化に関する指令」により、明治初期、大久保利通が設置した内務省は同年 12 月に廃止された（福沢 2010：111-112）。

2) 元社会局長で、児童局設置に尽力した葛西嘉資が 1947 年度の予算について言及している。

　　1946 年末に GHQ が大蔵省に圧力をかけ児童局を設置できたこと、社会局援護課の人員が児童局に移ったことなどから、大蔵省は 1948 年度の社会局予算を大幅に削減してきたという。当時の厚生省社会局の葛西と大蔵省「中尾くん」のやり取りが語られている。大蔵省の中尾が「あなた、必要だと言って児童局を作ったんじゃないですか。社会局の事務が減ったのだから、予算が減るのは当りまえではないですか」と、厚生省社会局の人件費を減らし、児童局の人事にその削減した予算をつけたことに関する正当性を主張したという。葛西は、大蔵省が「人件費を一本にして予算を組んでしまった」ことを、厚生省へのいやがらせだと述べている（厚生省児童家庭局 1978：227-230）。

　　この葛西の談話は、厚生省児童家庭局『児童福祉三十年の歩み』「座談会記録　児童福祉法制定時を回顧して」（1978）に記されている。この座談会の出席者は、児童福祉法制定関係者である葛西嘉資（元厚生省事務次官・元社会局長）、高田正巳（元厚生省事務次官・元社会局援護課長）、中川薫治（元児童局企画課長・元社会局援護課長）、松崎芳伸（元児童局企画課長）、石野政治（児童家庭局長）、下村健（児童家庭局企画課長）であった（昭和五十二年八月十七日　於東京ヒルトン・ホテル）。

3) 実際に、1948 年 1 月 7 日の行政調査部「行政機構整理試案」においては、文部省を廃止（中央教育委員会設置）し、厚生省との合体が構想されており、2 月 6 日の教育刷新委員会では、学芸省による教育文化行政の一元化、同年 3 月 15 日の臨時行政機構改革審議会「第一次行政機構改革案（幹事会案）」では、学芸省の設置または文部省廃止し厚生省と合体という案が再度浮上していた。4 月 15 日文部省は、教育文化行政の一元化の必要性を訴え、4 月 28 日の臨時行政機構改革審議会「文・機構改革に関する件」においては、文部省機構拡大は行わないことが指示され、厚生省と合体した「文化省」の提案が行われている（西本 1985：86-88）。さらに文部省は、1950 年 7 月「文部省機構改革について」において「文教省」を提案、その案は、厚生省の児童福祉行政を「一元的統合」するものであった（荻原 2006：130）。このように各省設置法制定前後、国家行政組織法が施行される 1949 年 6 月以降も、講和後の展望を見据え、各中央行政は、それぞれの機構拡大及び「一元的統合」議論を展開していたことが見えてくるのである。

4）淑徳大学の柏女霊峰教授を通して厚生労働省雇用均等・児童家庭局に問い合わせたところ、旧厚生省倉庫の二度の移転により、被占領期の内部資料等は見当たらないとのことであった。

第一章　児童福祉法制定過程の研究と
その課題

はじめに

　児童福祉論の教科書及び論説の定説として、戦後の児童政策の方針転換である児童保護から児童福祉への変革の意義が積極的に評価されている。しかし、これらの定説に対して、1973年9月に発足した児童福祉法研究会は、1970年代後半からこの児童福祉法に関する矛盾や疑問を論文等において指摘、当時の時代背景から、「児童の権利」という視点で「児童福祉法の成立過程」を明らかにしようとしたのである。まず、散逸した一次資料を蒐集・整理し全体像を把握することから始められた。整理された資料は、1976年、1977年の児童福祉法研究会会員による論文の中で解読され、児童福祉法に対する様々な疑問や矛盾が指摘されていく。この児童福祉法制定過程に関する研究論文は、1976〜1977年のこの時期に集中している。

　まず寺脇隆夫「児童福祉法の成立と『児童の権利』―法成立過程研究の視点から―」（1976年）の中では、制定過程の関係資料の概要、法案変容の全体像が明らかにされた。また同じく研究会会員である佐藤進が児童の権利保障の視点から1976年『児童問題講座　第三巻　児童の権利』を編纂し、「児童の権利と現代児童福祉関係立法・行財政」として、右田紀久恵が「児童福祉法の問題性」「児童福祉行政の問題性」を検討した。児童福祉法制定30周年にあたる1977年には、小川利夫、寺脇隆夫、土井洋一、赤羽忠之等によって「児童福祉法の成立とその性格　上・下」（『季刊教育法』24号、25号）が執筆された。

　児童福祉法制定過程に関する研究は、これら児童福祉法研究会の会員たちによって執筆された論文（1976〜1977年）と、『児童福祉法成立資料集成』（1978年上巻、1979年下巻）、『続　児童福祉法成立資料集成』の解説によって体系化された。『続　児童福祉法成立資料集成』は寺脇によって最後の一次資料が追加、関係資料の解説が加筆されて1996年に上梓された。本章では、この児童福祉法研究会で行われた被占領期の児童福祉法制定過程に関する研究をまず取り上げ、この研究会の一連の研究の中で示さ

第一章　児童福祉法制定過程の研究とその課題

れた児童福祉法の問題点、矛盾、疑問点、残された研究課題を確認する。

　児童福祉法研究会の業績として本章で取り上げるのは、上記の論文のうち第一に 1976 年寺脇隆夫の「児童福祉法立案過程の研究」、第二に佐藤進と右田紀久恵による「児童福祉法及び行政の『問題性』」の提起、第三に「児童福祉法制定 30 周年の研究課題」として 1977 年寺脇と土井による「児童福祉法成立の経過と意義」の検討の三つである。

第一節　寺脇隆夫の児童福祉法立案過程の研究

　研究会の一連の研究の中で最も注目すべきは、寺脇の「児童福祉法の成立と『児童の権利』―法成立過程研究の視点から―」である。寺脇は、児童福祉法を「戦後改革の渦中に成立した」「わが国最初の社会福祉立法」として位置づけ、この「児童福祉制度を支える中心的な法律」である児童福祉法の制定 30 周年を迎えるにあたり、「権利主体の側から」児童福祉法の再検討を行う必要性を述べている。寺脇は「今日ほど、社会福祉問題ないしはその一部を構成する児童福祉問題が、したがってまた、その対応としての社会福祉や児童福祉にかかわる制度や政策・行政が、多くの関心を集めている時期はない」と指摘した。しかしながら「児童福祉サービスの制度・行政を規制する法律に関しての検討」は、生存権的「権利」の面から「労働法や教育法の分野」と比較すると、「著しく立ち遅れているように思える」ことから、「改めて児童福祉法をはじめとする社会福祉サービス立法」を「権利主体」の視点から捉え直すことが「焦眉の課題」とされたのであった（寺脇 1976：15）。

　この課題を検討するためには、小川利夫が「児童福祉法の実践的検討」と「今日的再評価」が必要であると指摘した通り、寺脇もまた「少なくとも児童福祉法の成立過程とその法的構成の論理、さらにその四半世紀にわたる具体的な展開過程についての批判的な分析が必要」であることを述べている。この 1976 年時点における、児童福祉法制定過程研究についても、寺脇は次のような指摘をしている。

47

ところで、児童福祉法の成立過程については、児童福祉プロパーに限らずかなりの数にのぼる文献・論考が取りあげているにもかかわらず、その基本的な問題点はいまだ十分に解明されているとは言い難い。とくに、法制度の動きがはじまった前後から法案が国会へ提案されるまでの時期――ここでは法立案期と呼ぶ――については、事実経過そのものがまず不明確であり、しかも原資料がほとんど散逸してしまっている。そのため、たんに詳細な経緯がはっきりしないだけでなく、法成立過程の批判的検討そのものを著しく困難にしているのである。つまり、法成立の契機や推進力となったものが何であり、それらがどのような力関係のもとで法の成立へと結実していったのか。それらは児童福祉法の構造とその内容にどのような影響を与えたのか。さらには制定された児童福祉法の持つ積極面と限界は、生存権的な意味での「児童の権利」という視点からすれば、どこにあるのか。そうした基本的な問題についての実証的な解明は、ほとんどなされていなかったといえる。

(寺脇 1976：15)

　そこで、寺脇は「児童福祉法の制定過程の批判的な検討」を目的に、「制定過程の前半――法立案期――」に焦点を定め、その過程の前史を含む四つの時期区分に整理し、その区分ごとに検討を行った。寺脇による児童福祉法成立資料の整理及び検討は、この 1976 年の論文以降、1977 年、1978 年、1996 年と四度にわたり公表されている。これらの内容を整理した右の表 2 には、寺脇の 1996 年『続　児童福祉法成立資料集成』において最終的に行われた児童福祉法制定過程の資料整理（児童保護法立案 I 期、II 期、児童福祉法案 I〜III 期に分類）を引用し、1976 年の論文における制定過程検討資料である①〜⑪を示した。

　本研究において、寺脇の四度の資料整理及び検討の中でも 1976 年の寺脇研究に着目する理由として、二点挙げられる。第一に児童福祉法の制定過程の検討から、戦後の児童福祉政策における定説に対して最初の疑問を投げかけた点。第二に制定過程の中に戦後の「法立案期前史」を位置づけ、児童保護から児童福祉への転換という定説に対し、当時の具体的な政策展

第一章　児童福祉法制定過程の研究とその課題

表2　児童福祉法制定過程（寺脇隆夫による分類）

1-1　児童保護法立案期前史

1-2　児童保護法立案期

児童保護法案Ⅰ期（1946）「普通児童」を前面に「児童福祉構想」中心

①児童保護法案（大綱）　1946年10月15日「普通児童」「特殊児童」

②児童保護法（仮）案　　1946年11月4日

児童保護法案Ⅱ期（1946）司法省の犯罪少年を含む「特別児童」の保護

児童保護法要綱案　　　1946年11月26日

③児童保護法要綱案　　　1946年11月30日

1-3　児童福祉法案前期　児童保護→児童福祉へ。「普通児童」「特別児童」区別

児童福祉法案Ⅰ期（中央社会事業委員会・児童対策小委員会）

児童福祉法要綱案　　　1947年1月2日

④児童福祉法の構成案　　（日付不明）

⑤児童福祉法の構成例示　1947年1月　中社協の「意見書」に添付

⑥児童福祉法要綱案　　　1947年1月6日児童憲章・「すべて児童」へ

児童福祉法要綱案　　　1947年1月8日　前文に変更「教育」加筆

児童福祉法要綱案　　　1947年1月11日

⑦児童福祉法要綱案　　　1947年1月25日（中央社会事業委員会答申）

　　　　　　　　　　　　司法省管轄を含む　児童保護の統合断念

⑧児童福祉法案　　　　　1947年2月3日（3月19日児童局設置）

1-4　児童福祉法案後期

児童福祉法案Ⅱ期（厚生省児童局）

⑨児童福祉法案　　　　　1947年6月2日

児童福祉法案　　　　　1947年7月4日

児童福祉法案　　　　　1947年7月21日　総則三条に変更「教育」削除

児童福祉法案　　　　　1947年8月5日

児童福祉法案Ⅲ期

⑩児童福祉法案　　　　　1947年8月11日　→10月25日修正

⑪児童福祉法成立　　　　1947年11月21日

児童福祉法公布　　　　1947年12月12日（法律第164号）

児童福祉法施行　　　　1948年1月一部施行、4月全部実施

※児童保護法立案Ⅰ期、Ⅱ期、児童福祉法案Ⅰ～Ⅲ期：寺脇隆夫（1996）『続　児童福祉法成立資料集成』
　ドメス出版、20.
※①～⑪の表示：寺脇隆夫（1976）「児童福祉法の成立と『児童の権利』─法成立過程研究の視点から─」
　『社会福祉研究』No.19. 15-20.

開が再検討されている点である。以下、寺脇によって四つに分類された児童福祉法制定過程 1-1 ～ 1-4 それぞれの特色を検討しよう。

1-1　法立案期前史（1945年9月～1946年9月）

　寺脇の児童福祉法制定過程研究において、その立案の契機を戦後における社会事業及び社会福祉政策から模索したものが、この「法立案期前史」である。戦後間もなく焦土と化した日本とGHQの間接統治が開始されたこの時期の特色は、「社会的経済的混乱と極度の生活困窮化」が生じており、そのため「児童問題（いわゆる浮浪児問題やその基底にある戦災孤児問題、あるいは食糧難に起因する妊産婦・乳幼児・学童などへの栄養確保問題）」が急激に増加し、「社会問題化した時期」と寺脇は捉えている。このような状況とGHQの要求もあり、厚生省社会局援護課の主な児童対策が「浮浪児対策」に留まらず「児童保護対策全般」へと拡大し、その結果が「行政機構確立」＝「児童保護対策の法制的整備（総合的統一法の制定）」となったと推察する。その契機の一つに憲法改正を挙げた（寺脇 1976：16）。[1]

　また、この「法立案期前史」において児童保護法案～児童福祉法案に影響を与えたものとして、寺脇は次の三点を挙げている。第一に「GHQ指示による応急的な公的扶助制度（20.12.15 要綱）」から始まる「生活保護法（旧）の国会提案とその成立」、第二に「教護院関係者」による法律改正案の提出、第三に、「当時の社会事業（主として児童保護）関係者の動向」である。この第三の「動向」を知る少ない手がかりとして「全国社会事業代表者会議（21.5.10）の議案、討議録（メモ）」において参加者から「『浮浪児、幼少年の為児童保護法』の制定要望」がなされていることを挙げた。これら三点の中でも、寺脇は第二の「教護院関係者」による法律改正案の提出内容に関して次のように指摘している。

　　昭和20年来から21年初頭にかけての極めて早い時期に教護院関係者による「教護法改正建議」（20. 11）、「少年教護法改正意見」（21. 1）

第一章　児童福祉法制定過程の研究とその課題

などが厚生大臣宛に提出されており、そのなかで戦後の児童保護問題
への対応策が提起されていることである。とくに前者の中部日本少年
教護協会の建議には、たんに少年教護法の改正にとどまらず、児童保
護対策全般に及ぶ提案がなされており、なかでも児童保護の行政機構
としての「児童保護局の設置」や「総合的児童保護法の制定」などが
冒頭に掲げられていることは注目しておきたい。こうした提案が具体
的な法律案の直接的な動機になった形跡はない。とはいえ、このよう
な提案が教護関係者から出されたのは、直接には孤児・浮浪児の教護
院への収容が急激に増大したことの反映だと思われる。

（寺脇 1976：16）

　また、このような教護関係者の建議の「背景」として「昭和 8 年の少年
教護法制定（感化法の改正後）、再び教護事業関係者によって提起された少
年教護法改正運動」等を挙げ、「戦前児童保護対策の主要な部分を占めた
教護事業の影響は無視できない」（寺脇 1976：16）と述べている。

1-2　児童保護法立案期／児童保護法案①〜③（1946 年 9 月〜 12 月）

　「前史」を通して寺脇が指摘するように、戦前からの主な児童保護対策
であった「少年教護事業」を含んだ新しい児童保護法案が立案されたのは
当然の成り行きであろう。表 2 からも明らかなように、当時の厚生省関係
者が立案したのは、①児童保護法案大綱案（1946 年 10 月 15 日）、②児童保
護法（仮）案（1946 年 11 月 4 日）、③児童保護法要綱案（1946 年 11 月 30
日）であった。この三つの法案は、児童保護法立案過程において、「普通
児童」を含む児童福祉方針が前面に配置される 10 月から 11 月前半までの
①②案と、犯罪少年を含む不良少年・児童の保護対策、つまり司法省の一
部を厚生省に統合しようとする 11 月後半の③案に大きく分かれる点に特
徴がある。この③案は、厚生大臣が中央社会事業委員会に諮問する際に提
示されたものである。

　他方、寺脇は GHQ の社会福祉政策の視点から、1946 年 9 月から 12 月

51

までは、GHQの社会福祉政策における児童福祉政策の方針が明らかにされた時期でもあり、厚生省における児童福祉行政及び法制度の準備時期としても捉えている。1946年9月17日「GHQ覚書」を、厚生省社会局は省内の新しい機構と法制の根拠として示していたという。その根拠とした内容は、「中央政府の機関は、児童の福祉に関する全体事項に於て、力強き行動計画のために指導をし責任をとる必要がある」こと、そのため「厚生省の一部が、この目的のために必要であると認める」というものであった（寺脇1976：17）。寺脇は、この「GHQ覚書」には児童問題に対する日本政府の責任が明らかにされており、11項目の「全児童福祉計画に含まれるべき主要必要事」が記されていたことに注目する。しかし、児童福祉法に関する文言が見当たらないことから「GHQは法制定の必要を強く打ち出した形跡はみられない」と解釈し、GHQは児童福祉法制に対する指示を行ってはいないこと、GHQ及び厚生省関係者も、当時の児童福祉政策の要は児童局設置であり、「児童行政機構の拡充に力点があったように思われる」と結論づけた（寺脇1976：17）。

　このように寺脇は、GHQの児童福祉政策と児童保護法案〜児童福祉法案との関係を切り離した上で、この「児童保護法立案期」を検討している。前半の1946年10月〜11月に作成された①児童保護法要綱案（1946年10月15日）、②児童保護法（仮）案（同年11月4日）の二つの児童保護法案を、厚生省内部の「当時の時代的雰囲気と立案当事者たちの意気ごみ」を感じさせるものだと寺脇は指摘し、1946年10月15日案に記された「生活権保障の施設」において「普通児童」「特別児童」の区分がなされていることに注目した（寺脇1976：17-18）。

　「普通児童保護施設」には、現在の要保護児童施設に該当する「育児院、乳児院、虚弱児保護所」が含まれており、「児童相談所、保育所、児童保健相談所」「児童病院、児童文化施設、その他」が並んで記されている。他方「特別児童保護施設」には、「児童教護院、矯正院、児童療護院」の記述がある（寺脇1976：18）。このことからも、当時の「普通児童」とは保護が必要な児童全般を指しており、「特別児童」は、不良児だけでなく、司法省管轄の矯正院の対象児童をも含んでいることが明らかである。「普

第一章　児童福祉法制定過程の研究とその課題

通児童」と「特別児童」の区別は、教護、矯正が必要であるかないかという基準で分けられている点が確認できる。しかし寺脇は、ここで「普通児童」と「特別児童」の対象についての分析を深く行うことはせず、このような「普通児童」をも対象とした①案と②案の方針は、その後に作成される③案、11月30日の児童保護法要綱案において大きく変更され、上記の施設項目も削除されてしまったと述べている。この11月30日児童保護法要綱案における変更点の特色を、寺脇は次のように述べている。

　　　ところで③案〔筆者註：1946年11月30日児童保護法要綱案〕は、前
　　期二案とは様相がかなり異なる。というのも、この案では、少年教護
　　事業を主軸に、旧少年法（大正11.4公布）のいわゆる「少年保護」
　　にかかわる部分（旧少年法2、4、5章）まで吸収しようとするもので、
　　少年教護法（昭8.5公布）の発展・拡大構想というべき性格を強く
　　持っている。この案は、前項で示した法立案の前史期の少年教護院関
　　係者の教護法改正の諸意見・改正私案や旧少年法から強い影響を受け
　　て作成されたものだと考えられる。　　　　　　　　（寺脇1976：18）

　このように、③児童保護法要綱案においては、戦前・戦時下からの「少年教護事業」と司法省の「旧少年法」との関係、「少年教護院関係者の教護法改正の諸意見・改正私案」の影響が反映されていると寺脇は指摘する。①②案の「普通児童」を「前面に出す」方針と異なり、③案は、「特殊児童の保護中心」に大きく変更されていたが、1946年12月の「中央社会事業委員会で、司法省関係の強硬な反対を招くとともに、一方で「特殊児童に限定」していて「『暗すぎる』として批判」され、結果、「特別児童」の「児童保護」から「児童福祉」へ発想の転換が行われたという（寺脇1976：18）。

　後に、11月30日案以前に、11月26日案の存在が明らかとなっている。寺脇は、『児童福祉法成立資料集成　上巻』（1978）、『続　児童福祉法成立資料集成』（1996）の中で、11月26日案から上記のような「いわゆる不良児対策の一元化構想」[2]、厚生省に司法省の一部を「一元的統合」しよう

53

とする内容が法案の中心におかれた、と修正している。だが基本的に①②案の「普通児童」に保護の対象を拡大した児童保護法案と、司法省の管轄を含む「特別児童」「少年保護」を中心とした③案に大きく方針が変更される点を問うていることに変わりはない。この二つの異なった性格の児童保護法案は、後に寺脇によって「児童保護法案Ⅰ期」①②案、「児童保護法案Ⅱ期」③案として分類された。

1-3 児童福祉法立案前期／児童福祉法案④〜⑧
（1946年12月〜1947年3月）

　児童保護法立案期は非常に短い期間であったにもかかわらず、その内容は上記のように11月前半から後半にかけて大きく変容した。この司法省の一部との「一元的統合」を中心とした③児童保護法要綱案が、どのように児童福祉法案へ転換されたのかを、寺脇は「児童福祉法立案前期」として検討している。この「児童福祉法立案前期」には、④児童福祉法の構成案（日付不明）、⑤児童福祉法の構成例示（1947年1月）、⑥児童福祉法要綱案（同年1月6日）、⑦児童福祉法要綱案（同年1月25日中央社会事業委員会答申）、⑧児童福祉法案（同年2月3日）が含まれる。

　「児童福祉法立案前期（昭21.12〜22.3）」は、戦後の日本の児童福祉政策において児童保護から児童福祉への大きな転換が行われたといわれている時期である。この時期の特徴は、1946年12月の「中央社会事業委員会での審議とそこでの批判」と「答申」によって、「児童保護法から児童福祉法へと変化」し、その後1947年2月に厚生省としての「最初の児童福祉法案」が作成され、同年3月に児童局が設置されたことである。また、1946年12月17日以降、厚生省社会局の外郭団体であった「中央社会事業協会」においても、厚生大臣の諮問に前後して「児童福祉常設委員会」を設置し、「保護法要綱案を中心に児童福祉対策全般」を検討している（寺脇1976：18）。

　この12月17日の会合には松崎事務官らも出席しており、「『児童保

54

護』から『児童福祉』への発想の転換を要請せられ」たという。そこでの討議検討の結果は、まず「児童保護法要綱案に対する意見要旨（暫定案）」としてまとめられ、ついで「児童保護法要綱案を中心とする児童保護に関する意見書」（昭22. 1）にまとめられた。この意見書については、1月7日に児童保護に関する協議会が開催されたが、若干の反対意見もあったらしく、それらの修正意見を補言して、中央社会事業委員会に提出している。

　なお、これら2つの意見書には、児童福祉法の「構成案」や「構成例示」が見られ、それについてのくわしい解説もついている。特に後者はB5判謄写印刷で50頁に及ぶもので、「第1、急至を要する児童保護対策」「第2、制定可能なる児童保護法案の構想」「第3、恒久的児童保護対策」の3つからなり、児童保護全般にわたっている。社会局の外郭団体的性格があるとはいえ、民間側から提出されたものであり、特に注目されなければならない資料である。　　　（寺脇 1976：18）

　児童保護から児童福祉への転換を「外部からの影響が強く見られる」と寺脇は指摘し、「民間」からの児童福祉の要望が、大きな転換の要因となったと述べている。しかし、「外部」といっても、中央社会事業協会は社会局の外郭団体であり、これと、厚生大臣の諮問委員会である中央社会事業委員会の両組織を、「外部」及び純粋な「民間」と位置づけるのは難しい。また、上記の「意見書」が、「特に注目されなければならない」資料とされてはいるが、紙面の都合上、児童福祉法の「構成案」の内容を明らかにしてはいない。これらの「意見書」が提出された後、児童保護法から児童福祉法への具体的な転換は、まず「児童福祉法」の名を最初に冠した「要綱案」23.1.6付〔筆者註：1946年1月6日〕から始まる。「この1.6案をもとに、1月8日の児童対策小員会での長時間にわたる討議や中央社会事業協会（以下、中社協）の児童福祉常設委員会の意見書などを集約する形で1月15日に、小委員会の意見と福祉法要綱案」がまとめられ、1月25日中央社会事業委員会において厚生大臣に対する答申を作成した。その答申に添付されていたのが、1月25日児童福祉法要綱案であった。

その答申は「不幸な浮浪児童等の保護の徹底をはかり、すすんで次代のわが国の命運をその双肩ににない児童の福祉を積極的に助長するためには、児童福祉法とも称すべき児童福祉の基本法を制定することが喫緊の要務である」という内容であった（寺脇 1976：18）。

　このように、1947年2月3日に最初の「児童福祉法案」が作成されていること、その時期は第92回帝国議会の閉会前の時期であったことを寺脇は指摘し、会期中の3月には厚生省に児童局が設置されたけれども、「児童福祉法案」が提案されなかったことに対し疑問を投げかけている（寺脇 1976：19）。[3] また1947年1月6日案（⑥案）から2月3日案に至る法案の内容変更を検討し、⑥案は「中央社会事業委員会の児童対策小委員会での論議」を受け、「社会局援護課の松崎事務官が起草」し、その内容は「中央社会事業委員会答申に添付した法案要綱のベース」ほぼそのままであったことが明らかにされた。1月6日案には前文として「児童憲章」が加筆され、1月25日案（⑦案）には、その前文に教育の文言が加筆された。つまり「中央社会事業委員会の⑦案（答申添付）」となったという。⑦案をもとに厚生省の児童福祉法案、2月3日案（⑧案）が作成された。また、⑦⑧案の「冒頭の文章」は、「すべて児童は心身ともに健やかに育成されるために、必要な生活を保護され、その資質に応じて、ひとしく教育をほどこされ愛護されなければならない」と明記されたことにより、「より一層『児童の権利』を強調」した法案になったと寺脇は評価している（寺脇 1976：19）。

　上記の変容を経て、厚生省案⑥⑦⑧案の大きな特徴としては、「すべて児童」という対象範囲が前文として登場すること、その児童福祉的要素を前面に出した法案構成として「福祉」→「健康及び文化」というタイトルの変更が印象的であると寺脇は指摘する。他方、児童福祉法案になってからも「保護」の内容は、「問題のある」「特別児童」を中心とした1946年11月30日児童保護法要綱案の方針が貫かれていたことも明らかにされている（寺脇 1976：19）。これら1947年初頭に作成された法案が、どのように変化し国会提出案に至るのか、寺脇の検討を確認しよう。

　本論文では、出典に合わせて「特別児童」「特殊児童」を併記する。そ

第一章　児童福祉法制定過程の研究とその課題

の主な意味は不良児・非行少年及び障害児を含む言葉である。しかしながら戦時下から戦後、その対象が変容していく。

1-4　児童福祉法立案後期／児童福祉法案⑨〜⑪
（1947 年 3 月〜 11 月）

　児童保護法案から児童福祉法案への転換の中で、大きく変化したのは、その児童福祉法という名称と、理念における対象範囲の拡大であった。しかし、その内容は最初の児童保護法案①②と比較して大きく進歩したとはいえず、児童保護の内容は、一貫して寺脇が指摘するように「特殊児童」を中心とした方針が不動の位置を占めていたといえよう。その後、1947年 3 月 19 日に厚生省に新設された「児童局」のもとで児童福祉法 2 月 3日案（⑧案）に「大きな変更が加えられ」国会提出案までに修正を繰り返す。「児童福祉法立案後期」は、国会提出法案の調整の過程であり、寺脇は⑨児童福祉法案（1947 年 6 月 2 日）、⑩児童福祉法案（同年 8 月 11 日）、⑪児童福祉法（同年 11 月 21 日、12 月 12 日公布）を検討している。⑩案は、国会提出案であり「すでに開会中の第一回特別国会に提案」された。

　寺脇は、この「児童福祉法立案後期」（1947 年 3 月〜 11 月）において「児童福祉法制定の官製運動」ともいうべき活動が積極的に行われていることを指摘している。第一に 1947 年 4 月末〜 6 月の「フラナガン神父の来日」であり、「全国各地での講演・懇談」を通して「児童福祉」の啓蒙キャンペーンが行われた（寺脇 1976：19）。また同時期に「児童福祉週間（第 1 回）の設定（5.5 〜）、全国児童福祉大会（第 1 回）の開催（5.13）、孤児援護対策全国協議会の開催（箱根、5.15）」が行われた。「全国児童福祉大会」の目的は、まさに「児童福祉法制定促進」であり、「全国から法案への要望事項を提出」させ、「制定促進の建議などを採択」し、児童福祉法制定にむけての民意の積極的な要求を形にしていることを指摘した（寺脇 1976：20）。[4]　その結果として、「構成・内容が大きく変化」した「児童福祉法案」（6.2 案）が作成され、「法制局との折衝（7.4 〜 14）、GHQ との折衝（6 月〜 8.8）」に至り、「国会への提案」法案となったという（寺脇

57

1976：20）。[5]

　寺脇は、この児童福祉法案国会提出のための啓蒙キャンペーンの意義を検討しながらも、結局再び児童福祉法案が第92回帝国議会に提出されなかったことへの疑問、⑧児童福祉法案（2月3日）の内容を大きく変えたアクターの検討を行おうとしている。この変更を促したアクターの一部として、1946年10月に結成された「民主保育連盟（民保）」の「意見書」の存在を挙げている。「民保」は、東京都内で児童福祉法案に関する研究会を開き、「法案研究会の結論」として「意見書」を作成した。その「意見書」には、厚生省の新しい児童の法律で、「児童一般を一律に論ずること」は困難であるため、「児童福祉法案における対象規定が明確にされる必要」が求められていた。厚生省における対応可能な対象としては「要保護児童」と「母性並びに乳幼児」であることが改めて指摘され「この両者は施策上同一に扱うことは無理であり、又徹底を欠くおそれがあるので、むしろ『児童保護法』と『母性並に乳幼児福祉法』とを区別立案すべき」として、法案の具体的な内容の変更を示したという（寺脇1976：20）。このように、一部民間、実践現場において児童福祉法案検討に積極的な動きが見られるが、児童福祉法の「対象規定」に関するこの要求や議論が深められることなく、第一回国会提出法案にむけて次のような修正が加えられていく。

　　この時期の法案及び国会で成立・公布された法の構成は第3表（筆者註：児童福祉法案の⑨、⑩、⑪の構成比較表）のとおりである。2.3案（⑧案）とくらべ、6.3案（ママ）（筆者註：6月2日⑨案）は、その内容構成がガラリと変っている。さらに国会に提案された8.11案（⑩案）では、前文部分が消失して、総則中の1～3条に変ってしまうだけでなく、表現も大きく変化する。⑨案と⑩案はこの前文の違いが最も大きいが、構成上の変化はない。したがって、法案の内容構成の変化に着目すると⑧案と⑨案以降ではきわめて大きな変化があったといわねばならない。⑨案を⑧案とくらべると、行政の手続き的側面と施設をそれぞれの別箇の章にまとめて一本化している。その結果、②案（11.4付）と

第一章　児童福祉法制定過程の研究とその課題

　ほぼ同様の構成（但し、2章と3章の順序が逆）にもどっている。この
　点で普通児童と特殊児童との関係が改めて問われる。（寺脇 1976：20）

　この時期の修正は、「前文」である児童憲章が削除され、総則三条に集
約され、さらにそこから教育文言が削除されていく過程である。すぐ後で
述べるように、この児童福祉法からの児童憲章及び教育文言削除は、児童
福祉法研究会においても教育行政と児童福祉行政のセクショナリズムの問
題と指摘される一連の出来事であった。この論文において寺脇は、「児童
保護から児童福祉へ」という法理念の転換により、対象となった全児童の
福祉の積極的増進を強調したことによって、「積極的で明るい」性格へ転
換されたという「皮相で単純な捉え方は妥当ではない」と結論づけた。
「それが実質的に貫かれたかどうかは検討課題である」と締めくくってい
る。（寺脇 1976：21）。

▌第二節　児童福祉法及び行政の「問題性」

　上記の寺脇論文とほぼ同時期の1976年に、児童福祉法研究会のメン
バーである佐藤進及び右田紀久恵が、実際の児童福祉法の問題性と行政運
営の問題を論じている。前述のように児童福祉法研究会が創設された背景
には、1960〜1970年代当時の実際の児童問題があり、その問題をめぐり
児童福祉法と児童関係行政に対する疑問が生じ、研究の契機となった。そ
の一例として佐藤、右田が指摘する「児童問題に対する法と行政特色」
「児童福祉法の問題性」「児童福祉行政構造の問題性」から、児童福祉法制
の問題によって生じる「児童の福祉」への弊害に関する問題点を次に確認
する。

2-1　児童問題に対する法と行政特色

　法学者の佐藤進は、編著書である『児童問題講座3　児童の権利』（1976

59

年）において、第二次世界大戦前の児童関係法を検討し、「児童問題に対する法と行政特色」を三つ挙げている。

すなわち、第一に「児童自身の生活及び権利を前提とするものではなく、各時期の政策目的に規定されるにせよ、行政的にも児童保護行政相互関係に脈絡が存しないこと」。第二に、「児童問題の法と行政は、その主軸が反社会的な貧窮家庭の非行児童を中心とした教護＝感化政策が、その私的な家族生活責任原理と対応して採用され、公的な社会的扶養責任原理はきわめて希薄であったこと」。第三に、「児童問題の法と行政は、戦前における日本資本主義構造と対応する家計補充的低賃金労働の供給主体として、一方軍需労働＝軍事強制労働の供給主体としての児童の保護を意図せざるをえないこと」であった（佐藤 1976：77）。

他方で佐藤は、第二次世界大戦後の児童問題に対する法体系を次の六つに分類した。それは、「生活保障」（10法）、「医療保障」（8法）、「教育保障」（9法）、「労働（雇用）保障」（7法）、「快適生活関連環境保障」（3法）、「其の他（児童優遇措置）」（3法）、であり、児童関係の法律は 1976 年当時、すでに 40 以上もあることが明らかにされている（佐藤 1976：78）。このように児童に関する法律が驚くほど多く存在するにもかかわらず、法体系及び、「児童保護行政相互関係に脈絡」がないことを佐藤は問題としたのである。

この問題を「総合的な児童の人権保障」の視点から見た場合、「これが『タテ割り』行政のもとで複雑な行政機構のもとに分属している実態を見て、なおさらその一元的総合的有機的な行政の確立が望まれる」理由であろうと述べている（佐藤 1976：79）。他方、佐藤は、このような行政と法体系の実態を「扶養者である両親ならびに関係者の生活保障の面とあわせて、児童の独立した生活保障の法と行政の体系化が形成・展開をみつつ」あるとも評価しようとした（佐藤 1976：80）。

2-2　児童福祉法の問題性

佐藤のこのような問題提起を受け、右田は、1976 年当時の児童福祉法

の問題について次の二点を指摘した。①「全児童の福祉の積極的増進を基本的精神とする児童についての総合的法律であり、画期的な社会立法」であること、②「『児童の総合立法』としての児童の『福祉法』というよりも、むしろ、『児童保護法』、または『児童保護事業』のための法に終わっている」ことである（右田 1976：124）。

　この二点は、他の論者からも同様の指摘がなされている。だが、右田の強調点は、この理念と実際の体制との乖離状態の中で、「児童の福祉＝健全育成についての法規定は、わずかに児童福祉審議会の行う文化財の推薦及び勧告と児童厚生施設」に留まり、「こうした事項は法律の中に規定しにくい」ために「健全育成」が児童福祉法に明記されなかったことであった。本来であれば「健全育成の客観的基準を示し、具体化」し「施行規則、施行令その他の通達行政の方法」によって「最低限の手続き」を行うべきところ、それすら児童福祉法及び厚生省の中で行われていない点を問題としたわけである（右田 1976：127-128）。他方、この健全育成対策の実際の「予算化」を行っているのは文部省であり、文部省及び文部行政の通達を例に、「（たとえば「少年健全育成費補助実施要綱」一九七〇年六月二〇日文社社第一四号）」によっていることからも、右田は、厚生省の児童福祉法における健全育成政策の位置づけに大きな疑問を呈した（右田 1976：128）。

　また、児童福祉法の対象範囲「すべて児童」と法制の不備、「健全育成」における文部行政との役割分担を含め、法対象と実施体制との不可解さが、児童の権利侵害を生じさせていると右田は指摘した。これらの点から、「現行法は、児童福祉行政法としても、きわめてあいまいな構造を有している」と批判した（右田 1976：129-130）。さらに右田は、児童福祉法の重大な問題点として「この法律に定めるものの外、福祉の措置及び保障に関し必要な事項は、政令でこれを定める」（三四条の二）とすることによって、「本来法律をもって定める事項を行政にゆだねた」（右田 1976：131）ことを挙げている。

　つまり、児童福祉法に明記されていない事柄でも必要に応じ、行政が法律外で実施をしていくことが可能となる。また、上記で右田が指摘した「理念転換の問題」の一つである児童福祉法から「包括性」「総合化」が

「脱落」したことの弊害を、社会保障法及び社会法体系と児童福祉法の関係から、次のようにも述べている。

児童福祉法制定時の「他省との所管問題もあり、従来の行きがかりもあるから」という言葉に代表されるセクショナリズムは、ひとり児童福祉法における包括性の欠如を生んだのではなく、社会保障法体系、社会法体系全体を支配し、これが単独法としての児童福祉法の限界と問題性を一層深めている。つまり児童福祉法は社会保障法体系のもつ構造的欠陥に規定されて、一層日本的特殊性を顕著にし、憲法二五条の具体化としての児童の権利保障に実効性を欠くということになる。これは、「児童福祉法がすべての児童の福祉」を目的とし、「対象とする」とすれば、児童の生活を基本的に支えている「児童の家庭の生活保障と、児童の生活保障」が、相互規定的意味をもつという点で重視すべき問題である。よく指摘されるように、わが国の社会保障体系は社会保障の目的からみて、モザイク的であり体系は未成立で、「各個別関係性の社会的給付水準における生存権保障の困難と、各関係法制相互間における制度間連結による生存権実現の困難が残っている」。このため、制度相互間の分断・格差と給付水準の低位性が、児童の権利保障性を阻害する条件として作用している。これは要保護児童の家庭の社会保障給付水準が、その大半が低位・不安定なものとなっている点をみても明らかである。

(右田 1976：132)

右田が指摘する「各関係法制相互間における制度間連結による生存権実現の困難」は、先に寺脇等が指摘しているが、ここでも取り上げられていることに注目したい。

2-3 児童福祉行政の問題性

上記のような「児童福祉法の問題性」と並んで、右田は佐藤が指摘した戦後の行政構造の問題を「児童福祉行政の問題性」として捉え直し、「国

と地方公共団体の関係」から生じる三つの問題点を挙げている。

　第一に、児童福祉に関する厚生省設置法の行政所管と、実際の任務の遂行状態に関する問題である。右田は、厚生省設置法における厚生省の所管事務の担当部局として、当時の児童家庭局を挙げ、「現実にほとんどの行政を行っているのは地方自治体」であることを述べている（右田 1976：133）。第二は、当時の施設設置不足による権利侵害の問題である。「現行法で児童相談所・福祉事務所・児童福祉司・社会福祉主事などの行政機関や施設の設置」が非常に不十分で、「機関委任事務も完全に遂行できない」状態を指摘し、「行政の不作為」による児童の権利侵害と位置づけた（右田 1976：138）。

　また第三に、中央から地方自治体への機関委任事務の形式、「通達による児童福祉行政」によって生じる二つの問題を右田は指摘する。それは「児童の福祉に対する国家責任を回避」させていること、かつ通達中心の行政方針が「児童福祉法を空洞化」させる結果となってしまったという問題である。これらの国の責任「回避」と「児童福祉法の空洞化」の結果として、「実践領域」＝地方自治体において「他局および文部省・法務省・農林省・労働省等の関係法と行政機能が交錯」し、「幼保一元化、児童保育・障害児就学…等々枚挙にいとまのない児童問題をうみだしている」と、右田は指摘した（右田 1976：146）。

　このように右田は、児童福祉法制定過程において生成された矛盾と問題が、厚生省内及び関係行政との法制的連関と行政機能の相互関係の連携に弊害を与え、「実践領域」において新たな「児童問題をうみだしている」と結論づけた。本来「児童福祉法」は、「利用主体の側からみて制限・排除・間隙を生まない相互関連性を有するもの」（右田 1976：130）であること、その特殊性と矛盾、問題の深さが改めて明らかにされたといえよう。

第三節　児童福祉法制定 30 周年の研究課題

　第一節の寺脇論文により児童保護法から児童福祉法への制定過程の変容

が明らかになり、第二節の佐藤及び右田の研究により「児童福祉法の特殊性と矛盾の問題の深さ」が児童福祉法制定過程に起因することが明らかにされた。これら二つの研究の翌年、1977年は児童福祉法、教育基本法30周年にあたる年であった。[6] 児童福祉研究会の小川利夫、寺脇隆夫、土井洋一、赤羽忠之の四名によって「児童福祉法の成立とその性格　上・下」（『季刊教育法』24号、25号）が検討された。その全体構成は「1.　児童福祉法研究の今日的課題」「2.　児童福祉法成立の経過と意義」「3.　児童福祉法成立の基本問題」の三部構成で執筆されており、ここでは、「2.　児童福祉法成立の経過と意義」において、寺脇と土井が「児童福祉法の基本的性格」を法案の変化、特に「理念転換」の変化に注目して検討した点に着目する。寺脇は「一　法成立の経過と法案の推移」の中で法成立過程の「理念と法内容の矛盾」の再検討を行い、土井は寺脇の検討結果を受け「成立法の意義と性格」として、法の前文・総則の変化から生じた「大きな問題」を四つの点から指摘している。児童福祉法制定30周年は、児童の権利という視点から「児童福祉法の特殊性と矛盾の問題の深さ」をその制定過程における法案の変容から読み解くことが研究課題となった。

3-1　「法成立の経過と法案の推移」

　寺脇は1976年の論文において、前史を含めた四つの時期区分において検討を行ったが、ここでは児童福祉法制定過程を三つの時期「(1) 保護法立案期1946年9月～12月中央社会事業委員会への諮問まで」「(2) 福祉法立案期1946年12月～1947年3月児童局設置まで」「(3) 福祉法立案完了期1947年3月～8月」に区分している。1976年論文と重複する内容は割愛するが、上記の再検討から「児童福祉法の基本的性格」を、戦後当時の「児童問題の深刻化」に「有効に対処しえない政策主体の弱体化」から形成されたと指摘した。つまり児童福祉の「原理」が「部分にとどまり、法の全分野に貫徹していない」という問題でもあり（寺脇1977：143）、そのような性格が形成された理由として、「法立案過程における変転」＝「戦後改革期における児童問題対策の政策的動揺を示すもの」として捉え

第一章　児童福祉法制定過程の研究とその課題

ている（寺脇 1977：141）。

　その主な「政策的動揺」として、第一に厚生省の機構拡充優先「専管部局の設置・復活」＝児童局設置「構想」があり、「児童保護行政推進のために行政機構の拡充整備が主目標」となり、「所管事務の法制的整備」の必要から児童保護法が立案されたと指摘する（寺脇 1977：141）。第二は、児童保護法立案過程において前半の「普通児童」を「前面に出す」方針とは異なり、後半の「少年教護事業を拡充し、旧少年法の少年保護部分や矯正院法を全面吸収」「司法省所管の対象領域を大幅に移管する点」である。「法立案当事者」たちの関心が、戦災孤児・浮浪児の「非行少年対策」にあり、「戦前の児童保護法制の中心を占めた少年教護事業＝非行少年対策への傾斜を強めていく」ことを、寺脇は「公権力による行政『処分』権限の強化・拡大」が目的であったと指摘した（寺脇 1977：142）。しかしその方針は、いとも簡単に「中央社会事業委員会」からの答申（外部からの批判）によって「全面譲歩」がなされ、児童保護から児童福祉への転換が行われた。これが第三の大きな「政策的動揺」として指摘されている。

1）「政策的動揺」としての理念転換

　この児童保護法案から児童福祉法案への転換において、「第一に司法省との摩擦を避け、旧少年法や矯正院の対象からは手を引き」「第二にいわゆる『普通児童』の対象拡大」がなされた（寺脇 1977：143）。寺脇は、この理念転換がいとも簡単になされた理由として、二つの「外部」からの批判を挙げた。一つは「司法省関係者」からの批判、もう一つは、「中央社会事業委員会やその周辺の中央社会事業協会関係者」からの批判である（寺脇 1977：142）。このような「外部」からの批判を全面的に受け入れる背景として、当時「児童局設置」に関する「政府部局内」の「根回し」が最優先されていたことを寺脇は挙げ、「中央社会事業委員会の権威」を利用する必要があったと述べているが、その根拠は明らかにされてはいない（寺脇 1977：142）。

　ここでは中央社会事業委員会の答申の詳細、1976 年の寺脇論文で紹介された「児童福祉法構成案」（日付不明）、「児童福祉法の構成例示」（1947

年1月)、中社協の「意見書」など(寺脇1976：18-19)の検討は行われず、11月30日の児童保護法要綱案から1947年2月3日の児童福祉法案の内容の変容概要が述べられるに留まっている(寺脇1977：142-143)。

2) 理念と法内容の矛盾

　寺脇は、児童保護から児童福祉への転換が行われた次の時期を「(3) 福祉法立案完成期」として、その立案主体者となった厚生省児童局による国会提出案に至る過程の変容を検討した。1976年の寺脇論文は、児童保護法案から児童福祉法制定時期までを①〜⑪に分類し検討しているが、この1977年の記述においては、前述の三つの時期と①〜⑨法案を分類している。これらは、1947年初頭の「児童福祉法の構成案」「児童福祉法の構成例示」を削除した9点、① 1946年10月15日児童保護法要綱案(大綱案)、② 11月4日児童保護法(仮)案、③ 11月30日児童保護法要綱案、④ 1947年1月6日児童福祉法要綱案、⑤ 1月25日児童福祉法要綱案、⑥ 2月3日児童福祉法案、⑦ 6月2日児童福祉法案、⑧ 8月11日児童福祉法案、⑨ 1947年11月児童福祉法成立(12月公布)である(寺脇1977：145)。寺脇は、児童福祉法案が国会提出案となる過程において、その理念と法における対象範囲の変容を検討し、その矛盾を次のように指摘した。

　　ところで⑦案〔筆者註：6月2日案〕はさきの⑥案〔筆者註：2月3日案〕の構成を変えて、これまで事実上みられた「普通児童」と「特別児童」の章単位の対象区分を解消し、みかけ上は一層「すべての児童」を対象にしたものとなった。また、それに即応して「保護」という用語にかえて「措置」という用語を使ったり、最低基準の導入や手続上の近代化(たとえば親権者の同意規定の導入)が進められた。こうした方向は、国会へ提案された⑧案〔筆者註：8月11日案〕ではさらに進行する。

　　だが、対象児童の形式的区分をなくしただけで、実質上の「措置」対象としては厳然とした区別があった。しかも、「すべての児童」を対象とする福祉サービスとしうるものはごくわずかしかなく、法の実

質は依然として「特別児童」対策がほとんどであった。

(寺脇 1977：143)

この分析から、児童福祉法の理念上の対象範囲と実際の法内容の対象範囲の矛盾が生じた理由を、厚生省児童局の「イニシアチブ」に対して、「GHQの関与」以外は「批判的な『外部』の見解が関与しうる余地はなかった」からであろうと寺脇は推察している。「理念上」の転換は、「中央社会事業委員会などの見解」という「外部」の介入によって行われたが、児童福祉法案となってからは、⑥〜⑦案の変容は「それを説明する資料がない」ことから、不明とされている。他方、1947年2.1ゼネスト後の占領政策の変更が関係しているのではないかとも推察し、行政主導の法案に対して、民主的な立案を求める「運動」は「未だ大きな力を持ってはいなかった」とも解釈を行った（寺脇 1977：143-144）。それらの経緯からも「したがって、そこで完成され、国会へ提案された法案（⑧案）は、法文上の部分的改良・近代化を除けば、④〜⑥案〔筆者註：1月6日、1月25日、2月3日〕の『転換』の域を出るものではなかった。それゆえ、実質を伴わぬ法の『理念』が、児童問題の『現実』を離れてさまよわざるをえない必然性があった」と述べている。（寺脇 1977：144）。

これらの児童福祉法立案過程に生じた理念と法内容の矛盾は、当時の行政中心に作成された立法の限界であり、その限界からも、法制定時既に「多くの課題」が残されていたと、寺脇は指摘した（寺脇 1977：144）。

3-2 「法対象の拡大とその限界」

土井は、寺脇の論を受け「法対象の拡大とその限界」（「二、成立法の意義と性格」）の中で「児童保護法でなく児童福祉法とされた本法の成立が真に積極的意義をもったかどうか」の検討が必要だと論じた（土井 1977：146）。1947年8月の国会提出の政府原案に伴う提案説明の理由において「戦災孤児対策、不良児対策、乳幼児保健対策などが急務」とされているにもかかわらず「児童全般の福祉を増進しようとする総合的法律が必要」

とされたことと、国会提出法案の比較検討から、次のように結論づけている。

　　理念的抽象的総論に比して〜（中略）〜保護手続き的な行政権限の明記に偏り、〜（中略）〜「特定児童」のための保護施設に大きく傾斜していた。つまり、戦前法に比してそこでは大幅な対象拡大がみられるが、それも要保護範囲の拡大といった色彩が強いのが特徴である。こうした総論と各論のみごとな乖離こそが、新しい名の児童保護法にすぎないという批判を可能にさせている。これは厚生省当局が自らの手で収束させた提出原案（若干の修正を受けて可決成立）の限界を示すとともに、法の基本的目的に大きな問題が含まれていたことを推察させる。
　　　　　　　　　　　　　　　　　　　　　　　　　　（土井 1977：146）

　この「大きな問題」を、土井は、法制定過程の前文及び総則内容に関する四つの変化から検討を行っている。第一に「前文という形式」が削除された問題、第二に「総則の内容」から「教育を受ける権利」の欠落に関する問題、第三に、総則第二条の「公的責任」の問題、第四に「保健文化」（健康及び文化）の著しい後退、欠落という問題である。

1）法制定過程における前文及び総則内容の三つの問題

　第一に「前文という形式」が削除された問題には、矛盾が多い。児童福祉法案は「いわば全国民を対象とした憲法の規定を、ある一定の年齢で横断して、その年齢未満の者をすべて一つの法律の対象」を目指し法に前文を据えた。しかし、その後前文削除。排除の理由として「法成立直後の官僚解釈」によると二通り（縦割り行政における横断的法律の困難性、前文形式の簡略化）挙げられている。つまり官僚自ら法の性格を限定していく過程が推察され、前文削除によりおきる問題、結果が、削除の目的として指摘されている。その結果とは、前文削除によって、他の児童関係の法律に対する児童福祉法の「上位性」を失効させてしまったことである（土井 1977：147）。

第一章　児童福祉法制定過程の研究とその課題

　第二に、「総則の内容」から「教育を受ける権利」の欠落に関する問題である。「⑤～⑦案の前文」に明記されていた「その資質及び環境に応じてひとしく教育をほどこされ」という部分が削除されたことによって生じた具体的な問題を指摘。土井は、「保育所と幼稚園、療育施設と養護学校、教護院と学校」などの関係、児童福祉施設の職員養成等を含め「教育をうけもつ教護や保母の資格が厚生省に単独に制度化」されることの問題を挙げた（土井 1977：147-148）。

　第三に、総則第二条の「公的責任」の問題である。「国及び地方公共団体は、児童の保護者とともに児童を心身ともに健やかに育成する責任を負う」という条文において、公的責任が明確にされながらも併記される「保護者とともに」が公的責任を曖昧にした。結果、「保護者の責任をおし拡げていく解釈」が「当局者」＝行政当局者によって作り出される糸口になったと指摘する（土井 1977：148）。

2)「保健文化」の著しい後退、欠落という問題

　土井は、「総論と各論の乖離の具体的あらわれの一つ」として、上記の「三つの問題と密接にかかわり合う問題」＝「保健文化」（健康及び文化）の問題を挙げている。寺脇の④⑤案を比較し、「公共団体の責務として、健康保持のために必要最低限の栄養、保健施設、文化施設利用機会の提供を掲げていた」が、「福祉の措置及び保障」にとってかわられたことが述べられている。その後「保健」部分は、1965 年の母子保健法に移されていき、「文化」についても「初期の包括的構想（図書館等の社会教育施設を含む）」から矮小化され、「児童厚生施設」規定の中に記されるにすぎない位置づけになった（土井 1977：148-149）。

　児童福祉的な法の側面を「印象的」に表していたと寺脇も指摘したこの「保健文化」（健康及び文化）の矮小化と欠落は、1）～3）の問題と強い相互関係性があると土井も指摘した。つまりこの矮小化と欠落は、児童福祉法ではなく「新しい名の児童保護法」と批判される大きな要因ともなったことが示されている。

　また、「厚生省当局が自らの手で収束」させ、「新しい名の児童保護法」

（国会提出法案）になってしまった（土井 1977 : 146）、その理由を、「行政分担と権限を明記した単独法を早急に制定する必要があった」ことと「法成立過程における関連行政間の権限争い」の結果であると土井は解釈した（土井 1977 : 147）。ただし、単独法制定を急ぐ根拠や権限争いが行われたということを示す実証的な考察は行われてはおらず、GHQ の児童福祉政策との関係も述べられてはいない。

3-1 で紹介した、寺脇が再検討した「理念と法内容の矛盾」を受け、土井は「法対象の拡大とその限界」において検討し、その矛盾を「つまり、行政の恣意のもとに法を機能させようとする本末転倒は、すでに法成立過程の中にあらわれていた」と指摘した（土井 1977 : 147）。

▌第四節　本研究における児童福祉法制定過程研究の課題

本章でレビューしてきたように、児童福祉法研究会が、1970 年代後半当時の児童福祉法及び行政の問題点を指摘し、児童福祉法制定過程の一次資料の蒐集及び、その具体的な制定プロセスを検討し、今後の児童福祉法研究自体の課題検討を行った功績は大きい。寺脇はじめ児童福祉法研究会のメンバーが指摘するように、児童福祉法立案、制定過程の議論の中で、二つの方針がかわるがわる登場することが明らかとなった。第一に、保護法案初期の「立案当事者」の「意気込み」が感じられた「普通児童」対策＝「健康及び文化」が前面に押し出されて展開する法案である。第二に、少年教護と司法省の一部を含む行政所管の「一元的統合」（不良児対策・保護の統合）である。当時の GHQ 資料公開の限界があったからか、同時期に児童局設置の契機となった GHQ の「全児童福祉計画」の意義を寺脇は指摘しながらも、その内容に踏み込んだ児童福祉法との関係の検討は行われてはいない。

また、この司法行政の一部、少年法の一部を厚生省に「一元的統合」する方針は、児童福祉法案になってから、司法省管轄の対象範囲は削除されたが、引き続き不良児童保護、つまり教護中心の内容が貫かれていたこと

第一章　児童福祉法制定過程の研究とその課題

も明らかにされている。寺脇が児童福祉法案において「印象的」と強調した「健康及び文化」、土井が指摘した法案から欠落した「保健文化」の問題、右田の指摘した健全育成の問題を通し、「健康及び文化」は児童保護から児童福祉への転換における重要な項目であることも指摘されている。しかし「健康及び文化」がなぜ児童福祉「普通児童対策」としての対象となり、かつ欠落したのかなども具体的な検討は十分になされてはいない。

　児童福祉法研究会において繰り返される議論は、総則の「すべて児童」への対象範囲拡大を根拠として、本来、児童福祉法が「児童の総合立法」として児童関係法の上位に位置づけられることを前提に行われている。しかし、前提となる「児童の総合立法」が、厚生省の立案する法律としてどのような対象範囲まで拡大され、関係行政との所管を一元的にどこまで統合しようとしていたのかなど、戦後の児童福祉法を含む児童福祉政策全体像は、必ずしも明らかになってはいない。また対象範囲拡大を限定的に留めた要因と見られる「法成立過程における関連行政間の権限争い」「行政の恣意」についても明らかにされてはいない。

　上記の課題は、戦後の児童福祉を規定したGHQ児童福祉政策と厚生省及び関係行政との議論の相互作用を検討しなければ、佐藤と右田が論じた児童福祉法と児童行政が内包する「問題性」の実際の構造を明らかにするのは困難である。そのためGHQの児童福祉政策の方針から、上記の課題や不明な点を再検討する必要があるといえよう。

　また序章で述べたように、近年の占領期研究から提出された、連続性と断絶の「混合型」戦後改革の視角、行政学における被占領期の改革主体者・アクターとしての官僚とGHQの関係から、改めてこの児童福祉法制定過程とGHQ児童福祉政策の関係を読み解く必要がある。これらの課題に対応するためにも、児童福祉法研究会において十分検討が行われてこなかったGHQの児童福祉政策を、第二章において村上貴美子、岩永公成の研究から確認する。

71

註

1) 寺脇は「新憲法が公表（昭21．3以降）され、各分野でGHQの占領政策を軸としつつ、制度改革（民主化）への大きなうねりが開始されつつあったことは、児童保護対策の法制的整備（総合的統一法の制定）をも引き出す動機」（寺脇1976：16）であると指摘している。筆者の調べたところ、当時の法制局長であった入江俊郎の『入江俊郎関係文書』（国立国会図書館憲政資料室）において、1946年5月14日「憲法を施行するために必要な法律等調」が作成されている。そのリストの中で児童関係の項目を見ると、「制定又は全部改正を必要とするもの」には、「教育法」「勤労基準法」があり、「一部改正を要するもの」として、「少年法」「矯正院法」、「少年保護法」（これが少年教護法の誤りかどうかは不明）が記されている。同年7月3日臨時法制調査会官制が勅令第348号によって制定され、その後「憲法制定後の法令整備」の打ち合わせが進められていく（入江Reel16：68-4）。しかし児童保護法が登場するのは、1947年1月初旬の「第92回帝国議会提出予定法律案（末尾の文字不明）」である。その中で、司法省は「少年法の一部を改正する法律案」「矯正院法の一部を改正する法律案」「司法保護事業法の一部を改正する法律案」、厚生省は「児童保護法案」「労働基準法案」をリストアップしている（入江Reel19：90-17）。児童福祉法と新憲法との整合性が明確に検討されるのは、児童福祉法の国会提出前1947年8月の少年審判所の行政管轄をめぐる件である。結果、三権分立という新憲法の原則に基づいて、少年審判所は家庭裁判所の機能にくみこまれ、行政権から分離されていく。本研究においては、憲法と児童保護法〜児童福祉法との関係を明確に検討する資料には至れなかったため、今後の課題としたい。

2) 寺脇の解説によると、少年保護制度（保護処分、少年審判所、少年保護司、少年保護事業、矯正等）を全面廃止し従来の教護事業の中に吸収し、児童保護制度に一元化しようとするもの（児童福祉法研究会1978：70）、と述べられている。

3) 国立国会図書館憲政資料室GHQ資料のPHW福祉課MASTER FILEに収められた「Child Welfare Law」（1947年1月〜12月）の資料の中に、児童福祉法案に関するPHWと厚生省の会議報告が記録用覚書として残されている（GHQ資料検討に関しては、第三章の註2を参照）。寺脇の疑問は、①、②の厚生省とPHWの協議を通して明らかにされよう。

① 1947年1月29日第一回PHWと厚生省の会議（PHWオフィスにて）。中央社会事業委員会によって答申が行われた児童福祉法（草案）（参照M/R、1946年12月19日social undertaking committee事項）を検討するために会議がもたれた。1946年12月11日日本政府は厚生省を通じ、中央社会事業委員会に「浮浪児のための配慮を得る」答申を求め、その検討過程及び内容が厚生省よりPHWに報告された。PHWに提出された「児童福祉法」草案は、三部構成であり、(1) 一般原則　(2) 子どもと問題のある女性のための健康及び文化対策　(3) 問題のある子どもと孤児の保護対策である。この会議において第一部の「一般原則」に関して、より認識を深め議論する時間がなく協議は終了。（PHW-01173）

第一章　児童福祉法制定過程の研究とその課題

②1947年2月3日第二回PHWと厚生省の会議（PHWオフィスにて）。児童福祉法（草案）の「最初の精読」が行われる。ここでは、法案検討過程が確認されている。日本政府内には、既にこの「草案」が、正規なものとして、社会局、厚生省によって、省内関係部局（公衆衛生局、労働局）に現在提示されており、その関係部局である財務省及び、司法省、文部省、農務省で議論される予定。「最終草案」は、すべての関係部局や省庁、また厚生省内の関係部局における閲覧を経て、それらの同意を得たものとして、SCAP部局で議論され、そしてその草案に対してコメントがつけられ、厚生省社会局へもどされる予定。または、国会で了承されるための最終原稿として児童福祉法草案の解説として推薦書をつけて社会局に戻される予定。

ここでは、社会局代表たちが、二ヶ月以内の草案完成を切望していることが記されている。しかし、児童福祉法案の最終草案を準備するために必要な期間、上記の検討過程に必要な時間からも実現可能かどうか懸念が示されていた。このことが、最後の帝国議会における法案提出・審議に至らなかった理由の一つだと推察される。また同時にPHWは「草案」を次のように高く評価していた。「児童福祉法（草案）は、進歩的な動きであり、その文章や規定によって、全ての子どもが精神的、身体的、道徳的、社会的に、豊かに生きるためのよりよい機会を提供するであろう。」（PHW-01173）

4）1947年5月21日PHW記録用覚書「児童福祉法」には、「第二草案」についてPHWと厚生省の会議が行われたことが記されており、PHWからの追加案と軽微・大幅な変更が検討されている（GHQ資料検討に関しては、第三章の註2を参照）。厚生省の資料においては5月〜8月の法案検討過程の確認が難しいが、また5月22日PHW記録用覚書には、5月18日「児童福祉立法に関する集会」（フラナガン神父講演）、5月26日「児童福祉の検討」（GHQ関係部局の会議：G2、CIE、PHW等）、5月29日「児童福祉プログラム」（G2のルイス、PHWマーカソンの協議）などから、GHQ内において児童福祉法及び、児童福祉政策が、少年犯罪及び不良児対策、治安維持などの側面から議論され、また民意の高揚を図るための、フラナガン神父の児童福祉に関する啓蒙活動等が積極的に行われていることも見えてこよう。（PHW-01398）

5月21日に検討された「第二草案」の継続審議は、6月3日PHW記録用覚書「児童福祉法」において確認ができる（PHW-01173）。寺脇の論文にて「6.2案」の内容が、2月3日の児童福祉法案と比較すると構成内容ともに大きく変更されたことが指摘されている。寺脇は、「民主保育連盟」の「意見書」をその理由として挙げているが、法案として公にされた2月3日以降は、関係省庁及びGHQとの検討結果が、法案内容に反映されていると考えることが妥当であろう。この「Child Welfare Law」の記録からは、その後、国会審議中も検討が継続される。

5）「6.2案」以降、6月21にはPHWとGSは電話会談を行い、6月30日の会議では、「第二草案」から「第三草案」提案において、PHWと厚生省が問題点を協議し（主に民間施設への助成金、都道府県の児童福祉システム整備内容等）、「児童福祉法について厚生省としての解釈を確定」する。7月3日、第三草案にさらに民生委員と児童

委員の区別を協議するなど軽微な変更が行われ7月19日に第四草案作成が予定されている。その最終草案をPHWが7月23日GSと、7月30日にはG2のPSD（公安課）と、7月31日厚生省と協議を行い8月1日最終草案がGSに送られ（PHW-01173）、8月6日にGSが国会提案最終草案に賛同し（PHW-01172）、寺脇の指摘する「8.11案」が「国会への提案」法案となったことがわかる（GHQ資料検討に関しては、第三章の註2を参照）。

6）1977年は、児童福祉法制定、教育基本法制定30周年にあたる年であり、1977年『児童福祉法研究』創刊号の「児童福祉法30年」特集では、佐野健吾、丹野喜久子等が児童福祉法研究会の論文「児童福祉法成立とその性格　上・下」における研究内容を歴史的視点等からも補足している。また「証言」として、児童福祉法要綱案の執筆者とされる厚生省社会局援護課に当時在籍していた松崎芳伸へのインタビューと「松崎日誌」の記録、山高しげりへのインタビューが掲載されている。資料として「戦災遺児保護対策要綱」「戦災孤児等集団合宿教育に関する件」「児童福祉法の成立過程における法案要綱の構成・内容の推移」「児童福祉法成立過程年表」が作成されていることがわかる。その他二つの論文、赤羽忠之「少年法における教育の論理（1）」、鈴木政夫「労働現場からみた児童福祉法の措置について——東京における実態、問題点、権利保障のためのとらえ方と課題」が執筆された。

第二章　　被占領期における児童福祉政策研究

前章で述べたように、児童福祉法研究会によって戦後児童福祉法制定過程の詳細が明らかにされた。しかし、同研究会の研究においては、背景としての被占領期及び児童福祉政策に果たしたGHQの役割については、必ずしも十分取り上げられてはいない。この中で被占領期を意識した児童福祉政策研究として、厚生省の児童政策関係の資料分析・解釈を中心に、日本語訳のGHQ資料と比較検討した村上貴美子『占領期の福祉政策』(1987)、GHQの資料分析を中心とした岩永公成「占領初期のPHWの児童福祉政策構想—厚生省児童局の設置過程を通して—」(2002) の二人の研究が挙げられる。

　そこで本章では、村上貴美子、岩永公成の二人の研究を取り上げ、それぞれの視点から検討された被占領期のGHQ児童福祉政策構想を確認する。

第一節　村上貴美子の厚生省公文書分析による被占領期児童福祉政策研究

　村上貴美子『占領期の福祉政策』が執筆された時期は、戦後約40年が経過し、児童福祉法、教育基本法制定40周年のまさにその年であった。またオイルショック以降の「国家財政の伸び悩みのもとで、社会保障制度も様々な改正が行なわれてきた」時期でもあり、「福祉の切り詰め」を危惧する状況であった。そのような背景において村上は「本書は、その第一歩として、戦後四〇年を規定したと考えられる占領期の社会福祉政策の展開を明らかにすることを目的とする」(村上1987：ⅰ) と、述べている。

　村上は、GHQの社会福祉政策をはじめ社会福祉三法の成立過程を、厚生省の一次資料を中心に、限定されたGHQの資料と併せて検討を行っている。「第1章　GHQ対日救済政策の成立過程」「第2章　生活保護法(旧法)の成立過程」「第3章　児童福祉法の成立過程」「第4章　身体障害者福祉法の成立過程」「第5章　生活保護法の改正——新法の成立」「終章　占領期福祉政策の展開」という章立ての中で四つの法制成立過程が検討されている。当時、既に児童福祉法研究会による『児童福祉法成立資料

76

集成　上巻・下巻』が刊行されており、上記の社会福祉三法の中でも、一次資料の蒐集が進んでいたのは児童福祉法であることを村上は指摘している。村上の研究の目的は、勿論、児童福祉法に特化したものではなく、厚生省等公文書の一次資料の発掘と検討により「社会福祉政策の基本的理念」とされる「社会福祉三法の成立過程を明らかにする」ことであった。その中で、「三法成立」の意味及び特徴、「GHQ対日本政府の力関係」という視点をもって検討を行った（村上 1987：iv）。[1]

　菅沼隆は村上の研究を 1960 年代以降の「日本側の資料を独自に読み込んで新しい解釈を行った研究」の一つとして、「日本語で書かれた先行研究の実証水準を超えた分析」であることを評価した。しかし問題点として、GHQ の対日救済福祉政策の資料分析が不十分であること、「日本政府側の資料に依拠している」ことにより、厚生省の役割を実際よりも「過大に評価」してしまうことを指摘している（菅沼 2005：7-8）。

　岩永公成は、「村上論文は政策構想にも言及しているが、不十分な資料批判から、いくつかの難点を有している」と、指摘する（岩永 2002：8-9）。しかし被占領期の児童福祉政策を戦前・戦時下の児童対策という視点を含め検討した上で、戦後の児童保護から児童福祉への政策転換の変容の全体像を把握しようという試みがなされたことは特筆に値しよう。そこでまず、村上が把握した児童福祉政策の全体像、またGHQ と厚生省の「利害関係が一致」し、理念転換に至る経緯とその理由の解釈の検討を確認する。

1-1　戦時下の児童保護対策

　村上は、「児童問題が個別の独立した政策課題」として捉えられるようになったのは、戦後初期の戦災孤児対策からであったと指摘する。戦時下の児童保護対策は、「児童保護問題が人的資源確保」の一環として位置づけられ、法制的には母子保護法と軍事扶助法等として整えられていた。村上は、被占領期の児童福祉政策を論ずるためにも、これらの戦時下の法制を踏まえる必要性を指摘する（村上 1987：98）。

　このため、被占領期の児童福祉政策を、戦時下の厚生事業を起点におい

ている。1930 〜 1934 年の中央社会事業協会が調査した「最近四か年間における親子心中数」など母子家庭の惨事を背景に、内務省及び 1938 年に設置された厚生省社会局においては、児童政策に関して「母子一体」としての考え方が定着していた（村上 1987：98-99）。この戦前の「母子一体」の考え方が、戦時下の政策提言「時局下児童保護ノ為特ニ急施ヲ要スベキ具体的方策ニツイテ」にも引き継がれる。これは、1940 年 9 月 16 日付の中央社会事業委員会による厚生大臣への答申であり、人的資源のために「第二国民タル児童ノ育成ニ遺憾ナカラシムルコト」（日本肢体不自由児協会蔵，児童福祉法研究会 1978：332）から「児童保護の必要性」が強調されたと村上は指摘する（村上 1987：100）。

　戦前・戦時下、このような人口政策、人的資源としての「母子一体」つまり、「すべて児童」を対象とした施策が行われていたことを前提に、村上は戦後の戦災孤児、引揚孤児、街頭浮浪児に関する厚生省の児童保護対策である「戦災孤児等保護対策要綱」（1945 年 9 月 20 日次官会議決定）を検討した（村上 1987：101-102）。

1-2　生活困窮者対策としての「児童の保護」

　村上は、厚生省の「戦災孤児等保護対策要綱」（1945 年 9 月 20 日次官会議決定）から、敗戦直後の児童保護対策について、三つの特徴を挙げている。第一は、この要綱が、「戦後処理としての児童保護対策の第一歩」であったこと、それは「戦時下の児童保護対策と異なる決定的な特徴」であり、人的資源を目的にした児童保護ではなく、「戦争の歪みの是正」として必要に迫られた「戦後の児童保護対策」への転換であった（村上 1987：102）。第二の特徴は「孤児の経済的自立」を目標に掲げたことであり、第三の特徴は、「国家責任の原則が打ち出されたこと」であった（村上 1987：103）。

　この要綱の三つの特徴を踏まえ、村上は、戦災孤児等保護対策要綱を「孤児等が社会的経済的に自立するときまで、国家の責任において養育しようとした高邁な思想」が戦後早々に立ち上がったことを評価する一方で、

第二章　被占領期における児童福祉政策研究

敗戦の「生活困窮者の一部」として、児童が「生活保護法の対象者」として位置づけられたと指摘している。その方針は、1948年1月の児童福祉法施行まで継続された。その背景にはGHQの「対日救済政策の基本原則」として「無差別平等の原則」が実施されなければならなかったこと、「国家財政」の限界という二つの理由によるものだと述べられている（村上1987：106）。

　他方、児童福祉法制定前には、治安維持及び防犯対策としての「児童保護」が厚生省内で検討されていた。これは、内務省警保局の強い後押しによるものであったという（村上1987：108）。この戦後初期の児童保護対策を、村上は次のように記述している。

　　戦後の児童保護対策は、敗戦という契機により一挙にふきだした諸
　　問題の戦後処理の一つとして開始された。理念としては一九四五年九
　　月二〇日付の戦災孤児等保護対策要綱に見るように、児童の社会的経
　　済的自立を目ざしたものであった。しかしこの理念は、現実対応の中
　　で、生活困窮者緊急生活援護要綱から生活保護法の枠の中に組み込ま
　　れ、一般生活困窮者として取り扱われることとなった。その具体策が、
　　いわゆる刈り込みといわれる浮浪児等保護対策であった。
　　　　　　　　　　（ママ）

　　　　　　　　　　　　　　　　　　　　　　　　　（村上1987：111）

　ここで、村上は「一九四六年の春の段階では、政府として児童保護対策の根本的問題に対応しようとする姿勢はなかった」と述べている（村上1987：112）。その理由の一つに、「国を挙げての最重点課題が復員及び引き揚げ問題であり、食糧問題」を厚生省が引き受けざるを得ず、「浮浪児対策はどうしても"担当者限り"の問題」に留まったためという。同時に戦争未亡人対策、「母子問題」として「子供を抱える女世帯主の困窮」及び「病弱者」が目立ったことを挙げている。またその対策が「生活苦」の直接的な救済にむけられたためとし、「児童問題」としては乳幼児の死亡率の上昇、戦災孤児浮浪児、「一般児童の不良化」だけが問題として認識されていたと指摘した（村上1987：112）。

79

1-3 児童局設置に至る過程

その後、1946年9月にPHWの覚書を起点として、GHQが児童福祉政策にどのようにかかわったのかを明らかにするために、村上は「児童局設置」の過程を検討した。第一に1946年9月9日のPHWの記録用覚書「世話と保護を要する児童」を取り上げ、「児童の世話及び保護の分野における活発な政府活動」を可能にするため、厚生省に「一部局」を新しく設置し具体的な計画をたてることが要求されたことが、生活困窮者対策ではないGHQの積極的な児童福祉政策の起点であると指摘した（村上1987：121）。

「児童の保護」に関しては生活困窮対策、及び治安維持という二つの方向からPHWと厚生省社会局が「非公開」の協議を行ってきたが、それらの対策は成功とはいえなかったため、GHQも厚生省も「児童の保護」推進のための「強力な児童福祉計画」を必要とした。GHQは民主主義の推進のため、厚生省はGHQの覚書を利用し関係政府部局の協力及び予算等を得ようとした。つまり、GHQと厚生省の利害一致を村上は指摘する（村上1987：123）。さらに村上は、同年9月26日の児童局の設置に関するGHQ内部での意見の一部である、民政局（Government Section 以下GS）発、PHW宛の覚書「『世話と保護を要する児童』の提案について」を検討している。村上の解釈では、GSはPHWに対し「児童福祉の現実的プログラムに対する中央政府の消極さや無責任さ」を改善させるよう意見をし、その効果として「占領政策ないしはGHQのイメージアップのために児童の保護に関する指令を出そうとした」と解釈した（村上1987：126）。[2]

この解釈を軸に、村上は、GHQが、「児童の保護に関する指令」は「占領政策ないしはGHQのイメージアップ」を狙っていたこと、そのために困窮児童のみを対象とせず「児童福祉に関するすべての問題を積極的プログラムに移行させていく」ことを必要としたと指摘する。つまり児童保護から児童福祉への転換は、GHQ内における議論がまず必要とされたこと、その推進力になったのはGSからPHWへの働きかけであったと推察した（村上1987：126）。またGHQ内における児童局設置に関する具体的な議論

第二章　被占領期における児童福祉政策研究

を経て、児童局設置に関する「覚書」は 10 月に「日本政府宛」に発令され、10 月 8 日に「GHQ・厚生省内で、児童局設置に関する会議がもたれた」という。他方村上は、厚生省の同時期の資料を検討し、「一〇月五日、一般児童課、特殊児童課、母子保護課及び母子保健課の四構想」という内容が、厚生省内で「児童婦人局」構想として検討されていたと指摘している。「したがって、一〇月四日以降、新しい局の設置は自明の理として準備が進められ、一九四七年三月一九日勅令第八七号に至った」と、一連の児童局設置過程を村上は結論づけた（村上 1987：127）。

1–4　児童という特殊ニード

　村上は、被占領期の児童福祉政策は、「非軍事化・民主化という占領政策を具現するために最重要な要素」＝「児童という特殊ニード」に対応するという方針、GHQ と厚生省において「利害関係が一致」したことによって「現実施策の中から」児童局構想が生まれ、それが成就し、他方、この児童局という機構の任務を法律において明確化するため、児童福祉法が制定されたという位置づけを行っている（村上 1987：146）。また、児童局設置構想と児童保護法立案が厚生省の中でほぼ同時に検討されたことから、GHQ の指令による「ワンセット」（児童福祉法と児童局設置）であったのかどうかについて、厚生省の資料を中心に検討した結果、GHQ の指令と児童福祉法を明確に関連づけられないという消去法により、「ワンセット」ではなかったと結論づけた。その理由として第一に、児童保護法案立案過程における以下のような方針の矛盾を挙げた（村上 1987：138）。

　　　これまでみてきたように一〇月一五日付要綱案及び一一月四日付法案と、一一月三〇日付要綱案は、その趣をガラリと変え、前者においてみられたすべての児童を対象とする法の精神は、後者では姿を消し、反対に不良児及び浮浪児対策がその中心事項となった。この急激な変化の背景に何があったのか、その要因を探ることは難しい。

（村上 1987：138）

81

村上は、このような児童保護法立案過程における「法案構想」方針の矛盾を、当時の法案執筆者と考えられる厚生省社会局の高田正巳が前半、中川薫治・松崎芳伸が中心となって後半を執筆したことを指摘し、「これら法案作成に係わった両者の姿勢」の違いが反映されたと解釈をした（村上1987：139-140）。

　第二に、この「法案構想」の変容と同時期に行われた「局構想」は、あまりにも「別箇の動きをなしてきた」ことから、「局と法律はワンセットではなかった」と結論づけた（村上1987：138）。ここでは「ワンセット」かどうかという点に焦点が当てられており、「すべて児童」が消えていったという矛盾そのものについては要因をさぐることは難しいとしている。これらは、GHQと厚生省の利害関係の一致という限られた視点による村上の資料分析の限界であろう。一致したはずの中でおきる矛盾を解明するためには、基底にあったGHQの児童福祉政策に関する資料との詳細な比較検討がされる必要がある。

　次に、以上の村上の説とは異なって、GHQの一次資料を中心にその児童福祉政策構想と児童局設置について論じた岩永公成の研究を見てみよう。

■ 第二節　岩永公成のGHQ資料分析による被占領期児童福祉政策研究

　岩永公成は2002年の論文「占領初期のPHW児童福祉政策構想」において、GHQ/PHWの一次資料の分析を通して被占領期の児童福祉政策の方針を明らかにした。その論文執筆後、改めて「PHW児童福祉政策構想」の起点を、終戦以前に行われた米国の対日児童福祉政策として捉えられている『民政ハンドブック』『民政ガイド』の分析から明らかにしようとした。その分析は、研究ノート「終戦以前の米国対日児童福祉政策」としてまとめられている。本研究においては、その二つの研究を、米国対日児童福祉政策形成の時間軸に沿って整理し、岩永が明らかにした被占領期のGHQ児童福祉政策方針を確認する。

2-1 終戦以前の米国対日児童福祉政策方針

2005 年の岩永の研究ノート「終戦以前の米国対日児童福祉政策：『民政ハンドブック』『民政ガイド』を中心に」には、日本における被占領期の児童福祉政策のみならず、「戦後児童福祉政策を規定した占領政策を正確に認識する必要がある」ことが述べられている。だが「これまで多くの占領史研究が各領域における終戦以前の対日占領政策を明らかにしてきた中で、福祉政策は十分に解明されておらず、特に児童福祉については未解明な点が少なくなかった」（岩永 2005：85）という。

他方、岩永のいう「多くの占領史研究」の中にも、トシオ・タタラ（多々良利夫）や菅沼隆が被占領期の社会福祉政策の源流を、終戦以前の米国対日社会福祉政策から明らかにするなどの成果がある。岩永も、多々良や菅沼の手法に倣い、児童福祉政策がどのように終戦前に米国により着手されていたかを『民政ハンドブック』と『民政ガイド』から紐解こうとした。

1）『民政ハンドブック』

『民政ハンドブック』（以下ハンドブック）は「各地の軍政担当官に専門知識を提供するために作成された文書」であり、『民政ガイド』は「軍政担当官の行動指針として作成された文書」であった（岩永 2005：85）。岩永は、第一にハンドブックの編集過程を検討し、「児童福祉の叙述が完成する過程」を明らかにした。このハンドブックは、1944 年 3 月に政府機関からスタンフォード大学に委託され、『公的福祉』の箇所が、4 月上旬に、「スタンフォード大学講師の Ronald S. Anderson を中心に」7 名のスタッフが担当し作業が行われたという。ハンドブックのアウトライン「憲兵指令室軍政部のための軍政ハンドブック題目要綱」には、「児童福祉の内容」が記されていた（岩永 2005：86）。

このアウトラインの第一次案には、「児童福祉」として次の 8 項目が含まれることになったという。それは、「1.児童労働　2.母子保護施設（a.出産前後の保護　b.保育　c.保健所）　3.非行少年の保護施設（a.少年審判所、矯

正施設、保護観察） 4.軍人の子弟の無料教育に関する施策 5.被虐待児の保護 6.盲聾唖児の保護 7.知的障害児の保護 8.レクリエーション及びその他の児童福祉活動」であった（岩永 2005：86）。その後、「4.軍人の子弟の無料教育に関する施策」が削除され、ハンドブックのアウトラインが確定したという。削除の理由は不明だが、「内容が教育に関わるものであり、厚生省の掌握事務ではなかったため」ではないか、と岩永は推測した（岩永 2005：86）。

　このハンドブック制作過程において、「日本滞在経験者に対する質問紙調査」が実施されている。その中でも「児童については、『10. 児童労働はどの程度保護されていますか。11. 非行少年は日本では深刻な問題ですか。もし深刻ならば、どのような対応がとられていますか』という2点が尋ねられた」という（岩永 2005：88-89）。岩永はこの「非行少年」の問題に関する質問紙とその回答に着目し（児童労働は、戦後厚生省から労働省へ移管されたことを理由に）、以下のような分析を行った。

　　　これらの回答から看取できるのは、第1に、東京・大阪における少年審判所の取り組み（MacCauslandの回答）や満州移住計画（Powlasの回答）のように、非常に具体的な実態が描かれている点である。〜（中略）〜第2に、「非行問題は深刻ではない」という認識が大勢を占めている点である。警笛を鳴らしているのは、StirewaltとMacCauslandの回答だけである。ただし、多くの者が「米国との比較」という観点から回答しているため、この回答だけでは問題程度を正確に把握することが困難であった点は留意すべきであろう。第3に、非行問題が深刻化しない要因が分析されており、多くの回答が「家族制度が大きな役割を果している」と結論づけている点である。この指摘は、次章で確認するハンドブックの内容にも強く反映されている。

（岩永 2005：89）

ハンドブックのアウトラインに示された8項目における「少年審判所、保護観察制度」、また児童についての質問紙の二つの項目のうちの一つが

84

「非行少年」問題であることからも、児童福祉政策において、「非行少年」問題は、初めから対策の主要項目とみなされていたといえるであろう。回答者の視点や比較すべき「深刻」度によって終戦前にどれほど正確に日本の「非行少年」問題が把握され、検討されていたかは不明ではあるが、ハンドブックにおける「児童福祉」の項目は、「児童労働」と「非行少年」問題に重点がおかれ、日本の家族制度を考慮に入れた視角から検討されたといえよう。他方、ハンドブックの特徴は「事実の記述と評価」を中心とした内容であったと、岩永は指摘する。しかし、この「第3章　児童福祉」の一部は「事実の記述と評価」に留まったものではなかった。

　「第3章　児童福祉」の「構成」は「A.児童福祉推進の方策」と「B.児童労働」に区分されている。「A.児童福祉推進の方策」の内容は、上記8項目から「軍人の子弟の無料教育に関する施策」が削除された7項目「1.児童福祉関連法、2.母子保護、3.非行少年の処遇、4.児童虐待の防止、5.盲聾唖児の保護、6.知的障害児の保護、7.レクリエーション及びその他の児童福祉活動」であった（岩永2005：89）。実際、「事実の記述と評価」という側面から見ると、「1.児童福祉関連法」においては、当時の現行法であった救護法と母子保護法の問題点が指摘され、「2.母子保護」における「主に妊産婦保護と保育所」に関しては、米国政府機関によって「日本政府が人口政策的な観点からこの問題に取り組んでいたこと」などが「正確に」見抜かれていた。また、「戦前期の日本の社会事業が、実践面を教会関係者などの民間団体が担いながら、財政面では皇室に強く依存していたこと」、「保育所職員」と「助産婦養成」の「専門性」の不足などが指摘されていた（岩永2005：89-90）。

　しかし、この児童福祉関係7項目の中で非常に目立つ項目は、「3.非行少年の処遇」であったという。ハンドブックの「非行少年」問題は他の項目の2〜3倍の分量になっている点からも、この「非行少年」問題は、占領後の児童政策においても重視されていたと岩永は指摘する。また、「平時」[3]と「戦時」に分類した上で、「戦時」下における「非行少年」問題を具体的に分析し、占領後の「構想」が示されている点に岩永は着目し、その内容を他の項目の記述と比較し「きわめて異なる」記述、であると指

摘した（岩永 2005：91）。

　ハンドブックに記されたGHQの児童福祉政策の中でも、戦時下の「非行少年」問題を重視した理由として、岩永は「占領軍の基本的関心」が「社会秩序の安定」にあったのではないかと推察している。また当時の少年法を参照し、非行少年対策における国家の法令違反が指摘されているだけでなく、この「非行少年」問題においては二つの「政策提言」があることに岩永は注目した。第一は、「『機関設置のために担当官が準備されるべき』」という行政の責任者が要求されている点、第二に、「『措置機関の設置』」という機構設置の必要性であった。これらは、ほかの児童福祉関係の項目では見当たらない「きわめて異なる」点であることが指摘された（岩永 2005：91）。「4.その他の児童福祉（A-4 〜 A-7)」に関する考察は次の通りである。

　　　まず、児童虐待の防止（A-4）については、「救世軍の活動が十分な成果をあげてこなかったこと」「児童虐待防止法の対象年齢・都道府県知事の権限・罰則」を確認している。また、障害児については、盲聾唖児（A-5）と知的障害児（A-6）に言及しているが、障害児数と学校・施設数の叙述が中心である。横浜キリスト教盲学校の紹介を除けば、貧弱な障害児施設と資金源の確認に留まっている。最後にレクリエーション（A-7）においては「あまり展開されていない」と評価した上で、都市と地方のレクリエーションの相違や「青年団」について述べている。「青年団」が国家主義的傾向を帯びつつある点へ警告を発している点は看過すべきではないが、それ以外は事実の記述にとどまっている。
　　　　　　　　　　　　　　　　　　　　　　　　　　　（岩永 2005：91）

　このように、終戦前の対日児童福祉政策として非行少年対策は、既に注目されていたことが明らかであった。しかし、それは児童福祉政策というよりも、治安対策的な視点が中心となっていた。このようなハンドブックの児童福祉政策の特徴に対し、『民政ガイド』においてはどのような児童福祉に関する記述が見られたのであろうか。

2)『民政ガイド』

この『民政ガイド』（以下ガイド）は、ハンドブックと同じように、「軍政担当官のために作成された文書であるが、占領後に現場で直面するであろう状況を想定し、それへの対応策を示すことに重点が置かれていた」という。岩永は、このガイドが「占領初期の福祉政策を担ったGHQ公衆衛生福祉局のG.K.WymanとA.D.Bouters」によって読まれていることから「占領後の福祉政策を理解する上でもきわめて重要な文書」として位置づけている。しかし、ハンドブックと異なり、このガイドの「児童福祉への言及はごくわずか」であり、「タイトル」には「『公的福祉』という言葉を用いているが、実際には『公的扶助』しか含まれていない」と述べている（岩永 2005：92）。

それでも岩永は、このガイドにおける「児童福祉」に関する記述を発掘し、占領政策における児童福祉の位置づけを行おうとした。岩永は、ガイドが2章構成で編集されていること、「第2章」の「公的福祉と社会保険」の項目「A.公的福祉；1.救済の運営管理　2.相互扶助協会　3.戦時中の展開」「B.　社会保険；1.運営管理　2.範囲（a.労働者の補償　b.健康保険　c.失業保険：地方自治体の失業保険、労働組合の失業基金、退職手当と解雇手当 d.老齢・疾病・遺族保険：退職及び年金保険、船員保険、労働者年金保険　e.戦災保険）」を確認した。これらの「戦前日本の公的扶助・社会保険制度の概観と評価」がされていることを踏まえ、ガイドにおける「児童福祉」について「このように児童福祉は独立の章はおろか、節または項目としても設定されていない」ことを指摘した（岩永 2005：92）。

上記の項目を検討した岩永が、「第2章」では「児童福祉に関する叙述は3ヵ所しかない」として挙げたのは、「救済の運営管理」（A-1）における「公的救済・疾病救済・児童福祉から～」の1ヶ所、また「戦時中の展開」（A-3）の中における「臨時保育所設置という女性労働者支援、疎開した児童及び家族の保護」「東京からの疎開児童のための学童保護協会」の2ヶ所であった。これらを挙げて、「このようにガイド第2章における児童福祉の叙述は非常に断片的であり、政策評価も下されていない」とした。

「しかしながらガイドが全体的に児童福祉への言及が弱い感は否めない」

（岩永2005：92）とし、唯一「児童福祉に関る言及」として「第3章　勧告」における疎開計画による親子の分離、家族の保護を「緊急の福祉問題」として捉え、「家族等への送致によって、非行問題を解決する」という記述を間接的な「児童福祉問題への予防策」として位置づけている（岩永2005：92）。この第3章を検討した結果、このガイドにおける児童福祉の断片的なニュアンスを、一つの政策方針として解読しようと岩永は試みているが、これらの記述のみから、児童福祉の政策方針を読み取ることは難しいともいえよう（岩永2005：92）。

そのため、岩永は、ガイドにおいて児童福祉に関する言及が十分なされていない理由を以下のように考察しようとした。

> 最後にその理由を確認しておきたい。理由は、ガイド第1章の冒頭部分に掲げられた、「軍政府が公的福祉と社会保険を運営管理する目的」から看取できる。ここで示されている目的とは、（1）占領権力の負担を増大せしめる飢餓と病弊・不安を防ぐこと、（2）軍政の目的に反する極端な国家主義的要素による統制から福祉と社会保険活動を防ぐこと、である。これらの目的からは、積極的に「福祉」政策を推進する意図は看取できない。むしろ、占領軍の安全や治安維持、国家主義からの解放という観点から、福祉問題に関与することを想定していたことが理解できる。このような観点から福祉政策を捉えた場合、児童問題が注目される可能性が低いことは明らかであろう。唯一の例外は、治安との関わりで非行問題に関与する可能性だが、ガイドが想定していたのは「食糧不足による暴動」といった成人を含んだ問題と推測され、非行問題が直ちに占領軍の脅威になるとはみなしていなかったように思われる。そのため、ハンドブックにおいて広範囲にわたる専門的知識と政策提言があったにもかかわらず、ガイドでは児童福祉がほとんど言及されなかったのである。　　　　　　　　　（岩永2005：92-93）

ハンドブック、ガイド両者の検討の結果、岩永は、終戦前に米国政府は「戦前期日本の児童福祉政策を相当程度正確に把握していた」と指摘した。

それは「叙述に濃淡はあるが、貧困児童・妊産婦保護・保育所・非行少年・障害児など領域的には概ね網羅」していたことである。そしてハンドブックの記述から、米国政府によって戦時下の日本の児童政策の特徴が的確に捉えられていることを指摘し、その四つの特徴は「実践面においての公の関与は限定的で、民間団体が中心的役割を担っていたこと」「民間団体の財政面が皇室に強く依存していたこと」「法の規定が形骸化する傾向がみられること」「家族制度が非行問題を解決する上で、有効なシステムであったこと」を指摘した（岩永 2005：93）。

　また、岩永が注目した児童福祉政策は、唯一明確に提案された「深刻化が予想される非行問題に対応する機関の設置」であった。この政策提案が、その後、被占領期にどのように展開されたかについては、残念ながらその後論じられてはいない。しかし幸いなことに岩永は、占領期初期のGHQの児童福祉政策を検討しており、2002年の「占領初期のPHWの児童福祉政策構想—厚生省の児童局の設置過程を通して—」は、本研究に大きな示唆を与えてくれている。

2-2　被占領初期のGHQ児童福祉政策構想

　岩永の「占領初期のPHWの児童福祉政策構想—厚生省児童局の設置過程を通して—」（2002）は、「浮浪児問題の状況と敗戦直後の対策」「浮浪児対策の本格化」「厚生省児童局の設置過程」の三部構成で検討されている。厚生省の資料を中心に検討した村上とは異なり、児童福祉法制定過程の分析にまで検討は及んでいないが、村上と重複する被占領期の児童福祉政策をGHQ/PHWの視点から検討し、戦後日本の児童福祉政策に大きな転換をもたらした「PHW児童福祉政策構想」の存在を明らかにした。本研究は、この岩永論文で明らかにされたGHQの児童福祉政策構想を起点に児童福祉法制定と改正の過程を捉えることを目的としており、第三章でGHQ「児童福祉総合政策構想」を検討する際に、再度岩永の論点を整理する。ここでは、2002年に発表された岩永の上記論文において明らかにされた「占領初期のPHWの児童福祉政策構想」の二つの方針についての

み確認する。

1）PHWの児童福祉政策構想の起点

　岩永は、前述した児童福祉法研究会、社会福祉研究所、寺脇隆夫、村上貴美子の被占領期の児童福祉政策及び児童福祉法制定過程研究を検討し（岩永2002：7-8）、それらの研究においては、「占領期児童福祉政策に深く関与したPHW（公衆衛生福祉局、GHQ）の政策構想は不分明なまま」であったと述べている（岩永2002：1）。またGHQの一次資料分析を行った「タタラ・トシオ〔筆者註：トシオ・タタラ〕の研究」においても、「厚生省とPHW」、「児童局設置」などが触れられているにすぎないという。岩永はこの論文において、GHQの児童福祉政策の起点として「第387号通達」を取り上げ、厚生省児童局の設置過程を明らかにしようとした。

　岩永は、占領期初期に設置された厚生省児童局が、戦後の「占領期児童福祉政策の中心的役割を担っていること」から「設置過程の論理の解明が、占領期全体の政策立案の論理を解明するてがかりになる」と考えた（岩永2002：1）。そのため、「第387号通達」から厚生省児童局の設置に至る厚生省とGHQの交渉資料「覚書」を検討することによって、「PHWの児童福祉政策構想」を明らかにしようとした。

　この論文では、占領初期の児童問題として喫緊の対策を要していた浮浪児問題が「児童局設置」の契機となったと指摘し、厚生省の対策の概要が述べられている。岩永によるとPHWは1946年3月から「浮浪児問題に積極的にかかわり始め」、3月16日に「神奈川軍政チームに浮浪児問題に関する報告書の提出」を要求、3月28日に提出された報告書を検討した。その結果、浮浪児問題の原因とその対策の「問題点」を「官僚制の非能率と県福祉担当者を含む一部の国民の無関心」と指摘し、「関心を高めるために中央政府の指令が必要である」ことから「第387号通達の作成契機」となったのではないか、と推察する（岩永2002：2-3）。

　4月8日にPHWの招集の会議に民間諜報局（Civil Intelligence Section：CIS）公安課、厚生省社会局援護課（中川薫治）が参加した。岩永によればこの会議において提案された中に、「二つの重要な政策理念」が含まれて

いたという。この会議の内容は、4月9日「覚書」に記されており、PHWから「中央政府」（厚生省社会局援護課）にa、b、cの三つの提案がなされている。岩永は、この提案の一つ「c.各県は、児童福祉の全般的問題を考えるために、福祉職員・警察職員・学校職員・その他関係機関の職員からなる委員会を設置するように助言された」ことに着目し、ここからPHWの児童福祉政策構想の二つの政策理念を見出した。それは、「中央政府」は、「児童福祉の全般的問題」に関わらなければならないということ、つまり「対象児童の一般化」をすることが一つであり、それらの問題に対して「福祉職員～（中略）～、その他関係機関の職員からなる委員会を設置」するように推奨した点を、「関係機関の連携」と解釈した（岩永2002：3）。この4月9日「覚書」の最後に、上記a、b、cの三つの提案を実施するために、中央省庁のレベルから都道府県に至る調査及び運営のシステムの必要性が日本の「中央政府」に、次のように提案されている。

　　長期計画の観点から、福祉・教育・警察・少年審判所の担当者からなる国家レベルの委員会が、児童保護の全般的問題を研究し、その知見を政府レベルより下ろし、この問題に適当な手続を各県に指令するために設置されること。
　　　　　　　　　　　　　　　　　　　　　　　　（岩永2002：3，8）

　この提案からも、都道府県に留まらず、中央省庁においても「関係機関の連携」という政策理念が一貫されており、厚生省の浮浪児対策と捉えられている1946年4月15日各地方長官宛「浮浪児其の他児童保護等の応急措置実施に関する件」（第387号通達）にもこの「連携」が含められていた。しかし、7月に厚生省からPHWに提出された報告書に対して、PHWはこの通達の効果は不十分であるという評価を下した。また6月頃から東京、大阪など主要都市のみにむけて「主要地方浮浪児等保護要綱」（第115号通達）が検討されていたというが、実際の通知は9月19日まで遅れ、その原因は、日本の官僚の児童問題への「無関心」、認識不足と考えられたという（岩永2002：2-5）。
　このように、日本政府の児童問題への無関心や認識不足に対して「新た

な方策の必要性」に迫られていたPHWに、1946年8月中旬～9月頃、厚生省社会局長葛西嘉資から児童局設置が提案された。PHWのサムスは「即座に承認し、児童局設置が検討されることになった」という（岩永2002：5)。この厚生省の自発的提案は厚生省の官僚回顧録や座談会などで確認ができる。[4]

2）児童局設置構想

　上記のように「厚生省発案の児童局構想を承認したPHW」はGHQ部局内で検討した結果、児童局の設置を1946年10月末日とした覚書の「草案」を9月に作成した。その中で「児童局が責任を有する具体的な計画」として挙げられた12項目は「普通児童対策とみなせるものは少なく、おおむね浮浪児対策が中心だったといえるであろう」と岩永は指摘する（岩永2002：5-6)。この「草案」は、9月17日にさらに「GHQ関係部局」で検討され、提案されたことは、「①少年審判所および少年院（筆者註：矯正院）に関係するものは新部局の責任から除くこと」「②ニードを有する児童の保護の重要性を強調する声明を含むこと」であった（岩永2002：6)。

　第一に、厚生省に設置される児童局の所管から「①少年審判所および少年院（筆者註：矯正院）に関係するもの」を除くことが提案されたことを、岩永は、「司法省所管の事務を厚生省に移管する可能性が消えたことは、戦後児童福祉に少なからず影響を及ぼす決定だといってよいだろう」と述べている（岩永2002：6)。またこのことから「草案」の時点で、厚生省と司法省の問題がすでにGHQ内においても認識されていたことも明らかである。

　第387号通達と関連づけて、PHWが児童局設置に積極的であった理由として第一に「児童保護が民主主義の定着化の観点から重要」であると認識し、「現在の大規模な児童福祉問題に取り組むには、既存の組織と機関は不十分である」、それゆえ「現存の機関を効果的に統合し、調整し、拡充するため」に厚生省内の機構再編として児童局を設置しようとしたと岩永は指摘している。第二の理由としては、「日本人の意識を改革し、児童問題の重要性を認識させる」ためであった、と指摘した（岩永2002：6)。

第二章　被占領期における児童福祉政策研究

　同年 10 月には日本帝国政府宛の「覚書」として上記の件が文書にまとめられながらも、児童局の設置及び児童福祉政策に関して、PHW から「口頭によって」日本政府に発令されることになった。それが 10 月 18 日の日本政府代表と PHW の会議である。この 10 月 18 日の会議以降は、日本政府における児童局の掌握事務の検討が主な議論となり、PHW と日本政府（厚生省、文部省、司法省、内務省等）は、児童局の所管について共に検討していくのだが、10 月 31 日の会議において、PHW は児童局の対象範囲について次の指摘をした。

　　　10 月 31 日の会議は、PHW と厚生省の代表で行われた。会議ではまず、「児童局は浮浪児問題のみを扱うのではなく、児童そのものを総括して関心を示すべきである」と、「対象児童の一般化」が確認された。また、厚生省内部で所掌事務に関する意見が対立していることについて、サムスは「この問題はある局から他局へ機能を移管するという問題ではない。専門分化している機関を最大限調整し利用することを保証するために、児童局がいかに組織されるべきかを決定する問題である」と指摘した。　　　　　　　　　　　　　　　　　（岩永 2002：6）

　このように、PHW のサムスは、児童局の所掌事務、対象範囲は、浮浪児に限らず「児童そのものを総括して関心を示すべき」とし、「対象児童の一般化」＝「すべて児童」がその対象であることを強調していると岩永は述べる。また厚生省内部での意見対立に対して、児童局が「関係機関の調整役」であることを厚生省に理解させるように諭す場面も見られたという（岩永 2002：6）。

　他方、同年 11 月 6 日の PHW と厚生省の会議においては児童局の所掌事務を司る三つの課「普通児童・特殊児童・母子衛生」が設置されることに同意が示されている（岩永 2002：6）。同日、サムスが、「学校衛生」を児童局で所管することも提案したため、11 月 8 日に PHW は、再び厚生省と関係省庁の代表を「10 月 18 日の会議同様」に招集し、「学校衛生」の所管をめぐる検討が行われた。米国における反省点から、文部省ではなく

93

厚生省児童局の所管に「学校衛生」を入れることをPHWは推奨する。し
かし、すでに文部省と厚生省は水面下で文部省所管とすることを確約して
おり、PHWの指示に強い抵抗を示した。最終的には11月22日の会議に
おいて、両者は、解決策として文部省から厚生省に移管せず、両省間に
「連絡調整委員会」をおくことを提案した。PHWのサムスは「日本政府
機関の最大の弱点の一つである活動を調整し、他機関と協力するという弱
点を克服する契機となるかもしれない」という理由から、この提案に同意
したという（岩永 2002：7）。

　岩永は、「日本人が児童問題に関心が低く、その重要性を認識していな
いこと」をPHWは問題視し、その打開策として、児童局の設置過程にお
いて厚生省及び関係行政の意識改革を行おうと意図したと述べ、「PHW
は浮浪児問題に関与し始めた頃から、『対象児童の一般化』と『関係機関
の連携』という重要な政策理念を有していた」と指摘した。最後に、「こ
れらの政策理念は、児童局に普通児童を対象とする企画課が設置されたこ
と、学校衛生問題に関わる連絡調整委員会が設置されたことからわかるよ
うに、一応結実したとみなせるだろう」と結論づけている（岩永 2002：7）。
こうして岩永は、PHWが浮浪児問題対策へ主体的に関与し始めた1946
年4月9日「覚書」と厚生省「第387号通達」の詳細検討から、1946年
11月「覚書」に至るまで、児童局設置に関する方針が一貫していたこと
を確認した。これらの経緯からすでに1946年4月には、「対象児童の一般
化」と「関係機関の連携」という二つの政策理念をもつPHWの児童福祉
政策構想が存在していたことを明らかにした（岩永 2002：7）。

　以上の成果を前提に、岩永は「PHWの政策理念はその後いかなる展開
をたどったのか」という新たな研究の問いをたてている。「戦後の児童政
策が福祉・教育・司法の分立型システムを形成したことから考えて、
PHWの政策理念は挫折した可能性が高い」と指摘し、その「挫折」の過
程の検討の重要性を指摘している（岩永 2002：7）。

第三節　本研究における被占領期児童福祉政策の研究課題

　岩永は、1946年3月28日にPHWが神奈川県軍政チームに「浮浪児問題に関する報告書」を提出させたことを「第387号通達の作成契機」と指摘した。この、4月15日各地方長官宛「浮浪児其の他児童保護等の応急措置実施に関する件」（第387号通達）につながる一連の方針を、PHW児童福祉政策構想の起点として位置づけている。その構想の政策理念は「対象児童の一般化」「関係機関の連携」であった。一方、村上は、生活困窮対策及び治安維持対策としての「児童保護」対策からGHQの積極的な児童福祉政策に転換した起点として、1946年9月9日の「GHQ覚書」を挙げている。岩永は、9月9日以前にすでに「対象範囲の一般化」が行われており、「関係機関の連携」方針が存在していたこと、11月22日に至る覚書を丹念に検討する中で、その二つの政策理念が貫かれていたことを実証した。村上は、1946年9月9日に児童局設置及び「強力な児童福祉計画」がGHQ内で決定されたことを指摘している。この9月9日の「覚書」について、岩永は「児童局が責任を有する具体的な計画」として、その内容は「普通児童対策とみなせるものは少なく、おおむね浮浪児対策が中心」であったと述べている。このように、9月9日に「計画」という文言が登場し、内容は浮浪児童保護に特化したものだったにせよ、GHQの積極的な「計画」が立ち上がったという点では、村上も岩永も一致しているといえるであろう。

　しかし、岩永は村上の「GHQ覚書」に関する記述の中で、誤認した点をいくつか指摘している。この誤認は、本研究にも大きな影響があるため、ここで確認しておこう。

　岩永のいう村上の誤認の一つは、9月9日の覚書の草案が10月に完成され、日本政府へ文書として発令されたと村上が考えている点である。しかし、実際にこの内容はGHQ内で検討され、9月17日に司法省の所管を厚生省に新設する児童局に「一元的統合」されないことが決定され、10月12日には参謀長よりPHWへ、「日本政府」への指令は「覚書」ではな

く、口頭で伝えるようにと指示され、その結果 10 月 18 日の会議開催に至ったと岩永は指摘する。

　二つ目は、9 月 26 日の GS が GHQ の児童問題対策を批判したことを根拠に、村上は「占領政策ないし GHQ のイメージアップのため」に GHQ は、児童保護に関する発令を行ったとした。しかし、岩永はその前後の記録から「イメージアップ」という解釈の根拠にはならず、さらに「GS の指摘は、GHQ ではなく中央政府（＝日本政府）への批判に言及」したものであると指摘した。

　また、村上は児童福祉法制定過程における矛盾、児童保護法立案期の I 期と II 期の大きな方針の違いを指摘しながらも、厚生省内において執筆者が交代したこと、その執筆者の意見の相違としてのみ捉えている。矛盾として「普通児童」を前面に出す方針から司法省の一部を「一元的統合」しようとした大きな方針のブレを、村上は繰り返し述べながらも、具体的な検討は行われていない。この矛盾が生まれた理由を検討しないまま、村上は児童局設置の構想と児童保護法案の方針が一致していないこと（つまりこの矛盾）を指摘し、児童局構想と児童福祉法は GHQ によって「ワンセット」として考えられたものではないと結論づけた。この結論を補うものとして、「覚書」に GHQ の児童福祉法に関する指示の有無を確認し、GHQ の児童福祉政策構想に児童福祉法は含まれていなかったと解釈し、よって「ワンセット」ではないという。しかし、上記二つの矛盾自体を検討しないままの「ワンセット」理論か否かの展開には限界がある。

　村上の研究は、戦後の国内の児童福祉政策の起点を明らかにした点による貢献は大きいが、上記のような GHQ 資料の誤認や、矛盾点を推測による結論に留めてしまった点がいくつか挙げられる。しかし、寺脇、村上、岩永の研究において一致する点は、被占領期における児童局設置や児童福祉法の基底には、GHQ の児童福祉政策構想の存在があると指摘していることである。中でも児童局設置の過程に焦点を当て GHQ の一次資料を丹念に検討することで、児童福祉政策構想の政策理念を明らかにしたのが岩永の研究であった。ただ岩永の場合は、浮浪児対策から児童局設置過程に焦点化したため、1946 年 9 月〜 11 月における「計画」（「PHW の児童福祉

政策構想」）の全体像及びその変容は検討されてはいない。

　そこで、本研究においては、岩永の論ずる占領前の米国対日児童福祉政策の中心にあった「非行少年」対策、GHQ一次資料に基づくGHQの児童福祉政策構想の二つの政策理念を手がかりに、村上、寺脇、岩永が指摘するGHQの「強力な児童福祉計画」「全児童計画」「児童局が責任を有する具体的な計画」の全体像をまず把握し、その内容が省庁再編や歴史的課題解決の思惑の中で変容するプロセスをたどっていきたい。

註

1) 村上は、『占領期の福祉政策』序の最後に、目的及び研究視角「歴史の連続と断絶はどうであったのか、これらの諸点を明らかにすることとする」（村上1987：iv）と述べているが、この児童福祉政策における「歴史の連続と断絶」については、十分にその視角からの検討が行われているとは言い難いため割愛した。また、村上は「問題の提起」においても「被占領期において、歴史は断絶したとみるのか、連続面を見出すのか。本書における今一つの課題である」（村上1987：ii）と述べている。

2) しかしこの村上の解釈に対し、岩永は、前後の覚書から民政局がGHQを批判したこと以外、GHQの児童福祉政策に大きく関与した根拠は見当たらないと指摘し、GHQの民政局に対する「イメージアップのため」という解釈は、根拠が十分ではないとした（岩永2003：9）。

3) 岩永は「平時」における「非行少年」問題においては、その対応機関「少年審判所・少年犯罪者の処遇・感化院・矯正院・少年刑務所。民間組織の活動」などを正確に叙述していると指摘した（岩永2005：90）。

4) 厚生省児童家庭局（1978）『児童福祉三十年の歩み』「座談会記録　児童福祉法制定時を回顧して」227-230.

第三章　　GHQ「児童福祉総合政策構想」

本章は、前章の先行研究も踏まえながら、本研究の主題である被占領期児童福祉政策の変容をたどるために、GHQ「児童福祉総合政策構想」をGHQの一次資料と、社会福祉研究所（1979）『占領期における社会福祉資料に関する研究報告』を併用しながら、改めて詳しく検討する。GHQ「児童福祉総合政策構想」と本研究が名付けたものは、二つのタイトルの覚書、すなわち1946年9月〜11月の日本帝国政府宛覚書・記録用覚書・連絡文書覚書「世話と保護を要する児童」及び記録用覚書・資料「児童福祉」を示している。

　これら覚書の作成過程においても、草案から決定までの展開があり、「構想」が固まるまでのプロセスがあった。ここでは、その過程を1946年9月〜10月と同年10月〜11月の二つの時期に分けて検討してみたい。すなわち第一期は、GHQ内において治安維持対策としての浮浪児童対策から、民主化政策として児童福祉全般の政策への転換の必要性が検討され、「世話と保護を要する児童」を日本政府に示し、児童福祉問題の担当部局として児童局の設置を決定する時期である。第二期は、GHQと厚生省及び関係省庁と共に児童局の所管が検討される中で、覚書のタイトルが「世話と保護を要する児童」から「児童福祉」と変更され、児童福祉全般の問題が児童福祉政策の課題として提示されていく時期である。

第一節　被占領期の福祉政策概要とその方針

　GHQ「児童福祉総合政策構想」（以下、GHQ構想）の検討を行う前に、被占領期GHQの組織及び福祉政策の概要をまず述べておきたい。

1-1　GHQセクションの概要

　1945年10月2日連合軍最高司令官総司令部（GHQ）が発足した。GHQの組織は、トップに最高司令官、その下に参謀長、参謀長を補佐する副参謀長、補佐機関として参謀部（General Staff Section）が設置されていた。

第三章　GHQ「児童福祉総合政策構想」

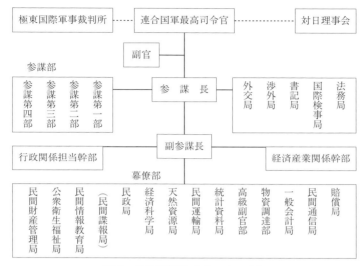

図2　GHQ組織図（1947年9月）

竹前栄治（2007）『GHQ』：図3-2　GHQ組織図（1947年9月現在）p.91, 岩波書店を参照して筆者作図

その参謀部は第一部〜第四部（G1…企画・人事・庶務など担当、G2…諜報・保安・検閲など担当、G3…作戦・引揚・命令実施など担当、G4…予算・調達・武装解除など担当）の構成であった。参謀部と並ぶ部局として外交局、渉外局、書記局、国際検事局、法務局が配置され、さらに、副参謀長の下に幕僚部（Special Staff Section）が設置、幕僚部には専門部局が配置され、それぞれが日本側諸官庁との連絡・指導にあたった。この幕僚部において社会福祉及び児童福祉政策を担う厚生省対応の専門部局は公衆衛生福祉局（Public Health and Welfare Section：PHW）である。厚生省機構そのものへの介入という点から、日本の統治機構についての調査研究、統治機構の非軍事化、封建的・全体主義的な慣行の根絶に関して最高司令官に助言する任務を担った民政局（Government Section：GS）、経済科学局（Economic and Scientific Section：ESS）、民間諜報局（Civil Intelligence Section：CIS）、民間情報教育局（Civil Information and Educational：CIE）がPHWと共に児童福祉政策に関わった主な幕僚部であった。対司法省（法務庁・法務府）の担当部局は主に法務局（Legal Section：LS）と国際検事局（International

101

Prosecution Section）、GSとCISのちにG2の公安課（Public Safety Division：PSD）であった（竹前 1995：37-39；竹前 2007：89；福沢 2010：107）。

GHQの政策は、「覚書、セクションメモ、示唆などの形式で命令（インストラクション・ディレクティブ）として終戦連絡中央事務局（Central Liaison Office：CLO）を通して、あるいは直接各省庁」に伝達されたという（竹前 1995：48）。

> GHQの方でも、正式の命令はGHQ覚書（SCAPIN──スキャップ・インストラクションの略）とか、セクション・メモの形で日本政府に伝達したが、日本人を招致したり、自分の方から出かけて行って指示（インストラクション）、示唆（サジェスチョン）を口頭で与える場合がしばしばあった。さらに、日本側が暗黙の抵抗をしたりすると、すぐに「指令（ディレクティブ）か命令（オーダー）に切り替える」と脅迫することが多かったという。
> （竹前 2007：96）

菅沼によれば、PHWの前身は「日本降伏前にワシントンの米陸軍省民政部内に設置された公衆衛生局と一九四五年春に民政要員待機所CASAに設置された対日占領政策を検討する特別課」であり、「公衆衛生局（the Division of Public of Health）はマニラに到着する前に、ワシントン陸軍省民政部内に設置」され、8月26日に「組織機構」の再編により「公衆衛生、公的福祉、芸術と記念物、教育、宗教、離散民」を一括して対象とする「公的サービス局」となったという。その「公的サービス局」内部に、9月10日、「公的福祉課」が暫定的に設置された（菅沼 2005：93-94）が、この時期にPHW局長のサムス[1]が、専門性の違いを理由に教育と情報、衛生と福祉の2局に分ける必要性をマッカーサーに進言し、教育改革の担当部局としてCIEが設立された（サムス 1986：62-63）。10月2日にGHQ/SCAPが発足し、幕僚部の一部局であるPHWの中に福祉課（Welfare Subsection）が設置され、「課長にバウタース、そのもとにワイマンが就任」し、「初期福祉政策」は推進されることとなった（菅沼 2005：94）。この二人は、まだ30代の若さであった。バウタースは「社会改良の意欲に燃え

た専門職」であり、ワイマンは大学卒業後、カリフォルニア州の福祉事務
所の勤務経験があり、どちらも「ニューディール期の連邦緊急救済制度の
もとで救済政策行政を担った社会福祉の専門家」であったという。バウ
タースは1946年1月に日本を離れ、ワイマンが課長に就任、ワイマンに
かわり2月14日にリオルダンが福祉課長に就任、3月半ばには、フェル
ドマンとターナーが福祉課採用となった。その後、ネルソン・B・ネフが
「横浜の第八司令部、茨城県軍政部、高知軍政部」を経て1946年3月15
日にGHQ/SCAPに着任したという。菅沼は、社会福祉研究所のインタ
ビューで語られた「サムズ」の回顧を修正し、初期福祉政策の基礎は、社
会福祉の専門家、ニューディーラーであったことを明らかにしている（菅
沼2005：96-98）。

1-2　PHWの「総合的な福祉政策」

　菅沼によれば、「陸軍省と国務省の二つのルートで対日占領政策」が構
想されており、「日本降伏以前の米国の対日救済福祉政策は『広範な疾病
と社会不安』防止を目的とした緊急救済レベルにとどまり、社会福祉制度
の改革は構想されていなかった」という（菅沼2005：93）。
　また、1945年10月22日付PHWの二つの文書「日本における公衆衛生
と福祉の手続き」と「福祉の任務」により「福祉課の方針が確定された」
という。前者の文書においては「行政機関の『適切な組織化と統合』＝再
編を通じて制度の改革に発展しうる内容を含んでいた点が注目に値する」
と菅沼は指摘する。「福祉の任務」には、「公的福祉政策は『単一の福祉機
関（single agency）』で管理すべきである」とあり、「効率的経済的救済原
則」において、「効率的な救済の観点から既存の制度・慣行のうち福祉課
が望ましいものを助長し、不適切であるとみなされるものは排除していく
という既存の救済制度の効率化政策を採用」したものであった。これらの
原則は、米国対日占領政策の原則に従っていたという。つまり、「福祉課
の救済政策の基軸」は、「救済行政の効率化をはかることを目的とした救
済機関の統合」にあった（菅沼2005：98-104）。

GHQの民主化政策の下に「衛生行政機構の再編」も進められ、「衛生行政や福祉行政の文脈においてその民主化を進める際に指導的役割を果したのが公衆衛生福祉局」の「クロフォード・サムス」であった（小島 2010：240-241）。

　1945年11月7日に「PHW局長サムスからG4へ『総合的な福祉計画』に関する書簡が送付」されており、その中には「すべての大都市の人々のための包括的な福祉制度」が要求されていたという。菅沼は「これが後の一般救済政策といかなる関係にあるのか確認できない」としながらも、この書簡において「総合的〔一般的または概括的〕福祉」という「表現を使用」しているに点に注目している（菅沼 2005：109）。

　1946年9月18日PHW覚書「世話と保護を要する児童」では「SCAPIN-775社会救済や他の関連覚書などとの連絡をとる」ことが明記されていることからも（PHW-01399；社会福祉研究所 1979：148-149）、設置予定の厚生省・児童局の任務にも上記の「総合的な福祉計画」が求められたといえよう。

　日本政府の各省庁は、前述したようにGHQの各セクションとの関係の中でそれぞれの法制や行政改革を行っていくのだが、GHQが「連合国軍最高司令官と米太平洋軍のスタッフ機能、人事、施設を兼ねた二重の機能」をもっていたため、この「二重構造」がGHQ内における「部局間対立の原因」となった。すなわち「リベラル派」や「進歩派」（PHWの基礎を築いた「ニューディーラー」）は、「急進的、あるいは社会民主主義的改革を目指した」と認識されたことにより、G2と対立し、「日本内の共産主義者などと同様に監視・調査」されていたという（福沢 2010：107）。このようなGHQの組織構造の中で、PHWのニューディーラーが基礎をつくり、民主化政策を推し進めたサムスによって、厚生省の再編が進められ、「児童福祉総合政策構想」を日本政府に示していくこととなる。

第三章　GHQ「児童福祉総合政策構想」

第二節　GHQ「児童福祉総合政策構想」第一期
（1946年9月〜10月）

　前章で述べたように、岩永は、厚生省第387号通達（＝PHWが介入した厚生省の浮浪児対策）の契機になったGHQと厚生省の1946年4月8日会議「児童福祉問題」の報告書＝4月9日の記録用覚書、及び同年11月1日、11月22日のPHW「覚書」を検討し、「PHW児童福祉政策構想」の二つの政策理念として、「対象児童の一般化」と「関係機関の連携」を指摘した。この二つの政策理念を一次資料の原文で確認しておこう。[2]岩永のいう「対象児童の一般化」は、"the total problem of child welfare"（PHW-01400）つまり「児童福祉の全般的問題」と表現されている。他方、「関係機関の連携」は、"Prefectures should be advised to establish committees consisting of welfare personnel, police officials, school officials, other interested agencies."（PHW-01400）すなわち「都道府県は、福祉、警察、学校行政など「児童福祉の全般的問題」に係わる機関によって構成される委員会を結成するようにすべきである」から読み取ったものであった。[3]岩永がこの対象範囲の拡大を「児童福祉の全般的問題」とせず、なぜ「対象児童の一般化」と名付けたのかは、論文の中で明らかにされてはいない。

　9日の覚書に明記された上記の政策理念を含む「提案にそって」厚生省社会局援護課中川薫治は、浮浪児対策である「第387号通達を作成した」という（岩永2002：3）。同年7月にPHWはこの通達に関する報告書を厚生省に提出させたが、状況の改善が見られないことから、この問題の根底には「日本の担当者の無神経と無関心」があるとし、また「通達によって関心を高める」方法にPHWは限界[4]を感じ、「PHWは新たな方策の必要性」を模索することになる（岩永2002：4-5）。

　このPHWの「新たな方策」とは、覚書の形式[5]による「指令」（SCAPIN）であった。1946年9月「世話と保護を要する児童」（Children Need of Care & Protection）は「指令」の草案＝「覚書草案」である。表3は、GHQ「児童福祉総合政策構想」の形成過程、この「覚書草案」（第一次案）から

105

始まり、10月16日の第二次案、10月18日の口頭「示唆」、11月の「児童福祉」に至る第一期〜第二期の経過全体を示したものである。

2-1 記録用覚書・日本帝国政府宛覚書「世話と保護を要する児童」について（9月9日）

　岩永も指摘するように、GHQ児童福祉政策の起点となる9月（日付無記入、SCAPIN番号記入なし）の「覚書草案」＝「日本帝国政府宛覚書草案、終戦連絡中央事務局経由『世話と保護を要する児童』」（以下「覚書草案」）[6] においては、「本質的な広範な改善をめざす」ことを目的に「その活動を再編し増進するための緊急処置を取る」ための指令が記されている。その目的遂行のために児童局の設置、地方自治体の機構設置が必要であることが明らかにされていた。

　ここで注目する点は、児童局の対象が「児童福祉に関する全ての事項（例えば普通司法省及び文部省所管に属する事項を除いて）の活動の積極的な計画に対する指導と責任とを担当する」という記述である（PHW-01399；社会福祉研究所 1979：148）。児童局の対象は、「児童福祉に関する全ての事項」とされながらも、司法省と文部省の所管を含まない旨が明らかにされていることがわかる。児童局の具体的な任務として11項目が記されたがこれは、岩永がいうように、浮浪児童対策の枠をでないものであった。

　上記の「覚書草案」をたたき台とした「9月9日記録用覚書・日本帝国政府宛覚書『世話と保護を要する児童』について」は、6枚の資料にも及び、文末にはPHWのP.H.フェルドマンのサインが確認できる。この提案は、大きく8つの項目に分けられている。「1. 提案する覚書の本質と範囲」「2. 覚書の基本的性格」「3. 過去の児童福祉における日本人の活動」「4. これらの初期の法律の効果」「5. 占領以後の児童福祉に関する指令」「6. 児童のためにとられたその他の処置」「7. 問題程度」「8. 結論」である。

　「8. 結論」に続く、「9.」にはタイトルがなく、「上記の主題に関する予備討議は、日本帝国政府宛の児童福祉に関する覚書の概念に、何の異議も提示されなかった」と締めくくられている。この予備討議には「関連各課

第三章　GHQ「児童福祉総合政策構想」

の代表者」が参加しており、G1 ハギンス中佐は企画担当、G4 トループ中佐及びエベル中佐は予算担当、公安・治安維持を担当する G2 からはプリアム大佐、キンメル少佐、ニュートン大尉の三名である。加えて GS ハーシー氏、CIE プリエン氏、ESS の配給及び物価統制課のスミス大尉、労働課ベッカー氏、財務課リード氏であった（PHW-01399：社会福祉研究所 1979：143-147）。この予備討議により GHQ 内部において「世話と保護を要する児童」の「覚書草案」に示された新しい政策構想の合意がなされたといえるであろう。この 9 月 9 日記録用覚書において明らかにされた「強力な児童福祉計画」に関する記述を以下、三つの視点から整理した。

1）民主化政策としての「強力な児童福祉計画」

　これらの冒頭に記された「1. 提案する覚書の本質と範囲」には、児童局設置が記され、児童局が行う児童福祉計画の範囲として、a〜h の 8 項目は浮浪児・戦災孤児を対象とし、具体的事項として、司法省と厚生省の管轄の保護施設等に関する改善が挙げられていた。

　他方、「2. 覚書の基本的性格」^カにおいて、日本政府の児童問題に対する「歴史的無関心さ」を改善するために、「覚書の基本的性格（Basis for Memorandum）」＝「強力な児童福祉計画」（A strong child welfare program）が示されていたのである（PHW-01399：社会福祉研究所 1979：143）。

> 覚書の基本的性格　この計画は、日本に対する合衆国の政策と首尾一貫している。その政策は、政治・経済・社会制度における民主主義化を強めることを目指している。上の目標を成就していく中で、強力な児童福祉計画が、本質的に必要な要素として認められる。この児童福祉計画は、少なくとも児童教育に対する関心と同様に重要である。
>
> （PHW-01399：社会福祉研究所 1979：143）

　児童局が設置される必要性とその任務として、「1. 提案する覚書の本質と範囲」には「世話と保護を要する児童」＝浮浪児・戦災孤児対策が挙げられている。しかし、上記の「2. 覚書の基本的性格」において、民主化

107

表3　GHQ覚書によるGHQ「児童福祉総合政策構想」の経過一覧
（1946年9月〜11月）

日　付	覚書及びGHQ資料	内　容
第一期 1946年9月 〜10月16日	GHQ「児童福祉総合政策構想」草案作成	9月　　第一次案 10月　　第二次案
1946年 9月12日	CHECK　SHEET米国太平洋方面陸軍総司令部連絡文書、覚書「世話と保護を要する児童」の提案に関する会議 PHW発 宛：G1、G2、G3、Public Safety、G4、GS、CI&E、ESS、C/S	＊添付書類 1．日本帝国政府宛覚書の草案 2．記録用覚書（編注：1946年9月9日付） 3．適用通知案（編注：後出の10月案（第二次案）とほぼ同文）
第一次案→	＊1．9月（日付なし） 日本帝国政府宛覚書草案 終戦連絡中央事務局経由「世話と保護を要する児童」（SCAPIN番号無記入）	・児童局は、児童福祉に関する全ての事項（例えば、普通司法省及び文部省の所管に属する事項を除いて）の活動の積極的な計画に対する指導と責任とを担当する。
	＊2．9月9日PHW記録用覚書 日本帝国政府宛覚書「世話と保護を要する児童」について	・厚生省に児童局を設置すること。 ・強力な児童福祉計画が必要である。 ・教育と同等に児童福祉も重要な民主化政策である。
9月18日	GHQ記録用覚書「世話と保護を要する児童」の提案の検討に関する会議（9月17日GHQ内会議録）	・新部局の責任から少年審判所及び矯正院（少年院）に関係するものは省くこと。これらの事柄は直接厚生省所管には入らない。新しい局が適切な機関と密接な連絡をとりながら行っていくことなのである。 ・SCAPIN-775社会救済や他の関連覚書との連携をとる。
9月19日	CHECK SHEET「世話と保護を要する児童」 PHW発 宛：G1、G2、G3、Public Safety、G4、GS、CI&E、ESS、C/S	・1946年9月13日PHW発のCHECK SHEETの閲覧 ・この件に関して1946年9月17日の会議が開催された（9月18日記録用覚書「提案された覚書『世話と保護を要する児童』に関する会議」10月4日のCHECK　SHEETに添付あり） ・リクエスト及びコメントをPHWに返す。
9月26日	CHECK SHEET「世話と保護を要する児童」の提案について （GS発、PHW宛）	・民生局は、日本帝国政府覚書に同意。 ・児童局の設置を最大限公表。 ・児童福祉に関するすべての問題を積極的プログラムに移行する。 ＊9月23日CIE発PHW宛、9月24日ESS発PHW宛（同意文書） ＊9月26日第8軍発　SCAP宛「世話と保護を要する成人と不良少年のホームレス」報告書

第三章　GHQ「児童福祉総合政策構想」

日　付	覚書及びGHQ資料	内　　容
9月27日	PHW記録用覚書「児童福祉」（厚生省からPHWへ報告）	厚生省次官通達"浮浪児等保護要綱"の英文コピー提出。
10月4日	10月4日CHECK SHEET PHW発、C/S宛 10月12日C/S発、PHW宛 ※C/S＝参謀長	1.　第8軍に日本政府宛の覚書の提案に関する同意を求めて文書を出した。参謀研究においても、この提案された覚書に着手している。2.　現在の提案された覚書への同意は、G1、G2、G4、GS、ESS、CIE、PHWの各セクションにおける議論と提出された意見を含んだものである。 ＊添付書類 1.　10月4日「参謀研究」 A.　日本帝国政府宛覚書（第二次案） B.　第8軍司令官、APO 343宛「世話と保護を要する児童」 C.　覚書（指令）「世話と保護を要する児童」（file AG091.4, Oct 1946, PH, GHQ, SCAP）の一般的適用に関する通知
	＊1.　10月4日参謀研究	Ⅰ　現在の問題、世話と保護が必要な児童に対して精力的な日本製の計画をたてさせることへの働きかけ。日本の民主化を実現するために、より強い指令が必要。 Ⅱ　問題への実際の取り組み 1.　1946年2月27日総司令官が直接に日本政府に対して、食糧、衣料、避難場所、医療的支援を全ての救済が必要な人々に供給されるよう指令を出した（SCAPIN-775） 2.　公的扶助プログラムは、全ての問題の領域にいる極貧者に対応されるよう、いくつかの改善が行われている途中である。しかし特別なニーズのある児童の扱いに必要な特別な配慮は指令されていない。 3.　日本の官僚たちと児童の福祉的ニードについて交渉を続けていた。日本政府の結論としては、児童ための福祉プログラムを管轄の都道府県に、児童福祉計画（child welfare program）の促進を求めるという形式で実施するということであった。
第二次案→	＊A.　10月（日付なし） 日本帝国政府宛覚書、終戦連絡中央事務局経由「世話と保護を要する児童」（SCAPIN番号無記入）	・児童局は、児童福祉に関する全ての事柄を、実際上の積極的プログラムに移していくための責任とリーダーシップをとること（例えば、司法省や文部省の範囲内に含まれる事柄を除く）。 ・児童福祉の関連機関との密接な連絡の維持（関係機関との連携）。

109

日 付	覚書及びGHQ資料	内 容
10月8日	PHW記録用覚書「伊藤厚生次官との児童局に関する会議」	・児童局設置をめぐり、厚生省・司法省・文部省において話し合いの必要性。省庁間における「衝突するいくつかの領域」が報告される。非行少年の領域で21歳以下は厚生省、21歳以上は司法省等と検討中。 ・日本政府の目標「理知的で統合されたプログラム」。 →PHW「省庁間の話し合いから生ずるあらゆる意見の相違を解明」する支援を表明。
10月12日	10月4日CHECK SHEET記載、10月12日C/S発PHW宛	返信内容「覚書」による指令ではなく、会議における口頭による「示唆」に変更。
10月16日	PHW記録用覚書「世話と保護を要する児童」(PHWと厚生省の会議)	9月17日の訂正案の検討、この覚書写を厚生省、関係省庁に交付予定。
第二期 1946年10月 18日〜11月末	GHQ「児童福祉総合政策構想」発令	**10月18日口頭における「示唆」** **11月「児童福祉」概念提示**
10月18日	PHW記録用覚書「世話と保護を要する児童」(PHWと厚生省、文部省、司法省、大蔵省、内務省との会議) ＊口頭によるGHQ「児童福祉総合政策構想」の「示唆」	・大規模な児童福祉問題に取り組むために児童局が必要である。児童局は現存の設備をうまく統一し、調整し、拡張するための組織である。(「連携的統合」) ・主に非行傾句を持つ少年の扱いで協力体制が必要である。この活動を統括する上層部の一つの組織が必要。 ・児童局設置決定(PHWと関係省庁)。
11月1日	PHW記録用覚書「児童福祉」(10月31日PHWと厚生省の会議録)	・児童局は浮浪児問題のみを扱うのではなく、児童そのものを総括して、直接に、または間接に関心を示すべき。 ・専門分化している各専門機関が最大限に協力し合い、取り組むことを保証するため児童局を組織化(児童局は関係機関の調整役＝「連携的統合」)。
11月6日	PHW記録用覚書「児童福祉」(PHWと厚生省会議)	「普通児童・特殊児童・母子衛生」三課を児童局に設置する草案。PHWは、「学校衛生」を厚生省の所管とする提案を行う。 ＊PHWは厚生省に「学校衛生」プログラムを児童局の草案に入れた修正案(「厚生省児童局創設草案」)を11月8日に提出するよう、要請。

第三章　GHQ「児童福祉総合政策構想」

日　付	覚書及びGHQ資料	内　　容
11月8日	PHW記録用覚書「世話と保護を要する児童」（厚生省、内務省、司法省、大蔵省、文部省）	・厚生省はPHWの方針に従い、「学校衛生」を児童局に「一元的統合」する方針を示した「厚生省児童局設置草案」を提出。 ＊同日、「日本の厚生省児童局の内容」をPHW内で検討。 ＊学校給食、児童への食糧供給などの資料4点添付
	11月（日付なし）「児童福祉」	・完全な意味における児童福祉計画「教育、娯楽、健康及び労働の各分野での計画、協力、調整の責任も含んでいる」（「連携的統合」）。 ・緊急段階＝「特別な児童保護問題」に焦点化。緊急段階後＝「家のない、扶養の必要のある放置された児童に対する世話と保護、非行に走る危険性のある児童に対する世話と保護、また適切な児童福祉サービス、さらに政府を通して日本国民の先の責任を果たすための適切な人事と財源」。 ・児童福祉計画の目的＝専門的サービスとは「身体的障害児」「知的障害児」「社会障害児」「孤児」から成り立っている。
	11月（日付なし）厚生省「厚生省児童局設置草案」（11月8日に厚生省からPHWへ提出）	・Ⅰ.厚生省児童局の任務。四課を設置。Ⅱ.各課の任務の範囲、Ⅲ.他の部局から児童局に移管される任務（文部省、社会局、衛生局）＊「学校衛生」を含む ・厚生省児童局1～4課の任務及び管轄範囲表
11月22日	PHW記録用覚書「厚生省児童（チャイルドウエルフェア）局」（PHW、厚生省と、内務省、司法省、文部省の会議）	・厚生省と文部省の間に「連絡調整委員会」を設置し、「学校衛生」を文部省へ。児童局が、両省間の連絡調整を行って、この委員会を動かしてほしい。 ・日本政府機関の大きな弱点の一つは、活動を調整し、かつ、他の機関と協力する部局が不十分であるということ。（「連携的統合」）

出典）社会福祉研究所（1979）『占領期における社会福祉資料に関する研究報告書』
　　　岩永公成（2002）「占領初期におけるPHW児童福祉政策構想—厚生省児童局の設置過程を通して—」
　　　国立国会図書館憲政資料室GHQ資料（PHW-01400、01399、01398、CAS（B）-01799）

政策の視点から「児童福祉」は、「教育」と同じように重要であることが指摘されている。つまり、任務としては当時の目の前にある問題＝浮浪児・戦災孤児に焦点が当てられているが、「本質的」に必要な民主化政策の要素として、「強力な児童福祉計画」（A strong child welfare program）が位置づけられているといえよう。

この「強力な児童福祉計画」の記述に続き、戦前戦時下の日本の児童政策や法制に関して、その特質や評価が列挙されている。戦後は、「SCAPIN-775」（公的扶助）、「SCAPIN-473」（食糧・医薬品など物資の供給）が「間接的に児童福祉に影響を与えている」ことが記されていた。しかし、「5. 占領以後の児童福祉に関する指令」はまだ行われていないことも、指摘された（PHW-01399：社会福祉研究所 1979：144）。

さらに「6. 児童のためにとられたその他の処置」では、日本政府の浮浪児狩り込みやGHQの刑務所訪問によって明らかとなった児童の収容状況などが示され、「困窮児童のひどい状況」が指摘されていた（PHW-01399：社会福祉研究所 1979：146）。

2）浮浪児及び「少年非行の分野」と日本政府の問題

「7. 問題程度」には、二つの問題が統計的に示されている。第一は、「世話をうけている、あるいはうけていない家なし放浪児童」の浮浪児や孤児の統計で、第二は、「少年非行の分野」の問題及び統計である。GHQが指摘する二種類の児童「問題」は、岩永及び村上が指摘したように、日本政府の浮浪児対策の不十分さから起因していることが、ここでも明らかである。特に「少年非行の分野」において詳細な報告が行われている。GHQの公安課が把握したものとして「ある期間中に法律によって検挙した児童数の統計」には、司法省の報告、厚生省の報告、また東京警視庁によって保護した児童数、少年犯罪者数が挙げられていた。

その報告によると、司法省は1946年4月30日現在少年審判所によって指導監督された119の私立少年保護団体に総数2416名の児童が、また1946年5月31日現在、8ヶ所の国立少年院に18歳以下の児童563名がいること、さらに1946年2月以降、「軍事裁判所（占領軍）から委託された

658 ケース」があり、東京審判所は、「一か月平均 900 ケース」の対応を
している。1946 年 7 月 31 日においては、東京審判所管轄の「35 か所の」
私立保護団体に 875 名、女子のための私立保護団体に 70 名の収容者で、
これらの施設における総収容可能人員は、1855 名であったという（PHW-
01399；社会福祉研究所 1979：146）。この状況からも、司法省の主な児童の
保護施設は私立保護団体であり、その収容数はすでに 1946 年 4 月時点で
許容量をオーバーしつつも、毎月 900 ケースが新規に保護（再検挙も含め
てかどうかは不明）されている。これらの数字からも当時の「非行少年」
問題が、官民合わせても対応しきれない状況となっていることがよくわか
る。

　厚生省からは、厚生省の公立教護院 50 ヶ所と 2 ヶ所の私立教護院（1946
年 5 月末日現在、その収容能力は 3471 名である）に 2679 名の収容が報告さ
れていた。東京警察庁の記事発表からは、「1945 年 8 月の 291 件に対して
1946 年 6 月の東京における少年犯罪が 1,748 件」にまで増加したとある。
このような非行少年の収容に関する不十分な対応だけでなく、「困窮児童」
の悲惨な状況も含めて、日本政府の対応に不十分さを感じた「多くの
人々」が、PHW に「SCAP が強力に介入するよう」求めてきていること
が述べられている（PHW-01399；社会福祉研究所 1979：146）。

　ここで、日本政府自体の問題、児童問題への無関心な態度が指摘された。
岩永も前述したように「日本の官僚の歴史的な無感覚無関心さが、この種
の活動において、職員、食糧、設備の不足よりもさらに障害」だとされた
のだ。しかし、「SCAP の強力な命令に基づいて、この分野におけるより
大きな前進」がなされるはずであり、その根拠として「児童福祉における
有能な日本の指導者たち」の存在を示してもいた（PHW-01399；社会福祉
研究所 1979：146）。

3）予備討議の結論

　そしてこの問題を解決するための「8. 結論」として、次の 11 項目が挙
げられた。日本政府に対して行う GHQ「強力な児童福祉計画」の提案理
由として注目する点であるため、「9.」の総括も含め長くなるが引用する。

a. 自立できない児童、放置された児童、非行児、障害児の世話と保護は、日本の民主化のため、SCAPの責任の及ぶ範囲である。

b. この主題の具体的に含むところの他のSCAP覚書は存在しない。

c. 日本の児童に関する改善施策の計画を求めるニードは、戦争によって非常に悪化させられた。

d. 会議や非公式な打ち合わせによってなされた前進は、あまりに鈍く、不十分であることが判明した。

e. SCAP覚書の形式で、活動をおこすための強い刺激が、現在必要とされている。それによって目に見える進歩が冬の前に成し遂げられる。

f. 日本の社会事業家及び社会局長を含む係官は、計画を実施に移す際の準備に関連のある政府部局（例えば、大蔵・商工等）で、同情や協力をさらに得る手段として、そのような覚書を出すことを支持している。

g. SCAP、第8軍及び各軍政部の福祉担当官は、そのような覚書が、計画と実施のための効果的な基礎になるようにとの希望を表明した。

h. 児童福祉計画は、長期間の遠大なもので、早期に成功を収めることは不可能であるが、ここに提案する覚書は具体的進歩を促進するのに役立つものである。特に適切な児童施設や里親への児童送致について。

i. 児童福祉の分野における進歩は、道路工事、産業の再生あるいは修繕のような計画に比較して、具象的ではないが、児童福祉は民主主義における教育と同水準の注目を浴びるに値する。今日その福祉が無視された児童は、明日には病院や刑務所の収容者となるであろう。

j. この種の非常に拡大された計画を支持するために、日本人の間には十分な関心がある。このことは、非常な困難と障害に直面する中で、宗教的グループ、奉仕の福祉団体、博愛者、それに機知に富み精力的な官吏達によって成された素晴らしい業績によって明白である。放浪者を処遇する援助活動の中での、大阪の女子大学生の奉仕活動。個人財産で設立された札幌育児園。困窮者を援助するため度々上野

駅にでかけた、聖フランシスコ修道会の尼僧。東京横浜に政府が収容所を設置したこと。労働基準法の児童保護に関する特色。これらは、必要な刺激と政府の指示によって、高度に発展した児童福祉計画へと導くことが可能な、賞讃に値する仕事の発端の例である。

k. その計画に、それが早期かつ永続的な結果を得るのに必要な卓越性、強力性、重要性をもたせるため、厚生省に局レベルの機関が必要とされる。合衆国児童局は、政府の強力な指導の下に、児童福祉の分野における広汎な可能性を実証している。

9. 上記の主題に関する予備討議は、日本帝国政府宛の児童福祉に関する覚書の概念に、何の異議も提示されなかった。

(PHW-01399：社会福祉研究所 1979：146-147)

　これらの結論からは、GHQの「児童福祉計画」(a child welfare program)は、GHQ内、厚生省、社会事業関係者の両者からの要望によって提案されたこと、喫緊の児童保護を「SCAPの責任の及ぶ範囲」であるとした。「児童福祉計画」自体は、「長期間の遠大なもの」で、早期の実現は難しいこと。しかし現在必要とされている「具体的な進歩を促進するに役立つ」機能はあるとされ、「児童福祉は民主主義における教育と同水準の注目」に値することが再び述べられている。教育改革は民主化政策の主軸として米国対日占領政策に位置づけられ、終戦以前の早い時期から改革構想が練られていた（片山 1993：147）。しかし占領前の米国対日占領政策における「児童福祉」は、岩永が『民政ハンドブック』『民政ガイド』の検討を通して指摘しているように、「児童労働」と治安維持対策としての「非行少年」問題として捉えられていた。

　このGHQの「予備討議」においてG2の三名のスタッフが参加していたことからも明らかなように、公安・治安維持という視角からの浮浪児・「非行少年」問題から、民主化政策としての「児童福祉」への転換が、GHQ内においてなされたことがわかる。これらの経緯から「児童福祉」は、「教育」と同じように民主化政策において重要であり、同じように

115

「長期間の遠大」なスパンで捉えられるべきものと認識されたのは、占領後であったといえよう。9月9日には「覚書草案」自体が、「強力な児童福祉計画」であり、「児童福祉」が、民主化政策の対象としてはじめて位置づけられ、この「強力な児童福祉計画」を実施する「早期かつ永続的な結果を得るのに必要な」機関として、厚生省の児童局設置が優先事項となったのである。

この9月9日の予備討議を受け、次回会議の開催予定と関係資料を添付した書類が、GHQの関係部局に9月12日付で通知されている。次回会議は、9月17日に開催され、その会議録である「覚書」冒頭には厚生省児童局の行政統合方針が記されていた。

2-2 記録用覚書「『世話と保護を要する児童』の提案の検討に関する会議」（9月17日）

その後1946年9月18日付のGHQ記録用覚書「『世話と保護を要する児童』の提案の検討に関する会議」において9月17日の会議内容が確認できる。この覚書にも同じくフェルドマンのサインがある。会議の参加者はG4のビーデルリンデン准将、エベル中佐、PHWのウィーバー大佐、ネフ大佐、フェルドマン、G1のカレン中佐、G2のキンメル少佐（諜報局公安課）、GSのハッシー、エレルマン、ESSのベッカー（労働課）、グローフリン（財務課）、CIEのボウレス（教育課）であった（PHW-01399：社会福祉研究所 1978：148-149）。

これら参加者の顔ぶれからも明らかなように、9月9日の予備討議と同じく、参謀（G1政策企画、G2公安）やGS、ESS、CIE、というGHQの関係部局が揃い、「日本政府に送られる覚書の基本的構想」＝「強力な児童福祉計画」が再検討された（PHW-01399：社会福祉研究所 1979：148）。

1)「覚書草案」に対する訂正案（9月）

この会議（9月17日）において中心となった議論は、「日本政府に送られる覚書の基本的構想」は、「児童福祉プログラムを発展させる責任と

第三章　GHQ「児童福祉総合政策構想」

リーダーシップをとる一部局を厚生省に設置すること」についてであり、
9月草案覚書に対する6点の修正案a〜fが示された。修正案の中でも児
童福祉政策構想の位置づけとして重要なものは、第一に、「SCAPIN-775
社会救済や他の関連覚書などとの連繋をとる」ということ、第二に、行政
統合方針及び所管の問題である。「新部局の責任」（厚生省・児童局）から
司法省所管の「少年審判所及び矯正院（少年院）に関係するものは省く」
ことが提案された。その理由として「これらの事柄は、直接厚生省所管に
は入らない。これらは、むしろ、現在にみられる欠陥」であることが指摘
された。新しい提案として「新しい局が適切な機関と密接な連絡をとりな
がら行っていくこと」8) が明らかにされている。つまり「関係機関の連
携」＝「連携的統合」方針がここでも明らかにされていることがわかる
（PHW-01399；社会福祉研究所 1979：149）。

　後日この修正案a〜fに沿って改正し、上記の「関係部局」の「同意ま
たは意見を得るために」再提出されること、訂正案を議論する会議が開か
れることとなったとある（PHW-01399；社会福祉研究所 1979：149）。

　その後、CHECK SHEETに記載された内容から覚書「世話と保護を要
する児童」への「同意または意見」の文書がPHW宛に届けられているこ
とがわかる（9月23日付CIE発、24日付ESS発、26日付GS発）。その中でも
9月26日GSからPHW宛の文書「覚書『世話と保護を要する児童』の提
案について」では、GSはこの「提案」に同意し、PHWに非公式な命令で
「児童局の設置を最大限に公表し、児童福祉に関するすべての問題を積極
的プログラムに移行させていくこと」9) を厚生省に公表するよう求めた
（PHW-01399；社会福祉研究所 1979：149）。

2)「参謀研究」（10月4日）

　10月4日「参謀研究」10) の記録には、PHWのウィーバー大佐の署名
がある。指令等の実施に際して「世話と保護を要する児童」が検討され、
その結果、次の五部構成でまとめられた。「Ⅰ．提出された問題：世話と
保護を要する児童のための活発な政府のプログラムを効果的に行うこと」
「Ⅱ．この問題の関連事実」「Ⅲ．討議」「Ⅳ．結論」「Ⅴ．勧告」である。

117

「討議」において明らかになったことは、次の点である。民主化政策の「前進」に「児童の世話と保護の適切なプログラム」が日本政府に必要であること、その理由として、日本の民主化を実現するのは、「現在の児童の世代」にかかっていること、「日本政府」の児童問題への「歴史的無感覚さと無関心さ」が児童福祉プログラムの「障害」となっていると指摘されたことである（PHW-01399；社会福祉研究所 1979：151）。

これらの討議を経て出された「結論」は次の二点であった。第一に、「1. 近い将来における児童福祉の実質的収穫は、日本の官吏たちとの継続的討議のみでは達成することはできない。大日本帝国政府への覚書の形式で、より強い明確な指令を出すことが必要である」こと。第二に、「2. 厚生省の一部局というレベルで一機関を設けるという指令の覚書が必要であり、かつ、近い将来日本において広く改善された児童のプログラムが必要であり、このことに対応するための努力に正当な理由が認められた」という点であった（PHW-01399；社会福祉研究所 1979：151）。このように強い指令の必要性が繰り返されているが、結果的には、「覚書」の形式では発令されなかったのである。

この 10 月 4 日「参謀研究」の「Ⅴ．勧告」に「別紙の日本帝国政府宛覚書（指令）がみとめられるべき」として述べられており、それらの書類は「参謀研究」に添付されたＡ「日本帝国政府宛覚書」（第二次案）とＢ「第 8 軍司令官、APO 343 宛『世話と保護を要する児童』」（日付不明）、Ｃ「覚書（指令）『世話と保護を要する児童』（file AG091.4, Oct 1946, PH, GHQ, SCAP）の一般的適用に関する通知」（日付不明）であった。このことからも、10 月 4 日以前に「日本帝国政府宛覚書」第二次案が作成されていたことがわかる（PHW-01399；社会福祉研究所 1979：151-152）。

第二次案とともに作成されたと見られるＢ「第 8 軍司令官宛『世話と保護を要する児童』」（1946 年 10 月日付不明）には、この第二次案の概要と第八軍司令官への要求が次のように記されていた。

　a. 現存するプログラム及び別紙の指示により発展した日本の児童福祉プログラムの継続的かつ緊密な調査。

118

b. 困窮児童のために、日本政府が採用した法案の履行に際し都道府県、地方事務所の協力を要請すること。連合国最高司令官総司令部部は、第8軍司令官を、そのための情報収集先とする。

c. 児童の虐待や放棄を防ぐためにこのような処置をとること。

d. このプログラムに関係している日本の役人側で、不同意や失敗がみられた時は、的確な処置をとること。また総司令官宛にその旨報告すること。

　マッカーサー元帥の命による（PHW-01399：社会福祉研究所 1979：153）

　また、添付資料C「覚書（指令）『世話と保護を要する児童』（file AG091.4, 1946, PH, GHQ, SCAP）の一般的適用に関する通知」（日付不明）には、上記の「日本帝国政府宛覚書」の目的は、「世話と保護を必要とする大多数の児童のために、幾分、処置の面で刺激を与えること」と記されている。このことからも、改めて「近い将来における児童福祉の実質的収穫」の前に、保護の必要な児童への対応の改善を「日本帝国政府」に迫るという目的が優先されたことがわかる。また児童福祉の「プログラム」に含まれる内容の一つとして「少年非行、少年雇用、母子健康管理のごとく、児童福祉のあらゆる面に於いて基準を高めるため、他の機関と密接な連絡をとっていくこと」がここでも強調されている。資料Cの末尾にも、資料Bにおける要求と同じく児童福祉プログラムに関係する「日本の役人側で、不同意や失敗がみられた場合」の通告対応が求められていた（PHW-01399：社会福祉研究所 1979：154）。

　9月「覚書草案」（第一次案）とは異なる点として、「11月15日」までに児童局を厚生省に設置する旨が述べられている。社会福祉研究所は、この「指令」も日付及び文末に責任者の署名がないことからも、発令されなかったと推測している（社会福祉研究所 1979：154）。

3）発令されなかった「日本帝国政府宛覚書」（10月）

　この1946年10月（日付不明）の「日本帝国政府宛覚書、終戦連絡中央事務局経由」は、SCAPINに番号もなく、日付も、決裁者の署名もないこ

とから、「指令」は行われなかったと解釈された。しかし、表3のGHQ構想「第一期」の後半、10月4日「CHECK SHEET」PHWからの米国陸軍太平洋航空軍団、参謀長（Chief of Staff, Pacific Air Command United States Army：C/S）宛への返信として、C/SからPHW宛の文書において、日本政府に対して覚書ではなく、口頭による「示唆」が決定されている（PHW-01399）。このことから、10月の「日本帝国政府宛覚書」自体は覚書として「指令」は行われなかったが、その内容は、日本政府に口頭で伝わったと考えられる。その理由は、ここでは明らかにされてはいない。

また口頭での「示唆」の記録である10月18日覚書（10月18日の会議）の内容が非常にシンプルであるため、その全容は見えにくい。そのため10月16日覚書の写しが日本政府に配布されたこと、ならびにこの16日覚書内容の原案ともなった9月「草案覚書」（第一次案）の修正案、10月「日本帝国政府宛覚書」（第二次案）の概要を確認しておこう。

この「日本帝国政府宛覚書」の冒頭には、この覚書が、SCAPIN-775（1946年2月27日、主題「社会救済」）、SCAPIN-945（1946年5月11日、主題「保健及び厚生行政機構改正に関する件」）の関連の文書であることが位置づけられている。そこには、「日本帝国政府は、児童の世話と保護の分野における諸活動の拡大及び再編成にただちに着手するよう指示されている」と記されている。この覚書において、児童局の担う「積極的なプログラム」11項目の一つには、その対象範囲が示されている。厚生省児童局の所管は「児童福祉に関するすべての事柄」[11]としつつも「司法省や文部省の範囲内に含まれる事柄」[12]は省くという点では9月の「覚書草案」と同じく変更が見られない（社会福祉研究所 1979：52）。しかし、注目すべきは、厚生省の「新部局」の行政統合方針である「関係機関の連携」＝「連携的統合」が一層強調されている点である（PHW-01399；社会福祉研究所 1979：153）。

　　児童福祉の関連機関との密接な連絡の維持。例えば、非行傾向をもつ青少年の取り扱いの問題や、少年審判所の改良について司法省との連絡、また児童の訓練計画についての文部省との連絡、児童の雇用に

ついての労働雇用関係機関との連絡、母子健康管理についての保健所との連絡、そして、地方児童福祉計画の転換のための都道府県の諸機関との適切な連絡が必要である。

（PHW-01399：社会福祉研究所 1979：153）

上記「児童福祉の関連機関との密接な連絡の維持」[13] の中でも、厚生省に司法省及び文部省の所管が「一元的統合」されないことだけでなく、「連絡」という言葉が繰り返し述べられている。岩永が明らかにしたGHQの児童福祉政策の方針、「関係機関との連携」方針が、司法省、文部省に関して強調されていること、また地方分権を促進するGHQの方針からも中央と地方行政の「連絡」に関する指示が出されていることがわかる。

4) 記録用覚書「世話と保護を要する児童」（10月16日）

9月17日の会議で提案された「訂正案」は、前述のように9月末のGS、ESSなど各部署からの「同意または意見」が寄せられた結果、上記の発令されなかった「日本帝国政府宛覚書」（第二次案）の内容を含んだものとして考えられるであろう。10月18日の「日本政府」とPHWとの会議（口頭での「示唆」）の前に、この16日の記録用覚書「世話と保護を要する児童」の「写」が「厚生、内務、文部、司法、大蔵各省に交付」されることが明らかにされている（PHW-01399：社会福祉研究所 1979：156）。

10月16日の記録用覚書「世話と保護を要する児童」には、「全体的児童福祉プログラム」に含まれるべき「主なニード」[14] として、9月「覚書草案」（第一次案）に記された11項目に関する修正が報告されている（PHW-01399：社会福祉研究所 1979：155）。この11項目の末尾には、「児童福祉分野に関連する他の機関との密接な連絡の維持」＝行政統合方針が明確に記されており、10月「日本帝国政府宛覚書」（第二次案）の内容と、ほぼ同じものであった。

このように、GHQが示した厚生省の「新部局」（児童局）に必要な機能は、「児童福祉の関連機関との密接な連絡の維持」、一貫して関係機関との「連携的統合」が記されていた（PHW-01399：社会福祉研究所 1979：153）。

121

こうして、10月18日以降は、厚生省児童局の「連携的統合」方針に沿った課題検討が、PHWと厚生省、関係省庁との間で行われていく。

第三節　GHQ「児童福祉総合政策構想」第二期
（1946年10月～11月）

上記のように、10月初旬には日本帝国政府宛覚書「世話と保護を要する児童」が完成し、その内容は、SCAPIN覚書という「指令」ではなく、口頭で日本政府に「示唆」されることとなった。そのためGHQ「児童福祉総合政策構想」が公に日本に示されたのは、1946年10月18日のPHWにおける会議においてであった。会議の出席者は、PHWと厚生省、司法省、文部省、大蔵省、内務省の代表であった。

10月18日会議以前からPHWは厚生省と、非公式な検討を行っていたと思われる。児童局設置をめぐるPHWと厚生省のやり取りが確認できる資料として、1946年10月8日記録用覚書「伊藤厚生次官との児童局に関する会議」がある。その会議において厚生省伊藤次官は、児童局新設をめぐり「衝突するいくつかの領域」（厚生省、司法省、文部省間）に関する報告を行っている。そこには「21歳以下の児童を保護する厚生省と21歳以上の成人を対象とする司法省に分けて、慎重な考慮が払われた」とあり、「省庁間の話し合い」は継続し、その目標は「理知的で統合されたプログラムにある」と報告されたが、具体的な議論の内容は明らかにされてはいない（PHW-01399；社会福祉研究所1979：154）。

GHQ構想の第二期について、第一に、GHQ児童福祉政策構想を、厚生省及び関係省庁はどのように受け入れ、児童局設置をめぐり議論を行っていったのかを、10月18日、11月1日の覚書から確認する。第二に、11月は2種類の覚書のタイトル、「世話と保護を要する児童」と「児童福祉」（4月9日記録用覚書以来）が登場する。この二つの表題の覚書を通してGHQ構想において「児童福祉」の対象とした内容を確認する。第三に、GHQ構想における「非行少年」対策の方針とその位置づけを明らかにする。

第三章　GHQ「児童福祉総合政策構想」

3-1　GHQ「児童福祉総合政策構想」の発令（10月18日）

1946年10月18日「世話と保護を要する児童」に関して、GHQと日本政府との話し合いが、PHW局長であるサムス大佐の事務室で行われた。出席者は、PHWからサムス局長、ネフ大佐、フェルドマン。厚生省からは、伊藤謹二次官、米澤常道（総務）、高田正巳（援護）、斎田晃（連絡）。文部省からは山崎匡輔次官、日高第四郎（学校教育）、司法省からは岡田善一（刑事）、柳川真文（矯正）、大蔵省からは石原周夫（立法）、内務省からは飯沼一省次官であった（PHW-01399：社会福祉研究所 1979：156）。

1）GHQ児童福祉政策構想への合意

サムス大佐は、10月4日「参謀研究」において検討された「世話と保護を要する児童」に記された方針に沿って、上記の各省代表にGHQ内で検討した対日児童福祉政策構想を示した。第一に、「現在の大規模な児童福祉問題に取り組むための現存の組織と設備は不十分である」こと、第二に、このようなプログラムに対し「新しい扱い方に注目を集める最適な方法」として、厚生省に新しい局を設置すること。その局は「現存の設備をうまく統一し、調整し、拡張するための組織」[15]であることが強調された。日本の政府代表は「児童福祉の新しい活発な活動の草案」に「心から賛成」を表明し、「そのプログラムの計画に対し協力する」ことを約束したという（PHW-01399：社会福祉研究所 1979：156）。

この記録には、各省の「所見」がコンパクトに記されている。文部省の山崎次官は閣僚と各部局との「派閥主義や心の狭い不和」は取り除き、「この重要な問題に対し、迅速でかつ一致した行動」及び財政面においても協力が必要であることを述べている。厚生省の伊藤次官からは、「諸計画、特に浮浪者のための計画は進行中」であること、新しい局と児童福祉「プログラム」の必要性を痛感しているが、「他の閣僚によって妨げられてきた」こと等が述べられた。また内務省と司法省は、「非行傾向」の少年対策、犯罪少年の行政対象範囲などの検討結果を報告した。「非行傾向」の少年対策とは、いわゆる青少年不良化防止対策のことであった。

123

2)「非行傾向」の少年対策の方針

　この会議内で飯沼内務次官は、「主に非行傾向をもつ少年の扱いで協力体制」[16] を構築中であることを報告した。この報告に対してPHWサムス大佐が「これらの活動を統一するために、上層部に、一つの組織を作る必要があることを強調した」。[17] 会議出席者からの異論が記録されてないことからも、この「主に非行傾向をもつ少年の扱いで協力体制をつくる」という件に、司法、厚生、文部、大蔵、内務が同意を示したと考えられる。司法省の岡田は、司法省の対応は罪を犯した14歳以上の少年に関してだが、戦災孤児の「非行傾向を防ぐための手段が緊急に必要であること」を認めた。が、その手段は具体的にどのようなものであるのかは示されていない。大蔵省の石原は、「家庭のない児童に対する設備に2600万円」を認め「統一したプログラム」を遂行するための「具体的かつ優れた計画」樹立に対し、大蔵省も協力する旨が表明された（PHW-01399：社会福祉研究所 1979：156-157）。

　PHWは、ここでGHQ/SCAP内で検討された「9月17日付覚書」写を添付した「参謀会議のまとめ」（10月16日記録用覚書「世話と保護を要する児童」）の写を各省の参加者に配付したことが記されており、今後は厚生省が中心となって「他の省の係官たちとの会合を計画していく」ことへの合意がなされたという。PHWは次回11月8日の会議で「明確でかつ具体的な計画」を作成し、発表するよう催促した（PHW-01399：社会福祉研究所 1979：157）。次に、PHWと厚生省の児童福祉政策の「明確でかつ具体的な計画」形成過程を、「児童福祉」を主題とした三つの覚書を含む資料から明らかにしておこう。

3-2　記録用覚書「児童福祉」

　1946年10月31日の厚生省とPHWの会議録は、記録用覚書「児童福祉」（1946年11月1日）として記録されている。この覚書「児童福祉」の冒頭には、「厚生省代表者」たちが「提案されている児童福祉局の機能」に関して「意見の相違」があり「難局に立っている」ことが報告されてい

る。厚生省内の「一般的な合意」として挙げられた3点は、第一に、「この児童福祉局は、浮浪児の問題のみを扱うものとして正当化されるのではなく、児童そのものを総括して、直接に、または間接に関心を示すべきものである」[18]こと。第二に、感染症に対する対応機関、第三に、対象年齢についてであった（PHW-01399；PHW-00667；社会福祉研究所 1979：157）。

　厚生省社会局援護課の中川援護課長は、「児童福祉局」の機能として「(1) 児童の不適応」「(2) 浮浪及び、(3) 精神的及び身体的衛生を予防する」という案を考えており、公衆保健局保健課の三木課長は、「(3) 精神的及び身体的衛生を予防」の機能は児童局に移管せず、公衆保健局が所管すべきと考えており、「母子健康管理」機能について明確な考えは示されなかったという（PHW-01399；PHW-0067；社会福祉研究所 1979：157）。

　PHW局長のサムス大佐は、「児童福祉局」設置に関する厚生省の理解及び対応について、「このような問題は、1つの局から他の局へ機能を移管するような事柄ではない」と指摘した。また「児童局のような機関がいかに組織されるべきかを」検討すべきであること、つまり児童局は「すべての児童の福祉に関係ある1つ1つの問題に対して、各専門機関が最大限に協力し合い、取り組む」調整機能をもつことが説明された。[19] そのことからも厚生省の理解及び対応を促すために、「児童福祉」「保健衛生」それぞれに具体的な機能をリストにしてPHWに提出することが決まった（PHW-01399；PHW-00667；社会福祉研究所 1979：157）。次の会議はこの10月31日と同じPHWと厚生省及び関係省のメンバーで、11月6日に開催されたという。

1）記録用覚書「児童福祉」（11月6日）

　この11月6日、厚生省からPHWへ「児童局の設置の草案」が提出され、この局に「(1) 一般児童、(2) 特別な問題を持つ児童、(3) 母子健康」の三課の設置が提案された。この日の検討においては「意義」「局の内部的構造と機能」に関して反論等が行われることはなかったという（PHW-01399）。しかし、一点だけ課題が提出された。それは文部省の「学校衛生」の所管に関する件であった。サムス大佐はこの「学校保健衛生プ

ログラム」を児童局に統合する考えがあることを伝え、その理由として「医療基準」によっては「保護」対象となることを挙げた。会議上ではこの「学校衛生」をめぐる提案に厚生省も関係省も賛同したが、これらが課題となっているのは、「内部のねたみや予算上の考慮」があることをPHWは理解していた。そこで厚生省に、「学校衛生」を文部省から移管した内容を含む「児童局の草案」修正案を11月8日10時迄にPHWに提出するよう要請し、再度「児童局の草案」における、「学校衛生」を再検討することとなった（PHW-01399；PHW-00665；社会福祉研究所 1979：158）。

　その後、11月8日には、PHW内においてこの「学校衛生」に関して検討が行われた。この記録用覚書のタイトルは「日本の厚生省児童局の内容」であった（PHW-01399）。ここでは、児童局の「活動の範囲」は「乳幼児のみならず学童に対する保健活動」を含むこと、厚生省児童局に「児童の健康の全活動を統一」することの合意がなされた。同日、PHWと厚生省、文部省、司法省、内務省、大蔵省の会議が開催されるが、この記録用覚書のタイトルは「世話と保護を要する児童」である（PHW-01398）。この日、厚生省から「学校衛生」を児童局の所管に含んだ修正案が提出された。サムス大佐は、「児童の健康と福祉」を理由として、米国における例を示し、「学校衛生」所管を厚生省に「一元的統合」する必要性を説明したが、「日本の代表者達」より、さらに検討のための時間が要求された。

　この11月8日記録用覚書「日本の厚生省児童局の内容」「世話と保護を要する児童」以降、二つの「日付なし」の文書がある。[20] まず福祉サービス係長「ミルトン・J・エヴァンス」の署名がある「児童福祉」という資料であり、この資料に関しては、後述する。次の資料は、11月6日にPHWからの要請により厚生省からPHWへ送付された「児童局の設置の草案」の修正版、「厚生省児童局設置草案」[21] である。この書類には「児童局」の任務において、「学校衛生」に関する文部省からの移管についての記述があり、11月6日の「普通児童課」「特殊児童課」「母子衛生課」に追加された第四番目の課として、「他の部局から移管された事項」が記されていた。この第四課の任務と管轄範囲表の記述内容からも「学校衛生」全般に関する事項を、厚生省児童局の任務として移す予定であること

第三章　GHQ「児童福祉総合政策構想」

が明らかとされていた（PHW-01398）。

　これら二つの日付なし文書は、11月8日の検討資料として用いられた可能性が高いが、これらの資料は、前述した10月31日の会議（11月1日記録用覚書）においてPHW局長のサムス大佐が、児童局設置に関する厚生省及び日本政府の理解・対応を促進させることを目的としていたと推察できる。つまり、「児童局のような機関がいかに組織されるべきか」を日本政府に主体的に検討させ、「すべての児童の福祉に関係ある1つ1つの問題に対して、各専門機関が最大限に協力し合い、取り組む」調整機を前提としたGHQ構想（エヴァンスの「児童福祉」）を提示したといえよう。

　これら二つの書類を再度検討した結果が、11月22日の議論に終結したと考えられる。特に「11月日付なし」「児童福祉」は、11月22日の児童局所管の議論に影響を与え、さらには、GHQ/SCAPで共有されたと思われるGHQ構想の概要ともいうべき内容が記されている。順序としては前後するが、次に「学校衛生」の議論の終結を11月22日覚書から確認し、次にGHQ構想の概要を検討する。

2）記録用覚書「厚生省児童局」（11月22日）

　1946年11月22日には、PHWと厚生省及び関係省庁が出席した「児童局設置に関する最終協議」が行われ、「学校衛生」の所管に関する議論が中心となった。岩永は、この最終協議を検討し、厚生省児童局に「学校衛生」を「一元的統合」せず、両省間に「連絡調整委員会」を設置したことを、「PHW児童福祉政策構想」の政策理念である「関係機関の連携」が結実した証として論じた。岩永論文では、このように「連絡調整委員会」という解決法がPHWと日本政府相互に受け入れられたという解釈がされている。しかし実際は、GHQが示した「関係機関との連携」という政策理念を利用し、「日本政府」は、「学校衛生」の所管を文部省から厚生省に移管させないように抵抗したとも読めるのである。岩永論文では検討されてはいないが、同資料をさらに検討すると、GHQもこの解決法を、抵抗とみなしていたことがわかる。それは、この「学校衛生」に関する「連絡調整委員会」が実際に機能するかどうかに対して、非常に懐疑的であると

いう意見がサムス大佐から以下のように述べられていることからも明らかである（PHW-01398：社会福祉研究所 1979：160）。

> しかし、一年たっても何ら効果がみとめられなければ、命令を出して変えることになるでしょう。私は、これら委員会の活動を厳しく見守り、一年後にその進歩を慎重に調査するつもりです。そして、私が観察して満足するところがなければ、変更を命令するでしょう。ここにご出席の皆さんは一致協力していただけるものと思うが、府県レベルや市レベルでの協力が得られるかどうかは疑問です。
>
> （PHW-01398：社会福祉研究所 1979：160）

またサムスは、「日本の政府機関の大きな弱点の一つは、活動を調整し、かつ、他の機関と協力する部局が不十分であるということ」[22] を指摘していたのである（PHW-01398;社会福祉研究所 1979：160）。この「学校衛生」をめぐる問題は、「占領初期のPHWの児童福祉政策構想」に「関係機関の連携」が政策理念として位置づけられる理由を具体的に物語る興味深いエピソードである。

　これらのことからも、GHQ構想において「大きな弱点」である行政間連携問題を改善する機能、調整役を担う児童局の設置は、厚生省に任せておくだけでは不十分であり、GHQの強力な介入が必要であると判断されたことが推察される。

3-3　「完全な意味における児童福祉計画」(1946 年 11 月)

　1946 年「11 月日付なし」「児童福祉」には、「公衆衛生福祉局　SCAP」の福祉サービス係長「ミルトン・J・エヴァンス」の署名があるが、記録用覚書という扱いでもなく、筆者が調べた限り、国立国会図書館憲政資料室のマイクロフィッシュPHWのボックス「Child Welfare#1」のファイル以外に、民事局（Civil Affairs Section、以下CAS）のボックスにも保管されていた。内容を比較してみたが、GHQ/SCAP内の関係部局に配付された

第三章　GHQ「児童福祉総合政策構想」

資料であり、CASにもその一部が配付され、保管されていたと理解できよう。

　この11月「児童福祉」資料を検討する理由は、最終的に民主化政策として、どのようなGHQ構想が日本政府と共有されたのかを確認するためである。PHWと「日本政府」の具体的な検討課題は、この児童福祉政策構想の運営主体となる新しい機関、児童局設置に関してであった。1946年10月18日〜11月22日の約一ヶ月をかけて「世話と保護を要する児童」というタイトルで検討が行われ、11月22日「厚生省児童局」の所管が決定された。

　他方、「児童福祉」というタイトルは、1946年3月28日「児童福祉」（第八軍からSCAPへ）、4月9日記録用覚書「児童福祉問題」という初期福祉政策を担ったワイマンが関わった調査報告と議論から始まる。その後は「浮浪児」「世話と保護を要する児童」のタイトルで検討が行われ、再度「児童福祉」が表題となるのは、9月27日厚生省から「厚生省次官通達"浮浪児等保護要綱"」の英文資料からである。PHWと厚生省が議論を行った10月8日、11月1日、11月6日の記録用覚書にも掲げられた。このことから、日付不明のこの資料、11月「児童福祉」は、「日本政府」及び厚生省との議論を経た結果、児童局の所管を決定するにあたり、GHQの民主化政策としてのGHQ構想の総まとめをしたものと位置づけることができるのではないかと推察する。

　この資料の冒頭には、第一に、「児童福祉」という言葉の概念が説明されており、第二に、「日本の児童福祉計画における我々の責任」として、GHQの政策の二段階「(1) 緊急段階」「(2) 緊急対応後の児童福祉計画実施段階」に分けて構想されていることが明らかにされている。また第三に、児童福祉の「専門的サービスを求める児童」としてその対象を「身体障害児」「知的障害児」「社会障害児」「孤児」の四つに分類した。これらの対象は、「児童福祉計画」の目的であるとも述べられている。このような分類はPHW資料の中では目新しい（PHW-01398：CAS(B)-01799：社会福祉研究所1979：161-162）。最後に、GHQの児童福祉政策の使命が述べられ、その目的は「民主主義の真意を植え付ける」ことであると結んでいる。これ

129

らの3点の中でも、児童福祉概念と、児童福祉のサービスを求める児童の分類について、その内容を確認しておきたい。

1)「児童福祉」という概念の範囲

　ここでは、「児童福祉」の一般的概念が示され、「児童福祉」が実際にどのような要素によって構成されるものであるのか、その実現にむけた機能を含む総合的なものであることが冒頭で述べられている。

> 　「児童福祉」という用語の完全な意味における、児童とその世話に対する十分な理解ある接近では、精神薄弱者、身体障害者あるいは社会不適合者のみが、その要素ではない。その完全な意味における児童福祉計画とは、教育、娯楽、健康及び労働の各分野での計画、協力、調整の責任も含んでいる。[23]

(PHW-01398；CAS(B)-01799；社会福祉研究所 1979：160)

　上記のようにGHQが日本政府に求めた「完全な意味における児童福祉計画」とは、既存の分業を維持しつつも、新しい総合調整機関となる児童局を設置し、「連携的統合」により、普通児童の教育・娯楽・健康をも含めた複合的、総合的な児童福祉政策であったといえよう。また、「日本の児童福祉計画における我々の責任」は、二段階「(1) 緊急段階と (2) 緊急対応後の児童福祉計画実施段階に区分され得る」として記されている。それら具体的な政策、内容は以下の通りであった。

> 　緊急段階にある間、我々の主なる責任は、家のない、扶養の必要のある放置された児童の世話と保護の完全な責任を、日本政府が受け入れるよう指導してきた。これは、1946年2月27日付、主題「社会救済」のSCAPIN775の発令、及びのちに日本帝国政府が生活保護法を可決したことによって目的を完了した。～ (中略) ～
> 　この段階は、我々に今日、日本のために採用すべき児童福祉計画とは何かを、我々の頭で明確にするように直面させている。簡略にいえ

ば、その計画とは、「家のない、扶養の必要のある放置された児童に
　対する世話と保護、非行に走る危険性のある児童に対する世話と保護、
　また適切な児童福祉サービス、さらに政府を通して日本国民の先の責
　任を果たすための適切な人事と財源」を提供すべきである。

　　　　　　（PHW-01398；CAS（B）-01799；社会福祉研究所 1979：160-161）

　このように段階に分けてGHQの政策構想が述べられているが、ここで
注目すべきは、GHQ構想におけるGHQの責任としての「緊急段階」は、
旧生活保護法可決により、戦争孤児・浮浪児の問題を国家の責任として対
応する枠組みであるSCAPIN-775 の発令により、（1）の段階の目的は完了
したと解釈されていることである。つまり、1946 年 9 月「覚書草案」と
してスタートした「世話と保護を要する児童」の「示唆」は、（2）の段階
というよりも、その内容的には（1）において不十分であった児童分野を
見直すためのもの、かつ、日本政府の責任と対応を強く迫るものであった。
「（2）緊急対応後の児童福祉計画実施段階」を実施するための初動段階と
もいえるこの時期、「日本のために採用すべき児童福祉計画とは何か」を、
GHQが検討した結果、その「計画」の対象及び機能として挙げられたの
は、「戦災孤児、浮浪児、非行少年」の「世話と保護」、児童福祉の全般的
問題に関する「児童福祉サービス」、そしてこの「計画」を実施すること
が可能な「適切な人事と財源の提供」であったのである（PHW-01398；
CAS（B）-01799；社会福祉研究所 1979：161）。

　改めて「完全な意味における児童福祉計画」＝「（2）緊急対応後の児童
福祉計画実施段階」の対象範囲を簡潔に述べるならば、「児童保護」（不良
児を含む）、「青少年不良化防止対策」、「児童福祉サービス」の三つが示さ
れたといえる。これらの実施運営主体である日本政府＝厚生省児童局には、
調整役を担い、児童関係の中央省庁や都道府県、市町村の「関係機関との
連携」が求められた。これらの機能が働くための「適切な人事と財源」の
確保を行うことが、GHQの責任であると述べられていた（PHW-01398；
CAS（B）-01799；社会福祉研究所 1979：163）。

　また、GHQ構想を日本政府が実施するために必要な「世論を形成し得

る」取り組みもGHQの責任であり、中央省庁から自治体にこの構想とその責任を理解させること自体も、GHQの責任であると述べている。このように、GHQ構想は、積極的な民主化政策として位置づけられ、厚生省児童局の設置とその役割、対象とする児童の範囲と行政統合の方針を示すものであった。特に「非行少年」分野に関しては、GHQは占領以前から注目しており、この「児童福祉」資料においては「非行少年」＝「社会障害児」として位置づけ、日本政府の責任問題を追及する姿勢を示している。以下、GHQの「社会障害児」の解釈とあわせ、改めてGHQ構想の対象範囲を確認しておこう。

2)「社会障害児」

　GHQは、「専門的サービスを求める」四分類の中でも、非行少年問題を「社会障害児」(Socially handicapped) の問題と言い換え、以下のように説明した。

　この「社会障害児」の課題は「普通児童福祉計画の対象になる他の児童に求められるより以上の、技術、忍耐、それに時間が必要となる」ものである (PHW-01398；CAS (B) -01799；社会福祉研究会 1979：161)。また「社会障害児」の要因としては「家庭」の問題だけではなく、社会や政府の対応に大きな問題があることを指摘し、「今日日本が直面している主な主題である」だけでなく、政府の責任の重さを再認識する必要性があると指摘している (PHW-01398；CAS(B)-01799；社会福祉研究所 1979：161-162)。

　このようにPHWは非行少年問題を社会問題として位置づけるために「社会障害児」と表現し、その解決を日本政府に迫ったといえよう。エヴァンスは「GHQ」による「厚生省から地方自治体に至るまで、日本政府にこの責任を受諾させるように行使する力」が、将来の「日本の若人」の中に「民主主義の真意」を植え付けると11月GHQ資料「児童福祉」を結んでいる (PHW-01398；CAS(B)-01799；社会福祉研究所 1979：163)。

　GHQ「児童福祉総合政策構想」では、浮浪児・戦災孤児、不良児に特化せずに、「児童福祉の全般的問題」「児童福祉に関するすべての事項」が児童局の対象範囲であることを、1946年4月〜11月の覚書において述べ

第三章　GHQ「児童福祉総合政策構想」

てきた。しかしながら、これらが示す対象を、児童福祉法の総則「すべて
児童」及び岩永の「対象児童の一般化」と単純に読み替えることは難しい。

　11月のGHQ資料「児童福祉」には、「採用すべき児童福祉計画」とし
て、「家のない、扶養の必要のある放置された児童に対する世話と保護、
非行に走る危険性のある児童に対する世話と保護、また適切な児童福祉
サービス、さらに政府を通して日本国民の先の責任を果たすための適切な
人事と財源」と、述べられている。さらに「児童福祉計画」の目的として、
「専門的サービスを求める児童」の四類型「身体障害児」「知的障害児」
「社会障害児」「孤児」が示されている。このことからも、明らかに福祉課
題をもつ児童が厚生省の対象範囲であり、教育、労働等の関係省庁と連携
しながらGHQ構想を実現させるというように解釈できる。したがって、
GHQ構想の対象範囲、「対象児童の一般化」は、いわれているような単純
なもの（単に一般児童全体に広げる）でもなく、その示す対象を明らかにす
ることは、依然、課題として残るといえよう。

　他方、青少年不良化防止対策＝「非行傾向を持つ少年」は、GHQの中
でも非行少年問題と合わせて重要視されていた結果、二つの示唆が行われ
たと解釈できるであろう。第一に青少年不良化防止対策は厚生省児童局の
みの管轄とせず、関係省庁の「連携的統合」により対策を実施すること。
第二に中央に一つの総合調整機関を設置することである。またGHQによ
り明らかにされた上記の四類型を前提にすると、青少年不良化防止対策は、
社会全体、日本政府全体での取り組みによる、その予防というニュアンス
が強いのではないかと考えられる。

註

1）　社会福祉研究所編『占領期における社会福祉資料に関する研究報告書』（1979）に収
　められたインタビューには「サムズ」という表記が採用されているが、サムス著・竹
　前栄治編訳『DDT革命』（1986）、近年の被占領期研究の著作である菅沼隆『被占領
　期社会福祉分析』（2006）、小島和貴「衛生行政史」、福沢真一「戦後復興と第一次臨
　調の設置」笠原英彦『日本行政史』（2010）においてはサムスという表記が使用され
　ており、本論文においても後者「サムス」を採用する。

2）　岩永は、GHQの児童福祉政策の「二つの重要な政策理念」である、「対象児童の一

133

般化」「関係機関の連携」が 1946 年 4 月 9 日の覚書に記されていると指摘した（岩永 2002：3）。「the total problem of child welfare」＝「児童福祉の全般的問題」を、「対象児童の一般化」とし、都道府県における福祉、警察、学校行政など「児童福祉の全般的問題」に係わる機関によって構成される「委員会の結成（establish committees）」の方針示唆を「関係機関の連携」というキーワードにおきかえている。これら二つの政策理念が記された原文は以下の通り。

"c. Prefectures should be advised to establish committees consisting of welfare personnel, police officials, school officials, other interested agencies to consider the total problem of child welfare, particularly in the case of homeless children and these being held in jail because the child having no relatives or home, also in cases of children being held on a delinquency charge. They should be segregated from the older prisoners and placed in a detention home." M/R "Child Welfare Problems" 9 Apr. 1946, PHW-01400.

　本研究で用いる GHQ 一次資料は、国立国会図書館憲政資料室所蔵の PHW 福祉課のマイクロフィッシュであり、主に PHW の MASTER FILE に収められた Child Welfare（#1～#5）の #1（1946/02-1947/12：PHW-01397 ～ PHW-01400）及び、Child Welfare Law（1947/01-1947/12：PHW-01171 ～ PHW-01173）を検討した。岩永が Daily Journal を用い、本研究においても同じ資料を確認したときのみ「（PHW-00667）」を併記する。文中及び註において出典を確認する表記として、マイクロフィッシュ請求番号 PHW-xxxxx と示す。

　上記の岩永の指摘を補足すると、3 月 28 日付「児童福祉」（Child Welfare）は、神奈川県に駐留した第 8 軍から連合軍最高司令官（SCAP）へ、神奈川県の児童福祉関係の状況についての報告である。岩永が指摘するように GHQ と日本が児童の現状に関して向き合う大きな契機になったといえる。

　この報告書が作成された経緯は、3 月 16 日に福祉課ワイマンとワイデンの電話でのやり取りにおいて、口頭で児童福祉関係の状況把握が第八軍にリクエストされ、第 8 軍が状況調査を実施したものである。この 3 月 28 日「児童福祉」で報告された内容は、神奈川県内の 2 万 5000 人の孤児の存在、その半数は爆撃によるものであること、彼らは施設及び親類に引き取られていること。また把握されていない何百、何千の子どもたちが路頭に迷い保護も世話も受けない状況とその可能性が示されていた。また神奈川県の児童施設を評価する一方、その食料及び衣類などの調達の問題、さらには、日本の大人たちの戦災孤児に関する無関心さも指摘されていた（PHW-01400）。

　これらの報告を受けて、4 月 8 日の児童福祉問題（Child Welfare Problem）に関する会議が開催された。出席者は、PHW 福祉課のワイマン、ターナー、CIS 公安課のマーシュロウ、厚生省社会局援護課の中川氏であった。この会議の内容が 4 月 9 日の記録用覚書に記されている。

3) 1946 年 11 月 1 日 PHW 覚書においても、「対象児童の一般化」が踏襲されていることを岩永は指摘している。「児童局は浮浪児問題のみを扱うのではなく、児童そのも

第三章　GHQ「児童福祉総合政策構想」

のを総括して関心を示すべきである」（岩永 2002：6）という一文から、「対象児童の一般化」の理念を確認しているが、再度、一次資料から、その原文を確認しておこう。

"A bureau isn't justified to deal only with the problem of "waifs". It should concern itself directly or indirectly with the child as a whole." .M/R "Child Welfare." 1 Nov. 1946, PHW-00667.；PHW-01399.

また、1946 年 11 月 1 日覚書における PHW サムスの発言「児童局が『関係機関の調整役』という観点から設置されることを理解していない厚生省に対してその役割を再確認した」（岩永 2002：6）という一文からも、岩永は「関係機関の連携」を確認している。その原文は次の通りである。

"Colonel Sams pointed out that these problems are not so much a matter of transferring functions from one bureau to another as they are a matter of deciding how an agency such as a children's bureau shall be organized so as to insure maximum coordinated use of all agencies specializing in one problem or another affecting the welfare of all children." .M/R "Child Welfare." 1 Nov. 1946, PHW-00667.；PHW-01399.

4) 1946 年 9 月以降の GHQ「児童福祉総合政策構想」の整理を行う前に、岩永が指摘した 1946 年 4 月〜8 月までに行われた方策の「限界」に至る対応経緯を国立国会図書館憲政資料室 GHQ/SCAP 文書マイクロフィッシュに収録された PHW の資料から確認しておこう。1946 年前半、2 月〜8 月（PHW-01400）に GHQ が児童福祉政策に関心をもつ契機となる記録用覚書（報告書を含む）の資料がある。このファイルは 1946 年 2 月 28 日、ソーシャルワーカーである前田氏の精神薄弱児学校設立に関する援助要請から始まり、3 月 4 日、日本の非嫡出子に関する日本社会の対応についての厚生省社会局長葛西氏との連絡、前述した 3 月 28 日の「児童福祉（Child Welfare）」（PHW-01400）、4 月 9 日「児童福祉問題（Child Welfare Problem）」（PHW-01400）の報告以降、8 月までの記録用覚書のタイトルは「不良少年のケア（Treatment of Juvenile Delinquents）」や「放浪者と浮浪児・者に関する会議（Conference on Vagabonds and Waifs）」など、浮浪児及び戦災孤児、少年犯罪（非行）対策に終始しながらも改善困難な様子がうかがえる。

5) 日本政府宛覚書に関する基本事項について、2000 年 12 月 1 日、荒敬氏に聞き取り調査を行った記録が、科学研究費成果報告書「日本近代史料情報機関設立の具体化に関する研究」（基礎研究(B)(1)、平成 11・12 年度、代表者伊藤隆、課題番号：11490010）に収められている。本研究において GHQ 資料を読み解くために①②を参照した。

　①メモランダム（覚書）：GHQ 内の基本的な事項は、この覚書に規定される。最重要の覚書は「日本政府宛覚書」であり、この「日本政府宛覚書」も大きく以下 2 種類に整理される。

　　 i 「指令」（「スキャピン」）：基本政策の趣旨や立案、関連の指令に関しての覚書である。

135

ⅱ「アドミニストレイティブ・ディレクティブ」(「スキャピン－A」):基本政策の実行と行政事項に関する覚書である。この覚書には、アドミニストレイティブのイニシャル"A"が付される。

②作成の手続き:「日本政府宛覚書」は担当参謀部局が準備する＝すなわち参謀1部～4部、そして特別参謀部の、例えばGS(民政局)やESS(経済科学局)などが準備する。それをAG(高級副官)が認証して日本政府に発出する。また担当の部局長が必要と判断した場合には、その指令は英語版と日本版の2枚のコピーをつくってSCAP(最高司令官)に提出する。

ⅰ「日本政府宛覚書は、すべてが記録用覚書(Memorandum for record)に記される。この"Memorandum for record"(MR)は、当該問題の経緯について記す覚書であり、このMRには、例えば関係する文書の一覧とか、その文書の要約が記載される。

ⅱ「日本政府宛覚書」それ自体に関して、必要であればその効果について記録用覚書とかチェック・シートの最後に記すことが規定されている。

ⅲ「高級副官(AG)」に届けられる覚書には、つまりAGが認証して発出するために届けられた覚書原本には、記録コピー、記録用覚書、返却コピーが添付されている。また"スキャピン－A"(行政覚書)に付される番号もAGが決定する。

ⅳチェックシート・シートとMRとを照合できれば、さらに詳細にまた客観的に問題が把握できる。

6) この「覚書草案」は、9月12日のチェックシートの添付書類としてPHWから、参謀第1～4部(G1、G2、G3、G4)と公安部(課)、民政局(GS)、CIE、ESSに提出された。共に添付された書類は「9月9日日本帝国政府宛覚書『世話と保護を要する児童』の提案について」と「適用通知案(後出の10月案とほぼ同文)」である。「覚書草案」(第一次案)の主な内容は以下の通りである。

1. 日本帝国政府は緊急段階として即座に「世話と保護を要する児童」の他分野に関する活動を拡大するとともにその重要性を認識しなければならない。

2. 1946年10月31日までに上記の目的を遂行するための局を厚生省に創設、及び都道府県・地方自治体もそれに準ずること。それらの部署に子どもの福祉に属する全ての事柄(ただし司法省及び文部省の管轄を除く)、とそのプログラムに関して強力なリーダーシップと責任を求める(要求事項a～l)

3. 児童の世話を担っている私立の施設に対して、日本政府は、現金及び継続可能な標準な世話に十分なものを予算化する権限を行使するべきである。

4. この指令(this directive)において、力強く積極的な行動が求められている。1946年10月31日までに、以下の項目(a～d)をみたす英文報告書をGHQへ提出すること(a～d)。(PHW-01399)

7) PHW記録用覚書1946年9月9日日本帝国政府宛覚書「『世話と保護を要する児童』の提案について」において、社会福祉研究所の翻訳では「覚書の根拠」となっている

部分を、本稿では原文「Basis of Memorandum」＝「覚書の基本的性格」と訳する。「強力な児童福祉計画」＝「A strong child welfare program」は、そのままの訳語を使用する。M/R Proposed Memorandum to Imperial Japanese Government on "Children in Need of Care and Protection." 9 Sep. 1946, PHW-01399.

8）"the new Bureau should maintain close liaison with appropriate agencies" M/R "Proposed Memorandum to Imperial Japanese Government on Children in Need of Care and Protection." 18 Sep. 1946, PHW-01399.

9）"it's initiation of a vigorous program of action in all matters relating to child welfare". Check Sheet from GS to PHW. Proposed Memorandum "Children in Need of Care and Protection." 26 Sep. 1946, PHW-01399.

10）CHECK SHEET 10 月 4 日 PHW 発、C/S 宛、10 月 12 日 C/S 発、PHW 宛文書
第 8 軍に日本政府宛の覚書の提案に関する同意を求めて文書を出した。「参謀研究」においても、この提案された覚書に着手している。2．現在の提案された覚書への同意は、G1、G2、G4、GS、ESS、CIE、PHW の各セクションにおける議論と提出された意見を含んだものである。10 月 4 日「参謀研究」は、この CHECK SHEET の添付書類である。

＊添付書類
　添付 1：10 月 4 日「参謀研究」と 3tab
　A　1946 年 10 月（日付なし）SCAPIN 番号無記入、日本帝国政府宛覚書、終戦連絡中央事務局経由（Central Liaison Office, Tokyo）「世話と保護を要する児童」（第二次案）日本政府に提案された覚書
　B　1946 年 10 月（日付なし）第 8 軍指令官宛「世話と保護を要する児童」AG 091.4（Oct46）PH APO500
　C　覚書（指令）「世話と保護を要する児童」（file AG091.4, Oct 1946, PH, GHQ, SCAP）の一般的適用に関する通知
　添付 2：5 点
　1）9 月 18 日 GHQ 記録用覚書「世話と保護を要する児童」の提案の検討に関する会議
　2）Check Sheet 9 月 19 日 PHW → G1，G2（CIS：PSD），G4，GS，CIE，ESS，C/S，9 月 24 日 G1 → PHW
　3）Check Sheet 9 月 23 日 CIE → PHW
　4）Check Sheet 9 月 24 日 ESS → PHW
　5）Check Sheet 9 月 26 日 GS → PHW

11）"a vigorous program of action in all matters pertaining to the welfare of children". AG 091.4（Oct46）PH to Imperial Japanese Government, APO500, "Children in Need of Care and Protection." Oct. 1946, PHW-01399.

12）"(except, for example, these matters normally falling within the scope of the Ministries of Justice and Education)".AG 091.4（Oct46）PH to Imperial Japanese Government, APO500, "Children in Need of Care and Protection." Oct. 1946, PHW-01399.

13) "Maintenance of close liaison with other agencies engaged in various phases of child welfare work". AG 091.4 (Oct46) PH to Imperial Japanese Government, APO500, "Children in Need of Care and Protection." Oct. 1946, PHW-01399.

14) "Chief needs to be included in an overall child welfare program". M/R "Children in Need of Care and Protection." 16 Oct. 1946, PHW-01399

15) "an organization of this sort to efficiently integrate, coordinate and expand present facilities." M/R "Children in Need of Care and Protection." 18 Oct. 1946, PHW-01399.

16) "to coordinate the handling of children with delinquent tendencies" M/R "Children in Need of Care and Protection." 18 Oct 1946, PHW-01399.

17) "Col. Sams at the point emphasized the need for an organization at the top level to coordinate such activities as these." M/R "Children in Need of Care and Protection." 18 Oct. 1946, PHW-01399.

18) "A bureau isn't justified to deal only with the problem of "waifs". It should concern itself directly or indirectly with the child as a whole." M/R "Child Welfare." 1 Nov. 1946, PHW-00667. PHW-01399.

19) "children's bureau shall be organized so as to insure maximum coordinated use of all agencies specializing in one problem or another affecting the welfare of all children." M/R "Child Welfare." 1 Nov. 1946, PHW-00667. PHW-01399.

20) 「Child Welfare#1」ファイルのリスト順によると、この11月8日記録用覚書「日本の厚生省児童局の内容」「世話と保護を要する児童」の後に、二つの「日付なし」の文書がある。まずは福祉サービス係長「ミルトン・J・エヴァンス」の署名がある「児童福祉」という書類であり、手書きで「Nov.」とメモがある（PHW-01398）。次は厚生省からPHWへ送付された「厚生省児童局設置草案」である。

21) 厚生省「厚生省児童局設置草案」（PHW-01398）の概要は、第四章2節2-2、2) で述べる。

22) "One of the big weaknesses Japanese Governmental organization is failure of sections and bureaus to coordinate actions, all to the good, but if in a year it is not found to be effective, it will be changed by directive." M/R "Children Welfare Bureau in WelfareMinistry." 22 Nov. 1946, PHW-01398.

23) "under the full meaning of the term, Child Welfare. The program in the fullest meaning includes the responsibility of planning, cooperation and coordination in the fields of education, recreation, health and labor" GHQ/SAP Records Box No.2579. "Child Welfare." CAS(B)-01799. PHW-01398.

第四章

GHQ「児童福祉総合政策構想」
変容過程１（ABC）

～厚生省における「不良児対策」の「一元的統合」議論～

本章では、GHQ「児童福祉総合政策構想」（以下、GHQ構想）に示された「児童福祉の全般的問題」と「連携的統合」という二つの方針が、児童福祉法制定過程、及び改正の中で、司法省所管・少年法の犯罪少年・虞犯少年の保護を、厚生省に「一元的統合」する方針に変容させられていく議論を検討する。この「一元的統合」の議論は、児童福祉法案の前身である児童保護法立案期及び児童福祉法制定過程において断念と再提案を繰り返し、最終的に児童福祉法制定後、児童福祉法に少年法の一部である14歳未満の犯罪少年と、満14歳以上のすべての虞犯少年を吸収する形で、「不良児」（非行問題）対策を児童保護の一部として「一元的統合」し、戦前からの歴史的な課題解決に結実する。なお、ここで、司法省との統合議論の焦点となる非行問題や不良化防止については、当時厚生省内部でも様々な用語が使用され、またこれを「特殊児童」とするか「普通児童」の要保護問題とするか等、児童局の所管の分類にも変遷があり、一定していない。したがって、以下に記述する時期や文脈の中では、多様な表現をそのまま用いるが、それらに共通するのは、非行問題とその防止であり、厚生省が比較的多く使用した用語では「不良児対策」ということになる。

第一節　前史──児童福祉政策をめぐる二つの歴史的課題

　変容過程ABCの展開を検討する前に、戦前・戦時下の児童政策における歴史的課題を簡略に述べておきたい。すなわち戦前における感化法及び少年法をめぐる内務省（厚生省）と文部省及び司法省との議論である。それは、第一に感化法及び感化院における内務省と文部省の所管をめぐる対立、感化法と少年法及び矯正院をめぐる内務省、司法省の対立など、不良少年問題をめぐる行政所管の議論である。特に戦前の児童政策の中心であった不良少年問題をめぐる行政所管の課題は、戦後まで脈々と引き継がれ、被占領期の児童福祉政策及び児童福祉法制定過程に大きな影響を与えたと考えられる。

　第二に、戦時下の国家総動員法の下での「児童局」構想、児童行政組織

第四章　GHQ「児童福祉総合政策構想」変容過程1（ABC）

の検討である。この戦時下の「児童局」構想などが、戦後改革の中で、断絶されることなく、むしろ新しいモデルとして提案され実現していく連続面を検討することが可能となる。これら二つの歴史的課題は、変容過程ABCのみならず、青少年不良化防止対策における変容過程Dにも関わる課題でもある。

1-1　「非行児」の行政所管における内務省と文部省の対立

　内務省の「非行問題への取り組み」は古く、感化事業からはじまり、1900年には「感化救済法」を制定するに至った。また司法省は1922年に、内務省との議論の末、少年法を制定するに至った。これら、感化法、少年法をめぐり、それらの所管、対象範囲をめぐる当時の議論を、小林仁美は「1900年の感化法制定に関する一考察」（1989a）、「感化法改正と旧少年法・矯正院法の制定—留岡幸助の保護教育観—」（1989b）において検討している。そこで、これら小林の研究成果に沿って、第一の課題をまとめておこう。

　この二つの論文において、小林は、「非行児」対策をめぐる内務省、文部省、司法省との対立及び、それらの根本にある非行対策の思想を小河滋次郎の「感化思想」、留岡幸助の「保護教育観」を中心に検討し、「非行児」対策の中央省庁の所管をめぐる対立は、「今日の『非行』をめぐる少年児童の教育施設の分岐の問題」にも引き継がれ、その源は1900年の「感化救済法」であり、内務省にその管轄が決定されたことに始まる、と述べている（小林1989a：39）。

　留岡清男は、日本の社会と文化の歴史において行政が常にイニシアティブをもってきたために、「行政の管轄の分岐によって、同じ事柄でも同じ問題でも、別々に分散されて処理されて来た」ことを問題とした。とりわけ、教育の歴史に焦点を当ててみると、文部省が教育問題、厚生省が保護問題、司法省が行刑問題と、同じ児童の問題を取り上げながら分岐しており、そこに児童観の分岐と分裂が見られると述べ、それぞれ文政型、恤救型、行刑型の児童観の性格を論じた（留岡1940：41-42）。その後1922年制

141

定の少年法・矯正院法によって司法省下に矯正院制度が定められ、3省による施設、感化院、矯正院、学校が法定化された。

「感化救済法」の所管が内務省となった理由は多様であるが、感化法の起草者である小河滋次郎の立場は、「問題が犯罪と裁判という司法行政だけでなく、貧困問題とも密接なかかわりがあると認識していた。それゆえ、教育だけを問題とする文部省より内務省の方が適していると考えた。つまり、内務省を単なる監獄行政機関ではなく、行刑・裁判・救貧など国民生活の全般に関わる行政機関ととらえ、感化事業は教育によるべきだが、それに関与する行政内容は多岐にわたると主張したのである」と小林は述べている（小林 1989a：44）。また、内務省の小松原英太郎は「学校とは異なる」性質ゆえの内務省所管論を主張した（小林 1989a：45）。

これらに対して、「感化教育実践者」である留岡幸助は、文部省の所管を求めた。純然たる教育事業として実践に関わってきた留岡の立場は、「たとえ文部省が感化教育対象児童を等閑視していると知っていても、やはり文部省に委ねるべきものであると考えていた。所轄の決定が、世人の感化院に対する意識を規定する。それゆえ、慎重に所轄を決定すべきであり、感化事業の性質に基づいて所轄を決定すべきであると主張した。この主張は、審議過程においても主張されたように、所轄をこれまでの慣例に基づき内務省に決定しようという立場を超え、事業の本質から所轄を決定しようという根本的姿勢であった」（小林 1989a：46）。

このように感化法制定過程において内務省と文部省の所管論が繰り返され、結果として感化院の設置は見送られ、感化法の監督省庁は、内務省とされた。その後、感化法改正及び、司法省の少年法制定をめぐり、内務省は、さらに司法省との対立を深めていく。

1-2　「大正少年法」をめぐる内務省と司法省の対立

小林は、「感化法改正と旧少年法・矯正院法の制定―留岡幸助の保護教育観―」（1989b）において、感化法改正と旧少年法制定過程において「1900（明治33）年の感化法案の審議では、感化院の教育的性格に関わっ

第四章　GHQ「児童福祉総合政策構想」変容過程1（ABC）

て文部省所管論と内務省所管論が対立し、また感化院の教職員確保の難し
さのため感化院の全国一斉設置が時期尚早」とされたと指摘している。そ
のため、「全国一斉設置を猶予」され、「感化法制定後、改正までの八年間
に、あらたな公立感化院がわずか二府三県にしか設置されなかった」ので
あった（小林 1989b：19-20）。

　このように多くの問題を抱えたままの感化法の改正審議の中で、注目す
べき点は、「感化事業が、司法省とも文部省ともかかわる未成年者の教育
問題」として理解され、「多角的に捉える議論」がされたことである。特
に、「感化院送致の決定は、行政、司法、教育関係者からなる特別な専門
委員会によるべき」ことといった（小林 1989b：22）、関係行政の横の「連
携的統合」による機構設置の必要性が既に模索されていたことも興味深い。

　他方で、司法省は 1922 年の少年法制定にむけて動き出した。1908 年の
感化法改正から約 3 年後の 1911 年 9 月から少年法案の審議が開始されて
いた（小林 1989b：24）。小林によれば、少年法案立案の理由として「現行
の感化院は不完全」であることが挙げられ、「司法省管轄の『今日以上完
全な』矯正院」の設置が目指された。少年法の対象及び感化院収容の対象
は、「犯罪傾向」ではなく「犯罪行為のある者」とされたが、実際は年齢
別で、対応され、唯一年長者で「犯意なきもの」は感化院の対象となった
（小林 1989b：25-26）。

　内務省における 14 歳未満の犯罪少年への対策は、国立感化院設置で
あった。1908 年第一次感化法改正から約 7 年後の 1915 年にようやく「経
費調査」、1916 年「具体的構想」が「論議」され、1917 年 8 月に勅令「国
立感化院令」が公布された。その後、内務省は感化法の感化院令が公布さ
れるまでも、約 9 年の歳月を必要とした。司法省の少年法案も草案がまと
まってから 3 回の帝国議会で可決されず、10 年以上の歳月をかけ 1922 年
3 月の第四十五回帝国議会に四度目の上程を行い、ようやく成立した（小
林 1989b：22-24）。

　少年法は、「法案そのものは、議会上程寸前まで、内務省をはじめ教育
者や感化事業実践家などに公表されなかった。それゆえ、1919 年末に法
案が公表されると、さっそくに反対論が湧いた」という。その中心は、大

143

阪府の救済事業嘱託となっていた元内務省及び司法省官僚の小河滋次郎で
あった。小河は、帝国議会の少年法案委員に「非少年法案論」（主宰する
雑誌『救済研究』に掲載）を送り付けたという（小林 1989b：29）。小河の批
判は、①少年法案の立案が密室ですすめられたこと（小河 1920：2）、②少
年の保護教養（ママ）という行政行為を、「司法の名と形式」によって施行するこ
とは司法権の侵害である（小河 1920：4）、③少年は「教育の対象」であり
「教養保護（ママ）を必要とする遺棄の状態」が問題（小河 1920：12）、④感化院の
行政権所轄主義をとる日本の制度は称賛すべきもの（小河 1920：35）、と
いう4点に集約されていた（小林 1989b：30）。これは、戦後の児童福祉法
案審議過程においても継承された少年法への共通した批判でもあろう。つ
まり小河は、非行問題は児童保護行政こそが担うべきだとして少年法制定
に反対の旨を 1920 年の「非少年法案論」で述べたのである（服部 2010：
157）。

　貴族院特別委員会では、少年法を可決するにあたり、司法省、内務省、
文部省に「①将来は刑事処分と保護処分に分けること、②保護の目的を十
分に徹底させる調査を行うこと、③少年審判所は、教育的保護という点に
十分に注意を払うこと、④不良少年、心身薄弱児に対する積極的教育施設
をなすこと、⑤司法・内務・文部省は協力すること」という5項目が示さ
れ、「其不十分ナル點ハ又將來ノ經驗ニ鑑ミマシテ漸次漸次ニ之ヲ補正ス
ルト云フコトデ」（1922 年3月 22 日第四十五回帝国議会貴族院議事速記録第
29 號：775）可決された（小林 1989b：34）。重複する行政所管問題は、その
後も解決されることなく、また「非行児」対策の予算措置、施設職員の人
材養成もまた改善されずに戦後にその課題が継承されていったといえよう。

　ちなみに少年法成立の1年前の 1921 年、第五回全国社会事業大会協議
会第二部（児童保護）の特別委員会において生江孝之等の内務省関係者を
中心に「児童保護法案」が作成された。1925 年、第七回全国社会事業大
会では一般教育と児童保護の統一的児童保護制度を目指した「児童保護法
制定要望建議」が行われたという（石原 2005：4-5）。この要望は、内務省
社会局にて「児童扶助法案」として検討されたが、貧児救護を含む「救護
法」が 1929 年4月に制定され、内務省社会局官僚を中心とした議論は急

第四章　GHQ「児童福祉総合政策構想」変容過程 1 （ABC）

速に勢いを失っていったのであった（吉田 1990：62；石原 2005：4-5）。

1-3　戦時下の厚生省「児童福祉」構想と「児童局」構想

　戦時下の 1938 年に設置された厚生省は、「国民の体力増進」を目的（厚生事業の促進）に、陸軍の後押しにより内務省の社会局を独立設置させたものであった（大霞会 1971：223-225）。つまり厚生省の設置自体が、当時の国民総動員体制の一端であり、人的資源の養成のため、社会局に「児童課」（日本初の「児童保護事業専管」）が設置された。初代児童課長伊藤清は、対象児童を全児童とし、その福祉を増進する「児童福祉」構想を提起した。

　　　兒童保護の問題は、單に社會的弱者たる要保護家庭の兒童に限らるべきではなく、又、精神的に或は身體的に將又環境的に何等かの缺陷を有する兒童所謂「問題の子供」に限らるべきではない。廣く一般の兒童の問題である。兒童保護の「保護」と謂ふ意味は單に救護とか救濟とか謂ふ消極的な意味を有するのみではなく、廣く兒童の保健や體力の向上や教養や精神衛生の保持をも含んでゐる。兒童保護は所謂 Child Welfare（兒童福祉）である。
　　　　　　　　　　　　　　　　　　　　　　　　　　（伊藤 1939：14-15）

　伊藤によるこの「児童福祉」構想は、国家責任をあらゆる階級的観念を超越して児童全体に拡大し、人的資源の枠組みの中で「児童福祉」の意義を捉えていることが強調されているが、児童問題に対する社会事業、すなわち児童保護から脱し、「積極的な事業」として「児童福祉」の必要性が力説されている点に注目したい（伊藤 1939：15）。
　伊藤清の「児童福祉」構想は、国家総動員計画における人的資源の養成という枠組みの中で行われたものであったが、1920 年代後半の「児童保護」理念をさらに発展させた一連の児童保護から児童福祉への系譜に位置づけられなくないとも考えられる。ともあれ、戦時下においてこのように「児童福祉」という言葉が使われたが、やがて数年で厚生省社会局児童課は廃止されていく。実際に児童福祉対策として何が行われたのか、その構

145

想は、戦後の厚生官僚にどのように継承されたのかは明らかではないが、ここでは、児童課を誕生させ、また廃止に追い込んだ国民総動員体制（1938 ～ 1945）について、まず確認しておく。

1）国家総動員体制概要（1938 ～ 1945 年）

　近衛内閣期の 1938 年 1 月下旬に「成案」となった国家総動員法の提案理由は「現行法制では国家総動員には不十分であり、国家総動員体制についてあらかじめ国民に知らせ、戦時緊急時に備えるためには『本案』のような『総合的単一法』が必要である」というものであった（古川 1992：63）。一度は却下されたこの法案は、最終的に 1938 年 4 月 1 日に公布され、5 月 4 日に施行された（古川 1992：64）。

　「国民生活のほぼすべてがその対象」となった「総合的単一法」であるから、政党政治や日本政府の経済機構にまで一元化が及んだ（古川 1992：63）。具体的には 1940 年 10 月に大政翼賛会の発足、11 月の大日本産業報国会の創設、この二つの組織により、既成政党と労働組合のほとんどが解散された。また 12 月には、大日本青少年団創設要綱が決定し、翌年 1941 年 1 月に文部大臣を団長とし、関係 4 団体を統合した大日本青少年団が戦争完遂のための人的資源の養成のため誕生する。その後 1941 年 10 月 6 日に近衛内閣は総辞職をし、このような戦時下の国家総動員体制をすみやかに実施するために、東条内閣は「総動員計画の実施は総合国策と不可分の関係にあるという理由」を根拠に企画院を設置し（古川 1992：52）、この総合国策機関の機能を発揮させ、1942 年 6 月「行政簡素化実施要領」が閣議決定され、1942 年 11 月から翌年にかけて行政機構改革が行われた（古川 1992：278-279）。

　「廣く一般の兒童の問題」を強調する児童課の「児童の福祉を増進する」構想は、戦時下の「総合計画」＝国家総動員体制における戦力増強、人的資源の保護育成の理念に収斂され、児童課は 1941 年 8 月に廃止、人口局母子課に統合される（丹野 1977：27-28）。ここで、国家総動員法を取り上げるのは、後に述べるように、児童保護法案から児童福祉法案への転換の契機となった「中央社会事業協会」の「意見書」に提案される、児童福祉

146

法の構成モデルとしてこの国家総動員法が登場するからである。戦時下の解体がGHQによって強く行われている中で、戦時下の連続面が脈々と民主化政策の中に混ぜ込まれていく、一つの例示でもあろう。

2) 戦時下の「児童局」構想

　このように、厚生省社会局児童課は、人口局母子課に統合されていくが、その1年前には、児童行政において「課」以上の「児童局」構想が提案されていたことに注目したい。1940年9月16日、中央社会事業委員会は、厚生大臣の諮問に対し、「時局下児童保護ノ為特ニ急施ヲ要スベキ具体的方策ニツイテノ中央社会事業委員会答申」を行った（高木憲二個人蔵：児童福祉法研究会 1978：332-334）。この中で「六、児童保護ニ関スル行政並ニ研究機関ノ整備ニ関スル事項」の内容は、戦時下の児童保護の応急策として、「母性並ニ児童ノ保護ニ関スル行政機構ヲ統合整備」して「児童局」を設置すること、つまり児童保護行政の「統合整備」には「課」以上の「局」が必要であることが述べられている。また、「七、其ノ他ノ事項（一）少年教護事業ノ振興ニ関スル事項」においては、「事変ノ進展」に伴い「要教護少年増加傾向」があるため「不良化ノ防止ト早期発見」に努力すること、また教護院内の「刷新」と「教護ノ方途」を確立することが挙げられた。

　戦後のGHQの民主化政策の一環としての「児童局設置」の目的とは異なるが、この答申の中にすでに「児童局」構想があったことが確認できる。しかし前述の児童課すら、1941年8月に廃止、人口局母子課に統合される。そのため、児童保護行政を「児童局」によって統合、一元化する案は実現されなかった。

　以上のように「児童福祉」構想の背景には、戦時下の国民総動員体制があり、対象児童の範囲拡大が行われたが、これら戦前、戦時下の法体系・行政統合の一元化問題は未解決のまま戦後に持ち越されたのである。

3) 戦時下の厚生省児童行政の所管変遷概要

　戦後の児童福祉法制定と行政所管の関連を検討するためにも、戦時下の

厚生事業の概要、特に少年教護等を確認しておこう。戦時下の厚生省の児童行政の所管は、児童福祉法研究会編『児童福祉法成立資料集成　上巻』の「厚生省官制及分課規定」（1938〜1944年）と『厚生省20年史』に詳しい。

　1938年に厚生事業の一環として内務省から社会局が独立する形で厚生省が設置された。それ以前の内務省社会局官制（1922年10月30日）における児童行政は「児童保護ニ関スル事項」として記されているにすぎない。1938年社会局の児童課には、母子、教護少年、「母性及児童」が、児童保護の対象者として対応されることになった。ここでは、課長であった伊藤清の「児童福祉」という文言は登場しないが、児童保護の対象が拡大されていることは明らかである（官報1938年1月12日；児童福祉法研究会1978：323）。しかし、その後、1941年社会局児童課が、人口局母子課に吸収され、「児童課」の事務からの大きな変更として「少年教護ニ関スル事項」「児童虐待防止ニ関スル事項」が削除されている（官報1941年8月2日）。児童保護の対象としての少年教護と虐待防止は、この時期どこの所管として対応されていたのか資料からは読み取れない。翌年1942年、戦時下の行政機構改革として行政整理が行われ、省庁の統合及び再編、省内の機構も整理されている。厚生省の局が6局から5局へ変更になった。国民優生法に倣い、「虚弱児及異常児」が児童保護の対象から外されたのか、または、別の所管事務となったのかは定かではない。しかし、伊藤清が児童課で示した児童保護及び「児童福祉」構想の理念は、行政所管からは後退したと見てよいであろう。

　また、人口局以外に、生活局の保護課に「母子保護法ノ施行ニ関スル事項」「少年教護法ノ施行ニ関スル事項」「児童虐待防止法ノ施行ニ関スル事項」が記されており（官報1942年1月2日）、前年度に行政所管から消えていた少年教護及び児童虐待が児童保護の対象（社会局児童課における児童保護の系譜）として復活させられている。

　このように、1938年厚生省創設当初、社会局児童課長伊藤清によって構想された「児童福祉」は、児童課が人口局母子課に吸収合併された後、戦時下の児童保護を担当する部局及び課は、1年ごとに統廃合を繰り返し、

第四章　GHQ「児童福祉総合政策構想」変容過程1（ABC）

少年教護及び児童虐待は、所管事項から消えたり復活させられたりと、非常に不安定な位置づけをされることとなったのであった。

第二節　戦後の厚生省官制における児童行政の変容

　戦後GHQによる戦時体制解体の中で、国家行政組織法が制定されるまで行政官庁法により厚生省においても従来の官制が踏襲された。しかし、児童福祉法制定や児童局設置にむけて、その児童行政の分掌事務の内容や構成が徐々に変容していく。児童保護法案から児童福祉法に至る議論の前提として、戦後厚生省の児童局設置にむけた所管の変容概要を確認しておこう。本節で用いる資料の大部分は、官報で確認できるもの以外は一次資料が個人蔵等であるために、児童福祉法研究会編（1978）『児童福祉法成立資料集成　上巻』、寺脇隆夫（1996）『続　児童福祉法成立資料集成』の二次資料を用いる。また一部PHWに提出された厚生省からの英文資料（PHW-01398）も用いる。この「厚生省分課規程中改正」の概要とその変容は、厚生省20年史編集委員会編（1960）『厚生省20年史』にも記されている。ここでは、児童に関連して、どのような行政機構上の変更があり、それに伴ってどのような対象カテゴリーの変遷があったかに焦点がおかれる。特に注目すべきは、GHQ構想において厚生省に児童局設置が検討されて以来、厚生省において検討された児童局の不良児及び青少年不良化防止所管の変容である。

2-1　「児童婦人局事務分掌一覧（案）」（1946年10月）

　『児童福祉法成立資料集成　上巻』に収められた、戦後1946年5月11日GHQ覚書「保健及び厚生行政機構改正に関する件」がある。この覚書には、戦後における厚生省の機構再編の方針「一九四五年九月二十二日付覚書及び一九四六年二月二十七日覚書を以て指令せる通り日本帝国政府は保健及び厚生に関する緊急事態に対処する為左の行政機能遂行の目的を以

149

て保健及び厚生行政の機構を直ちに改正すべし」が示されていた（厚生省蔵：児童福祉法研究会 1978：380）。指令に記された部局名は「衛生局」「医療局」「予防局」「社会局」であった。この機構改正指令から、厚生省設置法に至るまでに具体的な名称及びその所管は変化している。

また戦時下から児童保護の所管であった「社会局」に児童保護分掌事務が復活したのは、1941 年 7 月以来 6 年ぶりのことであった。第二〜三章で明らかにされたように、この 1946 年 4 月には、浮浪児対策においてGHQ が積極的に関与し始めており、9 月には児童福祉政策を民主化政策として位置づけた最初のGHQ構想（第一次案）「世話と保護を要する児童」日本帝国政府宛覚書が作成され（PHW-01399：社会福祉研究所 1979：148）、1946 年 9 月 17 日GHQ内で検討され、厚生省に児童専門の部局を設置する旨が決定された。またこの覚書には同年 10 月夫までに児童局の設置を日本政府に要請していた。GHQ構想は、1946 年 10 月初旬には「日本帝国政府宛覚書」（第二次案・日付不明）が完成されていたと考えられる。その覚書に記された行政統合方針は「児童福祉の関連機関との密接な連絡の維持」（「連携的統合」）であり、対象範囲は、一次案、二次案共通して「児童福祉に関する全ての事項（例えば、普通司法省及び文部省の所管に属する事項を除いて）」であった。

10 月 8 日のGHQと厚生省による児童局設置に関する会議において、厚生省伊藤次官からGHQへ、「児童局設置に関して」省庁間で「衝突するいくつかの領域」があることが報告されている。この 10 月 8 日の報告事項を踏まえての覚書（第二次案）＝GHQ構想の日本帝国政府宛覚書「世話と保護を要する児童」は、10 月 18 日「日本政府」に口頭によって「示唆」されている。

これらGHQ構想における児童局設置の具体的な検討と並行し、厚生省でもその具体的な行政所管が検討されていたことが 10 月 5 日「児童婦人局事務分掌一覧（案）」の存在からも明らかである（植山つる個人蔵：児童福祉法研究会 1978：667）。この「児童婦人局」案は、厚生省案として準備されたものの一つであると推測され、児童福祉法立案過程においては、寺脇のいう「児童保護法案Ⅰ期」の少し前の時期にあたる。

第四章　GHQ「児童福祉総合政策構想」変容過程 1（ABC）

表 4　厚生省児童婦人局分掌一覧案内訳（1946 年 10 月 5 日）

一般児童課	一、幼児保護、二、浮浪児保護、三、虚弱児保護、四、貧児保護、五、孤児、棄児、迷児、六、虐待児、七、吃音児、八、児童文化施設、九、保母及び児童保護従事者養成
特殊児童課	一、犯罪少年保護、二、少年教護、三、肢体不自由、四、精神薄弱児

出典）「児童婦人局事務分掌一覧（案）」（植山つる個人蔵：児童福祉法研究会 1978：667）

　この「児童婦人局」案の最前列に配置されたのは「一般児童課」であった。次に、「特殊児童課」「母子保護課」「母子保健課」と四つの課によって局が構成されている。この「一覧」で注目すべきは「一般児童課」と「特殊児童課」の所管事務内容、すなわちどのような児童のどのような問題に対処するとされたのか、ということである。

　「一般児童課」の「分掌事務」の内容は、現在でいう要保護児童を示している。戦災孤児や浮浪児が当時の社会問題であり、これらは、児童の保護、児童の問題として厚生省に認識されていたと考えられる。八の「児童文化施設」の「具体的事項」には、「児童遊園」「児童図書館」「児童劇、児童映画」「校外保健所」が明記されており（植山つる個人蔵：児童福祉法研究会 1978：667）、この部分は「一般児童」と考えられるが、図書館や映画、「学校衛生」の問題など、文部省との重複部分がすでにこの時点で存在することを確認できる。他方「特殊児童課」の「分掌事務」の一、二は、司法省の所管と重複する部分であり、犯罪、不良児に並んで、障害児を「特殊児童」保護の対象としていた（植山つる個人蔵：児童福祉法研究会 1978：667）。

　このように被占領期初期における「児童婦人局」案の「一般児童課」の対象範囲（案）は、主に要保護児童に「吃音児」「児童文化施設」「保母及び児童保護従事者養成」を加えたものにすぎなかった。当時の貧困の蔓延等を考えれば、当然であり、実際、GHQ 構想の対象範囲である児童福祉課題をもつ児童、「児童福祉に関する全ての事項」「児童福祉の全般的問題」という点において矛盾があったわけではなかろう。他方、「特殊」は戦前から対応していた「非行少年」問題と、戦時下において所管から消えていた障害児を指していたのである。

151

つまり「一般児童課」においては、文部省の所管と重複し、「特殊児童課」においては司法省の所管と重複していることが明らかといえる。この「児童婦人局」案が、GHQに提出されたかどうかの事実は不明であるが、この「児童婦人局」案における文部省と司法省の重複部分がGHQの知るところとなり、児童局の対象範囲を「児童福祉に関する全ての事項（例えば、普通司法省及び文部省の所管に属する事柄を除いて）」という指摘がされたとも考えられる。

2-2　GHQ構想以降の児童局所管の変容

その後1946年11月にGHQ資料「児童福祉」に、改めて児童福祉の対象範囲「児童保護」（不良児を含む）、「青少年不良化防止対策」、「普通児童サービス」が示された。またGHQ構想の目的として、四つの「専門的サービスを求める児童」として「身体障害児」「知的障害児」「社会障害児」「孤児」が挙げられている。この「社会障害児」とは非行少年を意味し、この点を特に日本政府の責任として強調した。このGHQ構想が示した対象範囲に関して、実際の厚生省児童局の「分掌事務」にはどのように反映されたのか。

確認することができたのは、次の資料である。第一に1946年11月7日「要保護児童の種類とあたえるべき保護の態様」「国家において保護を要する児童の種類」「現行法のあたえている保護」（植山つる個人蔵：児童福祉法研究会1978：676-678）である。第二に第三章でも述べたように、PHWの資料に含まれていた11月8日厚生省からPHWに提出された「日付なし」英文資料「厚生省児童局設置草案」（PHW-01398）である。第三に同年11月13日「厚生省に児童局を設けることについて」（植山つる個人蔵：児童福祉法研究会1978：670）がある。この五つの資料と3月19日児童局設置に至る児童局所管内容を確認してみよう。

1)「要保護児童の種類とあたえるべき保護の態様」（1946年11月7日）

この資料では、要保護の種類として「一、犯罪少年」「二、浮浪児」「三、

第四章　GHQ「児童福祉総合政策構想」変容過程1（ABC）

虐待児」が挙げられており、「一、犯罪少年」が「(1) 先天的なもの」
「(2) 後天的なもの」の二つに区分されている。これらの区分における
「あたえられるべき保護の態様」は、「(1) 先天的なもの」には「司法的隔
離保護」と、司法省の所管であることが明確にされている。「(2) 後天的
なもの」としては「司法的矯正保護」という司法省所管のものと「本人に
対する教育的並に経済的保護環境に対する人道的干渉並に経済的保護」と
いう厚生省のものの両者の所管範囲であることがわかる。「浮浪児」「虐待
児」に対しても、その対応は厚生省管轄のものであり、上記の保護に加え
「扶養義務者に対する経済的保護」及び「『家』に対する人道的干渉」「雇
用主に対する人道的干渉」「幼年労働者保護」という対応が盛り込まれて
いる。保護対象として「虚弱児、不具児、精神異常児なる故によるもの」
は「虐待児」としての保護対象に含められている（植山つる個人蔵：児童
福祉法研究会 1978：676-677）。

　合わせて検討するのが「国家において保護を要する児童の種類」（11月
7日）であるが、その「種類」として、三類型が以下のように述べられて
いる。

　　一　先天的に反社会性をもつもの——犯罪少年、先天的浮浪児
　　二　後天的に反社会性をもつもの——犯罪少年
　　三　後天的に反社会性をもつおそれのあるもの

　「三　後天的に反社会性をもつおそれのあるもの」は、さらに「(1) 経
済的理由によるもの」、「(2) 経済外的理由によるもの」に整理され、ラベ
リング（「孤児」「浮浪児」「虐待児」「貧児」「棄児」「虚弱児」「不具児」「精神
異常児」）が示されている（植山つる個人蔵：児童福祉法研究会 1978：677）。
この内容は、翌日11月8日厚生省からPHWに提出した次の「厚生省児
童局設置草案」における第一課の「保護」と第二課の「教護」との分掌に
関する根拠となったと推察される。

　他方、これらの内容を同日付の資料「現行法のあたえている保護」では、
児童虐待防止法、少年教護法、少年法、矯正院法、未成年者禁酒法、工場

153

法、民法、生活保護法等の法律別に保護の内容をリストアップし行政所管及び「児童保護法」の対象を検討した経緯が見えてくる。

2)「厚生省児童局設置草案」(1946年11月日付なし)

　この厚生省からPHWに提出された「厚生省児童局設置草案」(PHW-01398) は上記の資料からも、11月7日の検討を経て提出されたと推察できる。この草案には、三部構成「Ⅰ. 厚生省児童局の任務」「Ⅱ. 各課の任務の範囲」「Ⅲ. 他の部局から児童局に移管される任務（文部省、社会局、衛生局)」が記されている。またこの資料と別に、「厚生省児童局」一～四課の任務及び管轄範囲表が添えられている。その構成概要を確認してみよう。

「Ⅰ. 厚生省児童局の任務」

　任務として掲げられたのは、次の5項目である。「1. 母子及び乳幼児の保護」「2. 児童の養育」「3. 児童の教護」「4. 母子及び乳幼児の健康」「5. 他の部局の管轄対象から洩れた児童」。

「Ⅱ. 各課の任務の範囲」

　第一課は、養護機能、孤児、遺棄児童、迷児などの保護、子どもの病気の予防、母と乳幼児の保護、子どものための文化事業、児童保護に関わる養護者の育成、児童保護委員会の運営、他の部局に属しない子どもの保護。

　第二課は、浮浪児の保護、少年教護院に関する事項、不良児の保護、精神薄弱児の保護、障害児童の保護。

　第三課は、乳幼児とその他の児童の健康に関する事項、妊婦及び産婦の健康。

　第四課は、就学児童の健康、その他の学校衛生。

「Ⅲ. 他の部局から児童局に移管される任務（文部省、社会局、衛生局)」

　第一に、文部省からの移管に関する原理原則（学校衛生に関すること）。

　第二に、厚生省内での移管に関するいくつかの原理原則（社会局から移管される任務は、母子及び乳幼児の保護と養育に関する事項。衛生局から移管される任務は、妊婦及び幼児と子どもの保健、母子保護のための機能と養護の機能、妊婦と子どもの保健）。(PHW-01398)

第四章　GHQ「児童福祉総合政策構想」変容過程1（ABC）

　ここでは、「児童局」第四課に「就学児童の健康、その他の学校衛生」が位置づけられ、Ⅲからも明らかなように、「文部省」、厚生省「社会局」「衛生局」からの移管内容が記されている。学校衛生が、文部省から厚生省に移管され、一つの課として独立する内容として記述されている。10月の「特殊児童」の対象とは異なり、第二課から「犯罪少年保護」が削除されたこと、またそのことからは、1）の11月7日「国家において保護を要する児童の種類」の検討から、「後天的に反社会性をもつおそれのあるもの」が厚生省の教護・児童保護と認識されたことが推察できる。

3）「厚生省に児童局を設けることについて」（1946年11月13日）

　この11月13日の資料からは、10月5日の「児童婦人局」案の「一般児童課」という名称は消え、「第一課」「第二課」「第三課」として表5のように変更されている（植山つる個人蔵；児童福祉法研究会1978：670-671）。

　この案では、第一課と第二課は、11月7日、8日のGHQの検討を経てもそのまま「一般児童課」と「特殊児童課」の枠組みを踏襲している。注目すべきは、「第二課」の「特殊児童」の保護対象である。10月の「児童婦人局」案と異なるのは、「犯罪少年」と代わって、「少年教護院」「不良

表5　厚生省児童局分掌事務案内訳（1946年11月13日）

	分掌事務
第一課	（一）保育施設に関する事項 （二）孤児、棄児、迷児等の保護に関する事項 （三）児童虐待防止に関する事項 （四）母子保護に関する事項 （五）児童文化施設に関する事項 （六）保姆及児童保護従事者の養成に関する事項 （七）児童保護委員会に関する事項 （八）他の主管に属しない児童保護に関する事項
第二課	（一）浮浪児保護に関する事項 （二）少年教護院に関する事項 （三）不良児童保護に関する事項 （四）精神薄弱児保護に関する事項 （五）肢体不自由児保護に関する事項
第三課	（一）乳幼児その他児童の保健衛生に関する事項（註：「学校衛生を除く」と「児童局事務分掌一覧表」にあり） （二）妊産婦の保健衛生に関する事項

出典）「厚生省に児童局を設けることについて」（植山つる個人蔵；児童福祉法研究会1978：670-671）

児童保護」が第二課に明記されたことである。これは、「社会障害児」＝
非行少年問題をGHQが指摘した結果とも解釈できる。

　また、児童局の所管に関してGHQが介入し、文部省と厚生省が抵抗し
た跡が見られる。上記の2）「厚生省児童局設置草案」（11月日付なし）に
は、独立した第四課として「就学児童の健康、その他の学校衛生」が記さ
れていたにもかかわらず、この11月13日には第四課は見当たらず、第三
課の中に、「（註：学校衛生を除く）」との記述に変更されている。前述した
GHQの覚書においても明らかなように、GHQが厚生省児童局の所管に
「学校衛生」を「一元的統合」する方針を打ち出したのに対し、文部省と
厚生省は抵抗し、GHQの行政統合方針「連携的統合」を用い両者で協力
し合い、文部省から厚生省に移管しないことを提案する。1946年11月22
日、GHQはこの提案に関し、日本政府の弱点ともいえる行政間の連携を
実践する一つの試みとして歓迎するとともに、「連携的統合」が実施され
ない場合にはGHQの介入があることを強調した。この点については先述
した岩永の論文「占領期初期のPHW児童福祉政策構想」に詳しい。

4）児童局の四つの分掌事務

　1947年3月19日に設置された児童局の分掌事務として、三つの課「企
画課」「養護課」「母子衛生課」の事務が明らかにされた。その後、同年
12月22日児童福祉法制定後に「保育課」が加えられ四課となった。「企
画課」に示された分掌事務においてまず注目すべきは、「一　児童福祉思
想ノ普及其ノ他児童福祉増進ニ関スル事項」であり、すべての児童の福祉
増進に関する事務が明記されている。また「二　児童福祉法施行ノ総合調
整ニ関スル事項」にとどまらず、「七　児童ノ福祉ヲ保障スル為必要ナル
連絡調整其ノ他他ノ主管ニ属セザル児童ニ関スル事項」からも、児童の福
祉を保障するために、厚生省以外の関係省庁との「連携的統合」によって
対応するという意味に読み取れる（官報1948年1月16日：児童福祉法研究
会1978：665-666）。

　「養護課」において、特筆すべきことは「二　浮浪児、精神薄弱児等ノ
保護ニ関スル事項」「三　児童ノ不良化防止及教護ニ関スル事項」である。

以前は「特殊児童」とし「二」「三」が一つの枠組みの中に位置づけられていたが、このように分けられている。また、「児童ノ不良化防止」が厚生省児童局の掌握事務としてはじめて登場するのである（官報1948年1月16日；児童福祉法研究会1978：666）。

「保育課」においては、「一　保育所ニ関スル事項」「五　児童厚生施設ニ関スル事項」「六　児童文化ニ関スル事項」が確認できる。これらは、1946年10月「児童婦人局事務分掌一覧（案）」（11月「厚生省に児童局を設けることについて」では「第一課」）において「一般児童課」の項目の中に「保育所」「児童文化施設」として類似の事項が既に挙げられている。

このように児童福祉法制定前、児童保護法案〜児童福祉法案形成期に児童局の行政所管事務が大きく変容している。この所管事務の変容は、むろん児童福祉法制定過程における様々な議論の結果でもある。GHQ「児童福祉総合政策構想」を起点として、まず児童保護法案期から児童福祉法案の転換期における法案の対象範囲、行政統合方針の変容過程Aを検討する。

第三節　「児童福祉総合政策構想」変容過程A

前章で述べたように、1946年9月〜10月、GHQは、民主化政策において児童福祉政策は教育と同等に重要であることを認め、GHQ構想を日本政府に示し、政策実施のために厚生省に児童局を設置することを決定した。GHQ構想においては二つの政策理念が示されていた。第一にGHQ構想を実施する厚生省児童局の行政統合方針は「連携的統合」であり、関係省庁との総合調整機関の役割を果たすことであった。特に、司法省と文部省の所管を厚生省児童局に「一元的統合」しない旨が強調されていた。第二は、GHQ構想の対象範囲である。浮浪児・戦災孤児・不良児に特化せず、「児童福祉の全般的問題」「児童福祉に関する全ての事項」であることが繰り返し述べられた。

厚生省は、1946年11月26日〜1947年1月25日、児童保護法案から児

157

童福祉法案へと名称を変え、より積極的なイメージの児童福祉法へ向かおうとするが、その過程においてGHQ構想の行政統合方針とは違い、司法省の一部を「一元的統合」する児童保護法案を検討していた。また児童保護法から児童福祉法への転換時に、GHQが示した児童福祉課題をもつ児童に留まらず「すべて児童は〜」という表現で、その対象範囲の拡大が示唆された。このようなGHQ構想の行政統合方針と対象範囲が変容されていく過程を変容過程Aとして、まず明らかにする。

3-1　児童保護法案とGHQ構想の相違点

　1946年10月〜11月は、先述した児童保護法案Ⅰ期〜児童保護法案Ⅱ期にあたるが、この時期には、GHQがその「構想」を日本政府に口頭によって「示唆」し、児童局の所管をめぐる厚生省及び関係行政との合意形成も行われた。特に厚生省の所管には、司法省と文部省の所管に関するものを「一元的統合」しない方針が、1946年9月「覚書草案」から一貫して強調されていた。このようにGHQ「構想」に関して厚生省は当初合意を示していることが読み取れる。しかし第Ⅱ期にあたる児童保護法案においてはGHQ構想の政策理念「連携的統合」、特に司法省の所管に関して、その方針とは異なった展開をみせていく。その背景には、どのような意図があったのであろうか。

1）児童福祉法案の理念と「一元的統合」の断念

　児童保護法案Ⅱ期、児童保護法要綱案において、「不良対策の一元化構想」（児童福祉法研究会 1978：70）に関する方針が法案の中に打ち出されたが、当然その歴史的課題ゆえ、関係者からの抵抗があった。主な抵抗の一つは、少年保護事業関係者からの厚生省と司法省への異議申し立て（1946年12月29日少年保護事業者の「宣言」）であり（木村忠二郎文書 020105-1001；寺脇 1996：417-418）、さらには厚生省の委嘱で立案準備の臨時委員会として設置された中央社会事業委員会・児童対策小委員会（副委員長に田中二郎・団藤重光両教授）からの強い抵抗であった。前述したように厚生

第四章　GHQ「児童福祉総合政策構想」変容過程1（ABC）

大臣の諮問（1946年12月11日）により、同委員会は児童保護法要綱案の審議を行った（12月13日〜翌年1月25日）。その結果、厚生省への異議申し立て意見がまとめられ、「一元的統合」を断念し、1月25日の児童福祉法要綱案に至るのである。この点は3-2で、詳しく述べる。

2）児童福祉法案における対象範囲拡大

　児童福祉法案Ⅰ期より、対象範囲は「すべて児童」に拡大されている。しかし、GHQ構想の対象範囲は、「児童福祉の全般的問題」「児童福祉に関する全ての事項」であることがGHQより繰り返し述べられており、児童福祉課題のある児童に限定している。1946年11月GHQ資料「児童福祉」には、最終的には「児童福祉計画」の目的として「専門的サービスを求める児童」の四類型「身体障害児」「知的障害児」「社会障害児」「孤児」を示し、特に非行少年問題である「社会障害児」を社会問題として日本政府の責任を強調していた。

　厚生省は、1946年11月26日〜1947年1月25日、児童保護法案から児童福祉法案への転換過程において、総則に掲げた立法精神を「児童福祉」へと変更し、児童福祉法案の対象範囲をGHQ構想よりもさらに「積極的」なイメージをもつ「すべて児童」へと広げる意図を示した。しかしながらその法内容は、不良児童＝特殊児童を含む児童保護と、厚生省関係の母子保健及び厚生施設、保育所であった。

3-2　中央社会事業協会の「意見書」（1947年1月）

　これら児童保護法案から児童福祉法案への転換過程における行政統合及び対象範囲に関する厚生省及びその関係者の具体的議論を伺い知る資料として、1947年1月中央社会事業協会常設委員会（以下、中社協）の「児童保護法要綱案を中心とする児童保護に関する意見書」がある。戦前より厚生省社会局の外郭団体であった中社協のこの資料は、上記の中央社会事業委員会・児童対策小委員会に提出されており、児童保護法から児童福祉法案への転換に大きな影響を与えた資料と位置づけることができよう（寺脇

159

1978：85）。

　この中社協の「意見書」に関して、先述した1976年の寺脇論文では「社会局の外郭団体的性格があるとはいえ、民間側から提出されたものであり、特に注目されなければならない資料」であることを指摘している（寺脇1976：18）。しかし、この寺脇論文においては、この意見書に添付された児童福祉法案の「構成例示」の構成概略を紹介するに終わっている。また寺脇は、1978年の児童福祉法研究会編『児童福祉法成立資料集成上巻』解題において、「意見書」とそれ以前の「中社協」の資料「意見書要旨」との相違点を挙げている。ここでも改めて「意見書」が「児童保護対策全般にかかわる総合的、包括的な内容からなり、大変興味深い」と指摘してはいるものの、児童福祉法の名称や「普通児童」が前面に出されていることなどの特徴を述べるに留まっており、児童福祉法の法理念の転換と法内容との「乖離」に関する検討は行っていない（寺脇1978：85-86）。

　中社協の「意見書」は、児童保護法要綱と児童保護に関する内容を、大きく三項目に分類している。第一に「急施を要する児童保護対策」、第二に「制定可能なる児童保護法の構想」、第三に「恒久的児童保護対策」である。第一項目には、急施対策として、不良児対策の必要性と、その対策実施には、「連携的統合」による新しい機関の設置が提案されている（福山政一個人蔵：児童福祉法研究会1978：688-695）。まず注目したいのは、「第二、制定可能なる児童保護法の構想」である。

1）「制定可能なる児童保護法の構想」

　この項目はさらに四分類されており、「（一）立法精神」「（二）立法技術」「（三）法の形式」「（四）原案に付考慮又は追加すべき事項」であった。「（一）立法精神」「（二）立法技術」には、児童福祉法の精神と基本構造に大きな影響を与えたと考えられる意見が示されている（福山政一個人蔵：児童福祉法研究会1978：691）。

　　（一）立法精神
　　　　厚生省立案の児童保護法要綱案の構成をみると少年教護法、矯正

院法、児童虐待防止法等現行法規の統合と保育所制度の確立を企てゝいることが解る。従つて原案の保護対策の主な範囲は不良少年及び刑事訴追をしない犯罪少年と被虐待児童とであって要するに特殊の問題児童の範囲を出ない。政府の意図されるやうに児童福祉の為に新に児童局を特設して、一面行政運用にて立法以外の積極的児童福祉の増進を図ることも勿論可能であるが、同時に立法そのものにも積極性を与へねばならないから法の対象は全児童に及ぶ様、構成せられることが必要である。

（二）立法技術

次に児童保護の範囲は極めて広くこれを総べて法中に網羅することは不可能であるのみならず特種の事項に付ては他省との所管問題もあって解決が容易でなく、これを固執すると制定不能の虞もあるから法文は出来得る限り簡単とし詳細なる事項は総て勅令及び省令に譲ることが必要である。殊に原案第二章「保護」に付ては特に其の感が深い。極端な例をとれば嘗ての「国家総動員法」式のものでもよいと思う。　　　　（福山政一個人蔵：児童福祉法研究会 1978：691）

「（一）立法精神」においては、厚生省と司法省の歴史的課題の決着、児童保護法の「一元的統合」が企図されていることが指摘されている。1922年の旧少年法が制定されるとき、内務省官僚が最後まで抵抗した矯正院法を、児童保護法案の中に統合し、感化法時代から唱えられている統合化された児童保護法の実現が、「戦後生き残った」厚生官僚たちの手で行われようとしている点も鋭く指摘されている。しかし、このような「特殊児童」保護のみを対象範囲とした法律案では、「要するに特殊の問題児童の範囲を出ない」として、「立法そのものにも積極性を与へねばならないから法の対象は全児童に及ぶ様、構成せられることが必要である」と法の精神に積極性を与えることが必要だと説いている。

他方、1900 年の感化法及び少年法との議論は約 10 年の確執の経緯があり、この点から児童保護法に「一元的統合」することは現実的にも困難であることを指摘している。つまり各行政に跨る既存の法律統合は「立法技

術」上も難しく、この多様な児童問題の「一元的統合」を法案の中心にすると、法制定自体が困難になるのではないかと危惧したわけである。そのため、児童福祉法をまず制定するために、他省との所管に関る点はあらかじめ省き、制定後に「省令」という形で具体的な法の内容を充実させていく方法を奨励している。「極端な例」として「国家総動員法」を挙げていることも見落とせない。国家総動員法の構造は、前述した通りである。そのため、立法精神を児童保護から児童福祉に転換し、対象範囲拡大をしたこの法律を制定すること自体を最優先事項とし、内容は他省との所管と接触しないよう「でき得る限り簡単」にした結果が、児童福祉法研究会が指摘した総則の理念と具体的な条項とのギャップとなったと考えられる。

2) 不良児保護対策と機関整備

　このように 1947 年 1 月「意見書」によって児童福祉法の理念の積極性と対象範囲拡大を強調しながらも、関係法律統合による「一元的統合」は断念する方向性が示され、他方、実際に可能な急施対策として、「不良児の補導」と「〈不良〉保護対策機関の整備」が提案された。その提案の趣旨として「戦火引揚げ其の他による不良児の増加は近時〈著し〉いものがあり社会問題として極めて注目に値する〈□□〉不良児の補導については関係部面が厚生、司法〈両省〉等に亘ってあるので総合的に一元化して厚生省で〈恒久〉対策を樹立して実施することは困難であるから、左の方法によって、応急方策を確立実施する〈ことが必〉要である」とのことであった（福山政一個人蔵；児童福祉法研究会 1978：690-691)。[1][筆者註：〈　〉は原文にあり。また□□は解読不能箇所]

　この対策の内容はさらに、厚生省、司法省の役割や連携、協議目的等が五つの項目に分類、提案され、その目的として、「一、関係各省並に民間専門家を以て組織する〈不良〉保護対策機関を整備して補導対策〈の樹〉立並に実施を強力に推進すること」が明らかにされている。つまり、「意見書」の「〈不良〉保護対策機関の整備」は、GHQ 構想の「主に非行傾向をもつ少年の扱いで協力体制をつくる」方針と一致し、両者は、同じく関係行政の「連携的統合」による非行少年の総合施策と組織を提案している

といえよう。これらの提案はGHQと関係中央省庁、社会事業関係者と厚生省内部の共通認識となり、1月25日児童福祉法要綱案において「一元的統合」方針が撤回され、青少年不良化防止対策の行政統合方針はGHQ構想に収斂されたと解釈できる（駒崎2013a：33-36）。

3）児童福祉法の命名理由

　「意見書」の「（四）原案に付考慮又は追加すべき事項」には、「総則的事項」として最初に「一、児童保護の国家保障」が挙げられており、GHQ構想と一致している。「二、保護の対象としての児童の範囲」は、「法の対象とする児童は特殊児童に限定することなく全児童を対象」とすることが明記され、「一般的保護を中心として法に明朗積極性を与へることが必要」だと強調されている。そのため「保護を要する児童」の文言を削除する旨が述べられていた。「三、法の名称」に関しては、「法の趣旨目的が真に児童の一般福祉の増進を図る明朗且積極的なるものであることを標榜する意味」をもたせるため「児童福祉法」とするほうがよいと指摘されていた。また法構成に関しても「条文の配列順序は先ず正常児保護の規定より始め、特種児童の保護に及ぶ様」にと、具体的な指示が出されている（福山政一個人蔵；児童福祉法研究会1978：691-692）。

　このように「法の名称」は、「真に児童の一般福祉の増進を図る明朗且積極的」な法制であることを謳うため「児童福祉法」とされた。しかし、「保護の対象としての児童の範囲」は注意深く検討する必要があるとされたのである。

　前述したように、厚生省官制において、特に戦時下から戦後の1947年12月まで、「保護の対象としての児童の範囲」が、所管局・課も含め毎年のように変更されている。1946年「児童婦人局」案の中で明らかにされているように「特殊児童」とは少年教護、不良児、障害児に限定しており、それ以外の孤児や被虐待児は「普通児童」保護として捉えられていた。現在の要保護児童と一般児童の区別がつけられたのは1947年児童福祉法制定直後の厚生省官制においてである。

163

4)「特殊児童の保護」と「正常児保護」

引き続き「総則的事項」の「四、条文の配列」の内容を確認してみよう。ここでは、法構成に関する修正が求められ、「特殊児童の保護」よりも、「正常児保護」（1947年2月3日案では「特別児童」と「普通児童」という表記に変更）を前面に配置する必要性が述べられている。その後の項目名が「一般的保護に関する事項」と「特殊保護に関する事項」に区分されていることからも、「正常児保護」は、「一般的保護」と同義と考えてよいだろう。「一般的保護に関する事項」においては、「一、母性及乳幼児の保健衛生及び保育」「二、母性及乳幼児必需物資配給」「三、母性及児童の登録制度」「四、虚弱児、心身障碍児の教養施設」「五、児童の余暇指導」「六、母性並に児童の福祉に関する章節の設置」「七、児童専門の補導機関」「八、児童保健婦の設置」「九、児童福祉相談所」「一〇、児童保護職員の養成」「一一、保護施設の名称の明朗化」が挙げられていた（福山政一個人蔵；児童福祉法研究会 1978：692-693）。

これらの具体的「一般的保護」は、母子衛生、母子保健など戦時下の母子対策を継承し、かつ保護というよりも健全育成にむけた対策を総じて述べていることがわかる。「特殊保護に関する事項」には、「虐待防止、育児施設と教護の規定」が明記され、虐待防止を「特殊」に入れ、障害児を「一般的保護」へ移管する「意見」が明らかにされている。このように、児童保護の対象範囲は「一般的保護」が中心となり、児童福祉を掲げつつも、基本的には「一般的保護」による児童福祉の増進及び健全育成という構想が、「制定可能」な範囲としてこの「意見書」が示されたのであった（福山政一個人蔵；児童福祉法研究会 1978：693）。

また「意見書」の第三に挙げられた「恒久的児童保護対策」では、上記のように法体系の基礎的枠組みを確立した上で、5年ごとの事業計画を樹立し、15年間で「児童保護行政の体系及事業の整備を完了」を目標に、「児童保護行政機構の整備」として、第二期の始めには「児童省の如きもの」を設置し、「児童に関する各省に分属する行政を一括統合し、運営する」計画である。つまり、まず児童福祉法を制定してから、行政機構改革により児童関係の行政の「一元的統合」を計画していた（福山政一個人蔵；

児童福祉法研究会 1978：695)。また、この「意見書」には、前述の「不良児の補導」が喫緊の課題として指摘されており、厚生省と司法省との関係から、「一元的統合」を断念して関係省庁との「連携的統合」による対策の必要性が述べられている（福山政一個人蔵；児童福祉法研究会 1978：690-691)。

　この「意見書」からは、二つの歴史的系譜の課題に対応するための工夫が見られる。対象範囲拡大を明らかにするため、立法精神に一般児童の福祉（総則3条にあたる原型）を掲げ、当時の立法技術の限界としてセクショナリズムを回避するため厚生省所管範囲内の「一般的保護」に留め、司法行政との「一元的統合」も法案から外し、法制定後に行政機構整備で「児童省の如きもの」による児童保護行政の「一元的統合」を計画するよう、示唆されたのである。

3-3　行政統合方針における厚生官僚の強い意志

　次にGHQ構想の中心におかれた児童局設置とその所管に関して、GHQ、厚生省、それぞれの資料から検討してみよう。

1）児童局設置構想と児童保護法案における厚生官僚の抵抗

　GHQ構想の第一次案「草案覚書」(1946年9月)では、司法省と文部省の所管を厚生省に設置する児童局の所管に「一元的統合」しない旨が記されていた。その後も、その方針は貫かれており、厚生省と司法省の行政所管をめぐる交渉がGHQ資料を通して確認できるのは、筆者の調べたところ10月8日と10月18日である。10月8日の時点で厚生省と司法省の「衝突するいくつかの領域」が明らかになり、10月18日には司法省と厚生省の「非行少年」をめぐる「すみわけ」が提案されており、GHQ構想の形成過程においては、厚生省による司法省の一部の「一元的統合」の意図は見当たらない。厚生省と文部省の「学校衛生」をめぐる所管の議論が決定するまでには11月22日までの時間を要したが、この11月22日時点の議論においては、厚生省と司法省の対立等は記されてはいない。

10月15日児童保護法案大綱案の前である10月5日の「児童婦人局事務分掌一覧（案）」には、犯罪少年の保護が含まれていたが、11月13日「厚生省に児童局を設けることについて」の中では、この犯罪少年の保護は削除されている。他方、11月26日、30日の児童保護法要綱案においては、司法省の一部との「一元的統合」を法の中心に据えている。

これらのことからも、対象範囲を「すべて児童」に拡大し、司法省の一部を厚生省の所管に「一元的統合」しようとする厚生省の強い意志を、児童保護法案Ⅰ期〜Ⅱ期の過程及び児童局設置過程においても見ることができる。しかし、前述したように司法省関係者の反対にあい、厚生大臣の諮問機関である中央社会事業委員会からも児童福祉への転換を迫られる結果となった。この結果からもGHQ構想の二つの政策理念は1947年1月下旬においては日本側に受け入れられたといってよかろう。

2）児童福祉法案に託した青写真

とはいえ、実際は、上記の中社協の「意見書」において示唆されたように、厚生省及び厚生官僚の強い意志を近い将来実現させるためにも、児童保護法案から児童福祉法案への転換過程においていくつかの取捨選択が行われていたのであった。第一に、緊急対応策が求められていた不良児対策は、厚生省が司法省の一部を「一元的統合」して行うのではなく、関係省庁との「連携的統合」によりこの社会問題の解決を図ることを優先させた。これはGHQ構想の理念に沿ったと見ることができる。第二に、近い将来（15年計画）において、児童保護行政を「一元的統合」する「児童省」構想を実現させるため、まず総則の立法精神のみを児童保護から児童福祉へ転換し、「すべて児童」を対象とした、積極的な児童福祉法の制定自体を優先させた。法理念を強調し、他の関係省庁との所管争いを回避するためにも「法文は出来得る限り簡単とし詳細なる事項は総て勅令及び省令に譲る」こととなった。そのため、児童福祉法という名の理念とは異なり、従来の厚生省管轄の児童保護を中心とした内容にあらかじめ留める方針が選択されたのであった。その内容は、GHQ構想の対象範囲と合致していたともいえるが、厚生官僚の強い意志＝司法省の一部との「一元的統合」は、

必ずしも断念されはしなかったのである。

　こうして変容過程Aでは、GHQ構想を受け入れながらも、GHQ構想の対象範囲「児童福祉の全般的問題」に留まらず、厚生省は民主化の先取り改革として、児童福祉法の対象範囲拡大を行い「すべて児童」と明記した。その一方で児童保護から児童福祉への立法精神の転換及び児童福祉法案に託された児童保護行政の「一元的統合」の将来の青写真を示したといえるであろう。その青写真の展開は、「児童の総合立法」を掲げ、司法省の一部の内容を児童福祉法に「一元的統合」する議論、及び「児童院」構想による児童保護行政の「一元的統合」の議論となっていく。これを変容過程Bとして次に検討する。

第四節 「児童福祉総合政策構想」変容過程B

　1947年3月、厚生省の提案とGHQの勅令により設置された厚生省児童局は、同年5月18日、全国児童福祉大会を開催し、「児童福祉法制定促進に関する事項」を協議した。大会議長であり、1月に児童保護法要綱案へ「意見書」を提出した中央社会事業協会会長でもある中川望（後の中央児童福祉委員会会長）が、「全国児童福祉大会地方提出議案」において「児童福祉法制定促進に関する当局への建議」を行った。そこでは、「児童福祉の綜合的最美の法律とし速かに実施」することが要望されている（日本社会事業大学図書館蔵；児童福祉法研究会1978：726）。

　また、この大会報告書には、「〈別紙〉」として「児童福祉に関する地方要望事項」が付されており、「一、児童福祉法制定促進に関する事項」「二、児童福祉法制定への希望事項」として都道府県から多くの要望が提出されていた。それらの中には少年法及び矯正院法を児童福祉法へ「一元的統合」することや、新しく「児童保護対策機関の設置」をする要望が含まれており、さらに「三、其の他児童福祉法制等に関する事項」には、大阪府より「児童省の設置の件」「厚生省、司法、文部各省の児童関係法規を統一して厚生省所管とする件」、京都府から「中央に於ける児童保護行政の

統一を図り各府県並重要都市に児童課を設置」等の要望が提出されている（日本社会事業大学図書館蔵：児童福祉法研究会 1978：726-728）。このように、厚生省、児童福祉関係者において児童福祉法を「児童の総合立法」として確立させようとする意図、司法省の一部を厚生省に「一元的統合」する意図は脈々と維持されていたといえよう。

　このような、厚生省、児童福祉関係者の「児童の総合立法」への強い意志は、第一回国会の児童福祉法案審議の中で明確に示されることになるのであるが、その大きな契機は、司法省の解体である。先述したように1947 年 9 月 16 日にマッカーサー書簡（総理大臣宛）によって司法省の解体が指令された。その後、12 月 10 日「新憲法下の行政機構改革の方針」において、「労働省の設置、内務省・司法省の解体、各種行政委員会の新設等を踏まえて、今後の根本的、総合的な行政機構改革の課題」が明らかにされた（岡田 1994：151-152）。この「行政機構改革の方針」の要は、「それまで個別的にすすめられてきた中央省庁の新設と廃止」等に「新憲法との理論的整序」を試みたことである。この新憲法との整合性の検討の基底には、三権分立があった（岡田 1994：121）。また 1947 年秋には「少年裁判所」設置方針が明らかにされ、司法省解体後の枠組みができあがりつつあった（寺脇 1978：60）。

　そのため、司法省に限らず児童関係行政統合の可能性が考えられ、変容過程 A において示された青写真「児童省」構想実現のためにも、児童福祉法を関係法令の上位に位置づけ、「児童の総合立法」をさらに強調する好機とされたといえよう。このように変容過程 B の特徴は、「一元的統合」の要望の存続が、行政機構改革を好機とし、児童保護行政の「一元的統合」＝「児童院」構想を含んだ法案の審議によって GHQ 構想を変容させるプロセスとして把握できる。

　また変容過程 B における児童福祉法案の特徴は、対象範囲拡大において普通及び特別児童という対象区分を撤廃した点である。しかし法の実質は依然として、少年教護事業を含む要保護児童、保護施設等の最低基準の導入など保護対策を中心としていた（土井 1977：143-146）。この児童福祉法案は、厚生省児童局が立案者となり、8 〜 11 月の第一回国会衆参両院厚生

第四章　GHQ「児童福祉総合政策構想」変容過程 1（ABC）

委員会で審議された。[2]

4-1　「児童の総合立法」としての児童福祉法案と　　　「一元的統合」議論

1）児童福祉法案提案理由

　1947 年 7 月（日付不明）「児童福祉法案提案理由書」には、「現下の社会情勢に鑑みるとき、戦災孤児、引揚孤児、浮浪児等の保護並びに青少年の不良化防止及び教護等緊急な施策を実施する必要があるのみならず、一般児童の保護、厚生等児童全般の福祉を増進することが、新憲法下文化国家を建設する上に極めて緊要なことであるから、現行児童保護に関する法律を統合するとともに、現行法律にもれる保護対策をも含め、児童福祉に関する綜合法規を制定する要がある」と記されている（木村忠二郎文書 020103-4201，020105-0101；児童福祉法研究会 1978：766）。[3]

　他方 7 月 30 日付の厚生省の児童福祉法提案に関する国会予想質問答弁資料には、文部省、司法省との「連携的統合」の方針が明らかにされ、児童福祉行政の対象範囲は、各省の施策に「洩れる児童」と記されている（木村忠二郎文書 020101-00401；児童福祉法研究会 1978：866）。これは、7 月21 日児童福祉法案の前文から文部省の要請で教育文言が削除された影響や、GHQ 構想及び変容過程Ａにおける不良児童対策の「連携的統合」方針に準じたものであろう。実際、第一回国会への法案提出は 8 月 11 日であるが、一松定吉厚生大臣より提案理由が説明されたのは、参議院厚生委員会 8 月 19 日、衆議院厚生委員会 9 月 18 日である。

　また児童福祉法案が可決された同年 11 月 21 日「児童福祉法成立に際しての新聞発表資料」の「児童福祉法の要点」「一、児童の福祉を保障するための原理」には、「児童福祉法は、その冒頭において、児童の福祉を保障するための原理を明にしている。そして、現行の少年教護法及び児童虐待防止法は、この法律施行とともにこれに吸収されて廃止されるものであるが、この児童福祉法は、これらの法律を吸収したばかりでなく、児童の福祉に関する各般の事項を規定した児童福祉に関する綜合的法律である」

169

と書かれていた（木村忠二郎文書 02013-2002；児童福祉法研究会 1978：771）。これら二つの資料からも明らかなように児童福祉法の性格として「児童の綜合立法」であることが強調されていた。

　しかし、この二つの資料において大きく異なる点は行政統合の方針である。7月の資料には、「現行児童保護に関する法律を統合するとともに、現行法律にもれる保護対策をも含め」と「一元的統合」が明記されている。しかし8月9月の衆参両院厚生委員会においては「現行法律によつては保護に洩れる兒童も少くないので、この際兒童全般の福祉を増進しようとする綜合的法律が必要」、11月には「現行の少年教護法及び児童虐待防止法を吸収したばかりでなく、児童の福祉に関する各般の事項を規定した」という表現に変更されている。つまり児童保護関係諸法律を児童福祉法に一元的に統合することは断念され、11月の時点では「統合」対象が少年教護法と児童虐待防止法のみであったことがわかる。

　児童保護法要綱案において断念されたはずの司法行政との「一元的統合」が、上記のように7月の「児童福祉法案提案理由書」に明記されたが、11月「新聞発表資料」では部分的統合とされていることからも、児童福祉法制定時には、「児童福祉に関する総合法規」としての「一元的統合」は行われなかったことが見えてくる。

　そこで第一回国会衆議院厚生委員会会議録、参議院厚生委員会会議録、に記された二つの審議から司法行政との「一元的統合」に関する議論を検討してみよう。使用する第一回国会議事録の資料は、国立国会図書館国会会議録データベースの一次資料である。[4]

2) 第一回国会衆議院厚生委員会（9月18日〜10月25日）

　1947年9月18日第一回国会衆議院厚生委員会において、一松定吉厚生大臣より児童福祉法案の説明が行われた。本来、この会議は「社會事業に關する小委員會に關する小委員會問題」を協議する予定であったが、その予定を変えて児童福祉法案の提案説明に当てられた様子がうかがえる（国会会議録①9月19日15号）。ここから、衆議院厚生委員会における児童福祉法案審議が始まった。

第四章　GHQ「児童福祉総合政策構想」変容過程 1 （ABC）

　他方9月22日第一回国会衆議院厚生委員会会議には、鈴木貫太郎司法
大臣が出席しており、その審議内容から、司法行政との「一元的統合」が
再び議論され（国会会議録①9月22日16号）、かつ審議の中心となってい
たことがわかる。山崎道子委員と鈴木司法大臣とのやり取りから、山崎委
員から児童福祉法により司法省関係の法律を「一元的統合」する希望が伝
えられている。鈴木大臣からは、これまでの厚生省と司法省との「一元的
統合」に関する議論を紹介しつつも、司法省としての現在の方針を述べて
いる。長い引用となるが、この議論には、前述した「特殊児童」保護の範
囲をめぐる司法省の考え、また内務省時代から引き継がれた児童保護の理
念などが交錯するため、筆者が下線をつけた部分を中心に検討する。なお、
これらの議論は、児童福祉法案審議でありながらも、1900年感化法及び
1922年少年法の関係において継続された歴史的課題に関する議論が含ま
れるため、二つの文脈に分けながら検討する必要がある。第一に、児童福
祉法による「一元的統合」に関する議論は「一本にして児童を護つてまい
りたい」というように一重の下線をつける。第二に「特殊児童」保護の対
象に関する厚生省と司法省の対象範囲議論に関しては「一般的に言う不良
少年はこの児童福祉法で救済」というように波線で区別をつけ、不良児、
犯罪少年の児童保護をめぐる議論を検討する。

　○小野委員長　それでは児童福祉法案を議題に供して審議にはいりた
いと思います。司法大臣が出席されておりますから、司法大臣に對す
る質疑を先にしていただきたいと思います。山崎道子さん。
　○山崎（道）委員　それでは児童福祉法案の審議にあたりまして司法
大臣にちよつとお伺いいたしたいのでございます。この児童福祉法案
は児童全般の福祉を増進するために立案された法律であると私は理解
しておるのでございますが、その年齢を十八歳までの者というふうに
法案では規定されておりますが、同じ年齢の子供が、一つは厚生省關
係のこの児童福祉法で保護され、またある一部分の者は司法省關係の
少年法によつて處分されるというようなことは、母心として私はどう
しても納得しがたいのでございます。私はあくまでも子供に悪人はな

171

いと信じております。ですからこの兒童福祉法案が出た以上は、一本にして兒童を護つてまいりたいと考えておるのでございます。ただしかしながら刑罰と申しますか、一應すべてを兒童福祉法に包含して、それによつて兒童相談所で鑑別して、それを限度に應じて附託するということもあり得るとは思うのでございますが、根本的に二つの法律によつて保護していこうということにつきましては了承しがたいのでございます。その點につきまして司法大臣の御意見を伺いたいと思います。

○鈴木國務大臣　お答えいたします。この兒童福祉法を立案いたします場合に、ただいま山崎委員の御質問のようなことは一番問題になつた點であります。できるならば同一法案として司法省と厚生省との共管にするか、あるいはどちらか一方で管理することにするかということは考慮されたのでありますが、結局いろいろ考慮いたしました結果、一般的に言う不良少年はこの兒童福祉法で救濟をし、教育をし監護をしていこう、そして虞犯少年と申しておりますが、犯罪を犯すおそれのある少年と、現實に犯罪を犯した犯罪少年、この二つの類型に屬するものは少年法に規定をし、司法省の所管とするということに相なつたのであります。深い理論的根據があるわけではありませんが、結局そういう段階的な差別があるということは現實の問題として認めざるを得ないのでありますから、そこでできるだけ温かい親心をもつて兒童福祉法で監護をしていく。どうしても兒童福祉法で處理することができないという少年に限つて、司法省の管轄による少年法で監護をしていく。嚴格に言えば、強盗をしたり、殺人をしたりする少年、それが近來殖えつつあることはまことに國家のために悲しむべきことでありますが、そういうものは本來から言うと、司法省を離れて裁判所で處理すべき問題であるのであります。むろんあるものは多の方へもつていつておるのでありますが、裁判所の方から言えば、そういう少年は裁判所の專管に屬するということが御尤もことでありますが、できるだけこれを最後の段階において、萬やむを得ないときに司法處分に付する裁判所で判決を下し、監獄に入れる、その前の段階ではで

第四章　GHQ「児童福祉総合政策構想」変容過程1（ABC）

きるだけは行政的處置で、やはり親心をもつて温かい愛情をもつて處理していきたい。こういう建前から理論的に多少間隙がありますけれども、行政官廳たる司法省の所管にいたしておこうということに相なつておるのでありまして、それらの點を御考慮くださいまするならば、理論的にはこれを統一法に直し一つの官廳が管轄する。少くとも管轄する官廳は二つであつても、法律としては一つの統一されたものにすることがよろしいという御議論は十分根據があるのでありますけれども、取扱いの上においてただいま申すような分類が可能であります以上は、それを統一的に規定することは立法技術的にかなりむずかしい。實際の行政面における取扱いとしてもむずかしい。こういう點からやはりただいま申し上げたように、少年法と児童福祉法という二つの法律をつくることに決定いたしたのであります。司法省としてもそれに賛意を表したわけであります。

○山崎（道）委員　大臣のお言葉ではございますが、從來少年教護法というものがあり、これも不良少年を見てまいりました。そして少年法と二本建になつていたのでありますが、これにおきましても非常に末端におきましては摩擦があつたのでございます。〜中略〜私はどうしても福祉法へいただきまして、そしてそういう強盗とか殺人とかいうようなものは別といたしまして、温かい親心で指導してまいりましたならば、私はそこまで落さなくて濟む子供が多くあると思うのであります。〜中略〜敗戰後の日本の状態から見ましても、一番恵まれないのが子供でございます。その子供を初めて法律によつて福祉を増進していこうという親心をもつてでき上ろうとしております法律の出發にあたりまして、私はまげて一本にして、同じ子供でございますから同じ親心をもつて指導していつた方が、子供のために幸福であるというふうに理解いたしておりますが、とにかく子供の幸福というようなところから御考慮願いたいのでございます。それで福祉法の中にも児童相談所があつて、そこで鑑別を掌ることになつておりますので、ここで鑑別をして、これはどうしてもという者だけをそうした法律に委託するというか、おまわしするということにして、根本的な法律はこ

173

の福祉法一本でまいりたい、かように考えておるのでございますが、御意見を承りたいと思います。

○鈴木國務大臣　お言葉はまことにもつともでありまして、できるだけそういうふうにありたいと思うのであります。殊にこの兒童に關する限り、司法省といたしましては決してセクシヨナリズムで、ぜひこちらへ頂戴したい。強いて仕事をよけいにしたいというような氣持はもたないのでありまして、できるだけは兒童福祉法で温かい監護を與えるように仕向ける。少年法の方でも虞犯少年につきましては少くとも警察官等は使わないのでありまして、少年保護司というものを差向けまして、それは平服を著た普通の主任でありまして、少年を愛する氣持をもつた人を選んでこれに當らせておるのでありますから、今仰せられるようなことは、その趣旨が徹底しないために、末端において従來ときどきあつたかと思うのでありますが、これは今後ないように十分に注意いたしますとともに、福祉法ができますれば、できるだけこの福祉法によつて處理をしていく。どうしても犯罰傾向が顯著であつて、福祉法のやり方だけではいけないというときに少年法といえども愛の法律であり、親心をもつて少年を善導する趣旨であるということは、法律そのものにもうたつてあるくらいでありまして、そういう趣旨に基いて引取る。むしろ教護院やその他の方面でもてあまして、どうかあなたの方でこれは一つやつていただきたいと言われたときに、初めて乗り出すというような氣持をもつているのであります。そういうものが必要がないという問題になつてくれば、最小限度においてもやはり必要ではある。それであるから少年法竝びに虞犯少年と犯罪少年の特別取扱いというものを發するわけにはいかぬと思います。御趣旨に副うように運用していくという氣持をもつていることを申し上げておきます。　　　　　　　　　　　　（国会会議録①9月22日16号）

　厚生委員である日本社会党の山崎道子は、「同じ年齢の子供」が、この児童福祉法で保護され、またある一部分の者は司法省関係の少年法により処分されることは納得しがたく、児童福祉法一本にして児童を護りたいと

第四章　GHQ「児童福祉総合政策構想」変容過程1（ABC）

要望した。司法大臣は、山崎委員の質問が、この児童福祉法案の一番問題になった点であると答弁した。ここで注目したい児童保護の対象範囲に関する議論は、司法大臣が述べる児童福祉法と少年法の対象範囲の類型の仕方である。「不良児」は厚生省の児童福祉法によって「救済、教育、監護」されること、「虞犯少年」「犯罪少年」は司法省の少年法によって所管すること、これらの分類には「深い理論的根拠」はないとしたことである。これら対象範囲、特に「虞犯少年」に関しては、感化法時代から内務省と司法省において児童保護の対応をめぐり検討されてきた点であり、前述の小林の研究からも明らかなように、内務省内でも多様な意見があった。さらには文部省における教育の所管と重なり、司法省は現状に対処するべく独自に少年法と矯正院法を準備するといったような歴史的な課題であったが、それらの根拠に関する議論は戦後においても深められてはいないことが推察できる。山崎委員からは、犯罪少年以外は児童福祉法で児童保護として対応されたいことが繰り返される。つまり、今回の児童福祉法による「一元的統合」の要望には、歴史的な行政所管別による児童保護理念の相違点及び、虞犯少年の所管をめぐる議論が再燃されているといえよう。

　しかし、1946年9月のGHQ構想において、厚生省児童局の所管に司法省、文部省の所管を「一元的統合」しない旨が明らかにされており、司法省及び厚生省は表面的にはその方針に従っていることがこれらの議論を通して見えてくる。さらに、この「一元的統合」が「立法技術的」かつ「實際の行政面における取扱いとしてもむずかしい」という点は、前述した中社協の児童保護要綱案への「意見書」と同じ内容が繰り返されている。しかし、9月22日は、すでに9月16日のマッカーサー書簡において司法省の解体が明らかにされており、その情報から、この時期において山崎委員から児童福祉法による司法省の一部との「一元的統合」が要請されたと見てよかろう。

3）児童福祉法と少年法の「一元的統合」の要望

　また山崎委員は10月2日の厚生委員会において、児童福祉法の本来の目的を尋ねた。現状の児童福祉法案はまるで「施設法」的内容であり、

175

「一般の子供を温かく包容して、その福祉を増進」する児童福祉なのか「転落した特殊な子供を保護する」児童保護なのか、その対象を明らかにするよう要求したのである。これらは、1977年児童福祉法研究会等が指摘した児童福祉法への疑問と同じである。だが変容過程Aにおいて示された中央社会事業協会の「意見書」が示した、児童福祉法制定を第一の優先事項とするための工夫及び経緯を考慮しつつ、厚生省米澤政府委員（児童局長）は、山崎道子委員の質疑に対して答弁を行った。この二人の質疑応答は、児童福祉法の対象範囲に関する議論であり、当時の厚生省・厚生官僚の認識が確認できる。

米澤政府委員は、子どもの保護、教護が大きな問題であり、また予防に対する機構整備の必要性、一般児童もその範囲であると答弁した。山崎委員は、現在の浮浪児、不良児、戦災孤児の問題が大きいことを認識しつつも、それだけに焦点化した児童福祉法を制定することの意義に疑問を感じ、再度一般児童対策が児童福祉の増進には欠かせないこと、特に母子の保護が急務であるため、児童福祉法案というよりは「母子保護法案」にすべきであると述べたのである。米澤政府委員は、「児童の福祉増進、それが間接に母性の問題と非常な關係」があるため母子保健・保護、一般児童も児童福祉法の対象範囲であると答弁した（国会会議録①10月2日19号）。この会議において山崎委員等は、さらにまた司法大臣と一松厚生大臣に少年法と児童福祉法の統一を次のように要望した。下線については、前述の通りである。

　　○山崎（道）委員　　〜中略〜次は大臣にお伺いしたいのでございますが、今せつかく児童福祉法というりつぱな法律が生れようとしているのに、子供の保護を司法省と二本建でやるというのでは、私は絶對に反對でございますので、子供の問題はぜひ厚生省一本でやつていただきたいと思います。先月司法大臣に御質疑いたしたのでございますが、どう考えても、少くとも十六歳までくらいの子供は、厚生省の保護施設で十分目的を達し得ると思いますので、子供を頭からこの子はだめなのだという考えでやつていくことよりも、どこまでも温かい氣持を

176

もつて保護していこうという、この法律の精神でやつていかなければ
だめだと思います。そうでなければほんとうに子供を更生させること
はむずかしいと考えますが、大臣はこの點に對しましてどういうふう
にお考えでございましようか。いろいろ司法省との關係もございまし
ようが、兒童の差別的な扱いを絶對にさせていただきたくない。せつ
かく兒童福祉法が出ているのですから、兒童全般のものでなければな
らないと考えますが、大臣のお考えを伺いたいと思います。
○一松國務大臣　私もあなたと同じ考えをもつております。このこと
は司法大臣に話しましたところ、司法大臣ももつともだ、兒童に對す
ることは厚生省一本でやることの方が正しいように自分も思う。いず
れ司法省の改組案があなた方の御審議を受けなければならないときも
ありましよう。そういうときはまた考えようというところまで話して
おります。私もそう思つております。犯罪を犯して少年審判所に行つ
て審判を受けている者に對しての保護というところまで、厚生省でや
らなければならぬのではないかと思つておる。そういうことはなわ張
り争いみたＵ（ママ）いなつてはいかぬから、司法大臣とよく話し合いました
ら、司法大臣もよく了解してくれましたから、いずれそういうふうに
實現するだろうと思います。　　　　　（国会会議録①10月2日19号）

　山崎委員は、児童福祉法において、母子保護及び一般児童の福祉の増進
を要望する一方で、再度、司法保護＝犯罪少年及び虞犯少年を含む非行少
年保護の「一元的統合」を厚生大臣に要望している。厚生大臣は今後「児
童に対することは厚生省一本でやることの方が正しい」という点で司法大
臣と意見が一致し、「縄張り争い」を避けたい旨が示されただけでなく、
「司法省の改組案」を契機として、その実現の可能性を示唆したのである。

4-2　参議院厚生委員会における「児童院」構想

（1947年9月〜11月）

　衆議院厚生委員会の児童福祉法案審議において、司法省の一部との「一
元的統合」の可能性が示されたが、参議院厚生委員会においてはどのよう

な議論が交わされたのであろうか。筆者の検討した限り、8月19日に児童福祉法提案理由説明から参議院厚生委員会の児童福祉法案審議が始まり、「一元的統合」に関する議論が行われたのは、1947年9月17日からであった。日本自由党の草葉隆圓委員から、戦後の様々な児童問題の現状が挙げられ、少年教護法と児童虐待防止法を統合しただけの法律をつくるのか、それとも「戦後の児童の問題、殊に新らしい國家が今後進展して行く上における原動力としての児童の問題に十分なる方策を立てようという根本方針に基いて、今回の児童福祉法というのが御提案になつたのか」と、児童福祉法案に対し厳しい批判をこめた質疑を行った。

1）第一回国会参議院厚生委員会（9月17日）

　草葉委員は、児童福祉法案を制定する前に、従来の歴史的課題である「少年教護の問題と、少年法関係の司法保護」の関係を十分議論し解決しておかないと「從來以上の混乱を來すのではないか」、「この際児童福祉法を実施いたしまするなら、少くともその前提としてこの問題の解決というのが最も緊要なものではないか」と訴えた。さらに児童福祉法案に記された児童保護等の「各種の福祉施設」の運営を、国はどのような予算、方法によって行っていくのか、「地方の公共團体その他においてどうしてもやり得ない」状況が生じているものを、国が責任をもって対応できるのか、「今も困難をしておる問題を解決する」構想があるのかないのかを詰め寄った（国会会議録②9月17日13号）。そこで、提案されたのが以下の「児童院」構想である。

　　○草葉隆圓君　〜中略〜尚少年法の関係、いわゆる同法保護関係と、少年教護法関係との問題は申し上げましたが、本法案におきまして保育所というものが出て参つておりますが、これとても従來の謂うところの幼稚園関係、今囘の教育法によつての系統的な関係において、これも相当突込んだ一つの問題の解決をいたして來ねば、結局そこに通つておる児童或いはいわゆる保婦（ママ）という者の將來についてむしろ解決しにくい、却つて強い線を画することになりはしないか、彼れこれ

第四章　GHQ「児童福祉総合政策構想」変容過程1（ABC）

考えまする場合におきましては、<u>むしろこの際政府はかような問題を</u>
<u>解決するために新らしく児童を対象とした根本的行政機構をもう少し</u>
<u>考えて、或いは児童院を作るとか、或いは何とかそういう本質的な問</u>
<u>題に触れながら戦後の児童問題に対処する</u>ことがむしろこの際必要で
はないか、この戦後の混乱したるそうして緊急を要しますることでは
ありまするが、<u>無理に不十分なる内容を盛つたるものを実施すること</u>
<u>において、将来抜き差しならん障壁を或いは児童関係の機構の上に持</u>
<u>つて来るという虞れが多分にありはしないか、この点につきまして特</u>
<u>に御考慮を煩わしますると同時に、お答を願いたいと存ずるのであり</u>
<u>ます。そうして児童福祉法そのものが今後実施されました場合に、い</u>
<u>ろいろ他の児童に関係する法律との関係において、この法律が外の法</u>
<u>律に先行するという考をもつて、いわゆる他の法律以上の根本法とし</u>
<u>ての法律の強さをもつて、各関係者とも了解の下に成立されたかどう</u>
<u>か、この点につきましても拝承いたしたいと存じます。</u>

（国会会議録②9月17日13号）

　草葉隆圓委員は「この際政府はかような問題を解決するために新しく児
童を対象とした根本的行政機構」、児童局よりも上層に位置する「児童院」
構想を提案した。つまり、関係機関を横断的に統合した新しい行政機構の
必要性を提案したのである（国会会議録②9月17日13号）。この「児童院」
構想は、翌10月9日第一回国会参議院厚生委員会社会事業振興に関する
小委員会において引き続き議論されている（国会会議録③10月9日3号）。
それは司法省の解体後の非行少年・不良児保護を含む、児童保護行政をめ
ぐる機構レベルの議論であった。

2）第一回国会参議院厚生委員会社会事業振興に関する小委員会（10月9日）

　まず、山下委員長から「児童院」構想のあらましが述べられた。ここで
確認できるのは、司法省解体が明らかになった後の、行政統合方針の転換
である。10月2日には厚生大臣が司法大臣とともに「児童院」構想へ賛
同していると述べていた通り、10月9日に山下委員から報告された、司

法大臣への質疑結果も同じ「一元的統合」であることが述べられている。

　〇委員長（山下義信君）〜中略〜これは私から御了解を得たいと存ずるのでございますが、先般司法委員會におきまして、司法大臣から司法省の改組の説明がございまして、その節司法省の新たなる組織について何か意見があればできるだけ取入れるから、司法委員においてこの席上で御意見を出して頂きたい、こういう交渉の言葉がございまして、私は好き機會と存じまして、豫て厚生委員會の同僚委員諸君の持つておいでになりまする御意見である司法省の少年保護事業、厚生省の少年保護事業、この両者の關係のことを申述べまして、司法省がこの度組織を改革するにつきましては、そういう關係の行政面は打つて一丸として強力なる少年兒童の機關に統合するというようなことになさる御意思があるかないかということを、質疑もいたし希望もお傳えをしたのであります。然るところ鈴木司法大臣は非常に賛意を表せられまして、實に示唆に富んだ意見を出して下さつた、でき得れば文書にしてその御意見を我々が頂きたいと思う、こういう言葉があつたのでございます。　　　　　　　　　　　　（国会会議録③ 10 月 9 日 3 号）

　続いて、厚生委員の草葉委員、司法委員の宮城委員両者からの発言があり、司法省関係官、厚生省関係官から説明を行うこととなった。草葉委員からは、関西方面の司法省関係及び厚生省の少年教護関係者に聞き取り調査を行ったこと、両者からは「異口同音にこの際兒童福祉法という考え方が國家の行政の一つの中心になつて來る際に、從來二つに岐れておつた不良兒等の取扱いを、この際一つにしないと、もう當分の内は殆ど困難ではないか、思い切つた方法によつて從來の少年教護關係、司法保護關係をこの際打つて一丸」となる必要性があることが述べられた。またこの司法省解体の時期に「司法省において從來取扱われておつたいわゆる少年法關係の兒童保護と、厚生省で現在取扱われておりまする兒童保護とを一緒にいたして、そうしてここに兒童だけの一つの行政機關を作つて、それで専門に取扱われて行きまするなら、もう從來のいろいろな懸案が一遍に解決が

180

第四章　GHQ「児童福祉総合政策構想」変容過程1（ABC）

ついて」いくことを強調した（国会会議録③ 10 月 9 日 3 号）。

　さらに司法委員の宮城委員も「従來の歴史」的課題をより詳細に指摘し、「何もかも打つて一丸として、今後のいざこざの跡を斷つてしまうということは、それこそ私共この厚生委員會としての大きい責任であろう」と述べている。

　　○宮城タマヨ君　〜中略〜第四十五議會だつたと思います。少年法が通過いたしますときも、その速記録によつて見ますというと、實に感化院法と少年法がこんがらがりまして、随分議會でも問題であつたように記憶いたしておりますけれども、それ以來今日に至るまでどうしても、妙な言葉を使いますと、畑爭いと申しますか、こだわるというような點が行政面の方でも實際面の方でもございますと思つております。でございますが、根本に、子供の本當の福祉のために何が宜いかということでございますなら、決してその畑爭いや感情の上でいろいろ言うべき問題ではございませんで、今度の児童福祉法案に出ております犯罪少年、虞犯少年についての年齢等でも、實際に取扱う方の面から、子供のためにこうあらねばならんというところに落ち着けたいというように考えているのでございます。

　　　　　　　　　　　　　　　　　　（国会会議録③ 10 月 9 日 3 号）

　少年教護に長年携わっていた宮城は、第 45 回帝国議会における少年法制定時の行政間の紛争が、実践現場にも影響しており、「子供の本當の福祉」のためという視点が必要であること、そして、その現場で働く職員の待遇向上が必要であることを再度強調した。また、GHQ のルイス博士の考えを再度確認することも提案した（国会会議録③ 10 月 9 日 3 号）。

　これらの発言は児童福祉法案の枠組みから離れ、あくまで司法省の改組を契機とした機構改革の視角から、新しい組織設立による「一元的統合」の可能性をさぐるものであった。またこれは、前述したように、1947 年中央社会事業協会「意見書」の「恒久的児童保護対策」にある「児童省」構想を踏まえたものと考えるのが妥当であろう。

しかしこの委員会への司法省からの出席は説明委員のみ、厚生省は政務次官のみの出席であったため、児童院設置に対する「提案」のみで終わった。次回に議論を再開するとの記述があり、その後の委員会開催は10月21日であった。

3) 第一回国会参議院厚生委員会社会事業振興に関する小委員会
（10月21日）
　10月21日、社会事業振興に関する小委員会第四号において引き続き「児童院」構想の議論が行われている。草葉委員の「児童院」設置理由は、「問題の少年、不良少年、模範少年、或いは犯罪少年となりましても、これは一連の人間でありますから」ということであった。これは、対象自体に「一元的統合」の必要性があることを示している。かつ、児童福祉法案の「上程と同時に」「児童院の設置を決議事項の中へ加えておつたらどうか」という、具体的な設置にむけた提案がなされた。さらに一松厚生大臣に対して、「行政機構の変革等」が行われる昨今、この「法案の中で最も憂慮」する点として「従來の少年教護法關係の厚生省における取扱」と、「司法省關係におきまする少年法、いわゆる犯罪少年の取扱」との關係、それを解決するべく「児童院」構想の必要性を繰り返し要望した。
　審議の最後には「児童院」構想を児童福祉法案の付帯決議に持ち込むことが提案された。それを受け、一松厚生大臣が、司法大臣と内々に交渉した結果を次のように報告した。[5]

　　○國務大臣（一松定吉君）　草葉委員の熱烈なる少年の福祉増進のために関する御意見は、私は全然同感の意を表するものでございます。この点に関しましては、過般そういうような趣旨のお話のありました当時に、実は司法大臣に内々交渉して見たのであります。司法大臣も、少年福祉に関する法案がいよいよ成立するということになれば、司法省の少年法関係における少年保護の問題は、自然その方に吸収されるということについては、自分としては異論はないのだ、こういうような二人の間の話合いが実はあるのであります。お話のごとく司法省も

今回解体いたしまして、更に新たな機構を以て世の中に生れ出るということになつておりまするので、こういう点につきましては、成るたけ一つ御希望に副うように私も努力して見たいと考えております。私から申上げるのは甚だ恐縮ですが、若し附帯決議でもなさるというようなことであれば、そういう意味のことも決議の中に入れて置いて頂きますれば、司法省の解体に関しまして法律を制定して御協賛を得まするときに、この法案の中にそういう趣旨のことを織り込みまして、そうしてこちらの方に吸収ができるような法案をそれに附属せしめるということでありますれば、余り手数を要せずして目的を達せるのではなかろうかと思うのであります。適当に一つ御処理相成りまして、今、草葉委員の御主張のごとく、児童福祉に関する保護の規定を一本にして取扱うということは、最も機宜に適したよい方法だと私も考えております。その御趣旨には全然御賛成申上げたのであります。

(国会会議録③10月21日4号)

このように変容過程Bにおいては、司法省の解体という機構改革の視点から、変容過程Aでは断念されていた対象範囲の拡大と司法省の一部である少年法による保護を児童福祉法へ「一元的統合」する議論が再燃され、本来、児童福祉法制定以降に企図するはずであった「児童省」構想の実現を「児童院」として提案するに至ったのである。つまり、変容過程Bにおいては、「児童の総合立法」と行政機構拡大の「児童院」構想の二本立てで、二つの歴史的課題の決着が図られようとしたと考えられる。これらの議論が、厚生、司法両大臣を動かし、司法省解体後の新しい組織の下で、「少年法関係における少年保護」は、「附帯決議」等の手段により児童福祉法に吸収される具体案が示された。

4-3 児童保護の歴史的課題と近き将来の一元化

「児童院」構想に関しては、上記の10月21日の参議院厚生委員会社会事業に関する小委員会の審議において「一元的統合」方針に決着がつけら

れ、衆議院厚生委員会においても「一元的統合」方針決定のための審議が
続けられた。それは、児童保護の歴史的課題を再検討する場でもあった。

1) 参議院厚生委員会（11月8日）

　11月8日厚生委員会において、上記の小委員会における結果を受けて、
山下委員は司法大臣に「行政機構の問題」として、再度「児童院」構想の
提案を行っている。「この際我が國の内外につきまして、非常に革新が行
われておりまする場合、從來のいろいろな經緯、歴史、考え方というもの
を一擲いたしまして、この際兒童行政の一元化ということにつきまして、
司法省側といたされましても、特に御盡力、御考慮が願われますまいか」
と山下委員は、行政の「一元的統合」の必要性を述べたのである（国会会
議録②11月8日23号）。

　これに対し司法大臣は、再犯の例、虞犯少年の犯罪率を示しながら、
「できるだけ刑事政策を加味いたしました、保護處分とは言いながら、明
朗な保護政策をとつて行く」と答弁した。このような感化法と少年法にお
ける虞犯少年の「保護処分」をめぐる曖昧な対象区分は、先述したように、
旧少年法制定過程において長年懸案となっていた歴史的課題の一事項で
あった。また「司法保護処分」と「保護処分」には「結局本質的に相違な
い」かどうかの質問に対しては、「大分違っておる」こと、「厚生保護處分
も、司法保護處分も變りはないのでありますが、ただ司法保護處分の方で
は、あくまで父性愛を以て嚴格に規律する。訓練等を土臺といたしまして、
犯罪に再び走ることのないようにすることに重點が置かれておる」という
答弁であった（国会会議録②11月8日23号）。

　さらに、これら二つの保護を政策的かつ実践的な視点から見た場合、
「もう少し具體的に實際の仕事に當つておりますところの人々の經驗談を
承わりますと、どうしても普通の社會政策的の保護處分と、刑事政策的
な見地からする保護處分というものは、二つの施設が必要である。そうし
て相互に流通ができ、移動ができるようにしておかなければ、効果を擧げ
ることができない」として、二系統の保護処分が必要な根拠として挙げら
れた（国会会議録②11月8日23号）。つまり児童福祉法で一括して対応す

るには難しく、犯罪及び虞犯少年には「司法保護」が必要であることを司法大臣は強調した。

草葉委員、山下委員から提案された行政機構の「一元的統合」、「児童院」構想の要望については、将来の法務庁が設置された場合も含め、司法大臣からは、次のような答弁がなされた。それは、「いわゆる従來のセクショナリズムの弊害はこれは除去したい。除去することをお誓い申すのでありますが、今俄かに内部を擧げて厚生省にお任せする。或いは司法省だけでやるということはどうしてもこれは少し理想に走り過ぎて實際に適切でないという結論に實は到達したのであります。」として、「相互に援助をして密接な協働作業」をする必要、つまり「連携的統合」方針を再度明らかにしたのであった（国会会議録②11月8日23号）。[6]

しかし、山下委員は、この司法大臣の「連携的統合」の答弁を受けながらも、再び「一元的統合」、「児童院」設置を要求した。その理由として、フラナガン神父と視察した、少年教護と少年司法の現場でおきている実際の効果の違いを指摘した。つまり厚生省側の保護において被保護児童の改善が多く見受けられたこと、「この刑事政策的な保護、社會政策的な保護というようなことの水際の微妙なことを實は私も體験をいたしました一人でございます。實際問題としまして、司法省の方でも大變御心配に預かつておりますることは、我々も感謝するのでございますが、最近はいろいろ司法省側の少年保護の御施設の中から、さまざまな事件も發生しております」として司法省の「司法保護処分」の対応に疑問を呈したのであった（国会会議録②11月8日23号）。

2) 厚生省の本音

この11月8日厚生委員会における山下委員の質疑に対する司法大臣の答弁を受けて、11月11日も同じように司法省の改組の内容も含め、次のように姫井伊介委員が厚生省に真意を尋ねた。「かねて私共一同の希望の中心であるところの児童院設置の問題について、各立場からいろいろのお尋ねをいたしたのであります。この児童保護、児童福祉等不良児の処分等については、一元的に、綜合的にやつて行くように、時恰も司法省の改組

もありまして、いろいろ述べたのでありますが、司法大臣は、皆さんもお聽きの通りに司法上の取扱いの観点からいたしまして、どうも我々の意見と一致されないような空氣もその答弁にあつたのであります。厚生省としてはこの問題につきまして、どういうふうにお考えになりますか、私共も或る点まではどうしてもこの問題は押し通して行きたい考えを持つておるのであります」（国会会議録②11月11日24号）。

答弁は、葛西嘉資政府委員（児童局長・社会局長兼任）であった。葛西は言葉を選びながらも「率直に～やはり一元的に取り扱う方が便利である」もともと「一本にしたほうがいい」という目的で作成された児童福祉法案であり、しかし、関係者との「折衝等」の結論で「別々に」やることになった旨を答弁した（国会会議録②11月11日24号）。この時点で歴史的課題であった児童保護法の「一元的統合」は困難であり、従来通り、司法省の「司法保護処分」、厚生省の「児童保護」を、少年法と児童福祉法の二系統で行っていくことが明らかにされた。姫井が厚生省の真意を尋ねた点、葛西がある程度に率直な思いを述べた点は非常に興味深い。それによって、厚生省・児童局の児童福祉法制定の根底には「一元的統合」の意志が存在したことを、この第一回国会における審議の中でも確認できるのである。

さらに11月13日、司法行政の「一元的統合」に関する最終的な答弁で、厚生大臣は、「児童の保護事業」に関し「司法省の所管である児童保護に関する仕事」を「厚生省に移管すべき」という「熱心な御希望」により、厚生省は「司法省の方と緊密な連絡」をとり、適当な時期、「近き将来」希望に添うことを約束した（国会会議録②11月13日25号）。

3) 近き将来の一元化

しかし、参議院厚生委員会社会事業振興に関する小委員会（10月21日）の最終的な厚生大臣の答弁の通り、司法行政の「一元的統合」は、児童福祉法制定後に、児童院ではなく、少年法と児童福祉法の調整の中で解決されていく方針が、既に明らかにされていた。このような少年法における非行少年・虞犯少年保護の「一元的統合」をめぐる厚生大臣、司法大臣の討議の結果、11月13日には、制定後の「近き将来の一元化」の可能性を示

第四章　GHQ「児童福祉総合政策構想」変容過程1（ABC）

すことができたといえよう。

　これらの結果は、同年11月21日厚生委員会における「児童福祉法案」の「経過並びにその結果」報告においても確認できる（国会会議録②11月21日55号）。塚本委員により「一般乳幼児、妊産婦の保健」を含む「児童の福祉を増進し又保健の向上を図ることは焦眉の急務」であることが再度強調され、児童福祉法案の提案説明と先の厚生省と司法省の一部の「近き将来の一元化」についての対応策、その実現にむけた意気込みが次のように述べられている。

　　いわゆる不良少年は性行不良見〔筆者註：性行不良児〕及び犯罪の虞れある少年と、そして犯罪少年と三様に考えられるが、要するに概ね同一の対象であるこれら少年の正常な育成教導に当つては、最初から犯罪を対象とする行刑主義乃至刑罰を以て臨むことは、児童対策上百害の基であるから、その行政は厚生、行政内に一元化し、環境の是正と愛の教導とを方針として本法の適正なる運用を期する考えはないか。この質疑に対しまして、特に司法大臣並びに厚生大臣より答弁がありましたが、その要点は次の通りであります。司法大臣の答え、行刑は教育主義を取つており、刑罰主義は取つておらない。特に少年に対しましては、規律と訓練とを以てこれを保護矯正の方針を以て臨んでおる。今後も同様である。犯罪及び虞犯少年の保護処分は行刑、検察、裁判等にそれぞれ関係を持つておるので、単一な社会行政部面だけではその行政は適切を期せられない。又國家が刑罰権を行使するのは万止むを得ない場合のみに限るのであつて、國家の親心として遺憾ながらこれを行使するのである。従つて行刑と保護とは区別ができないものがある。よつて今にわかにその全部を移管することはできないが、併し大部分のものはこれを厚生行政に移すごとに異存はない。厚生大臣の答え。現在司法省の所管になつている児童保護に関する事柄の大部分は、これを厚生省に移すことについては、両省間においても、十分相談中であるが、幸いに見解が一致したので、近い将来においてこれが実現を見ることと

187

思う。政府は十分にその実現に努力する。

(国会会議録② 11 月 21 日 55 号)

　児童福祉法案審議の結果、「近き将来の一元化」は、「司法省少年保護に
関する行政事務及びその事実の大部分を厚生行政に移管して、要保護少年、
要教護少年の取扱いを一元化すること」であった。具体的な「一元的統
合」作業については、司法省解体後、児童福祉法と少年法等との法体系の
調整で対応されることとなった。

第五節　「児童福祉総合政策構想」変容過程C

　1947 年 12 月に児童福祉法は制定された。この後、「近き将来の一元化」
にむけてどのような調整が行われたのであろうか。この少年法と児童福祉
法の第一次～第三次法改正（1949 年 6 月 15 日）に至る調整過程が、厚生省
と法務庁（旧司法省）との「近き将来の一元化」の具体化作業であり、こ
れを変容過程Cとして捉える。

　議論は、厚生省児童局の諮問委員会でもある中央児童福祉委員会（1949
年中央児童福祉審議会に名称変更）における議事録から確認できる。少年法
と児童福祉法の調整議論は、第三次改正にむけて行われた第三回中央児童
福祉委員会（1948 年 5 月 15 日）と第四回中央児童福祉委員会（同年 6 月 15
日）の議事録に詳しい。中央児童福祉委員会において配布された資料には、
厚生省児童局の「児童福祉の基本方針」（1948 年 12 月）が添付されており、
児童保護の法制的整備方針及び、青少年不良化防止対策等の方針が記され
ている。これらの資料は木村忠二郎文書及び、寺脇隆夫『続　児童福祉法
成立資料集成』に収録された資料を併用する。

　この変容過程Cにおける議論を検討する前に、第一に戦後の司法省及び
法務庁における少年法制度の確立過程概要と、第二に厚生省と司法省の所
管問題に関するGHQの方針が述べられた「少年法改正についてのGHQ・
厚生省会談要旨」を確認しておこう。

第四章　GHQ「児童福祉総合政策構想」変容過程 1（ABC）

5-1　被占領期の司法省・法務庁における少年法制度確立の概要

　先述したように、内務省と司法省の対立の中で 1922 年に誕生した「大正少年法」は、戦時下で全国的に施行され、国家総動員体制における行政機構改革の中で「司法保護局」は「物資と人手の不足」から「行刑局」と合併され「刑政局」となり終戦を迎えた（守屋 1977：142）。

　敗戦後、1946 年 6 月 1 日に「刑政局から別れて独立したような形」で「司法大臣官房保護課」が誕生した（大坪 1996：10）。「法務庁の保護立法の体制」については、当時この保護課に所属していた大坪與一の『更生保護の生成』と児童福祉法・少年法の改正に関わった団藤重光『少年法――ポケット注釈全書』（森田宗一との共著）、守屋克彦『少年の非行と教育――少年法制の歴史と現状』を参照する。

1）司法省、法務庁における矯正保護の行政再編

　大坪の資料によると、この司法省大臣官房保護課は、三部構成で組織されていた。大坪は第三部長であった。この保護課は、同年 7 月より「少年法と矯正院法」「司法保護事業法」について検討を始め、その方針は「少年法と矯正院法については、大改正は必要でないが、一部の改正をする」というものであった（大坪 1996：10）。

　また司法省が解体され、1948 年 2 月、正式に法務庁が設置された。法務庁における「矯正関係と保護関係の事務」は「法務庁の矯正保護三局」すなわち「矯正総務局・少年矯正局・成人矯正局」が担当することになった。これら保護関係の事務は「少年矯正局と成人矯正局の分掌」となっている。興味深いことに、「司法保護事業法改正」は上記の少年・成人矯正局の共管となった。そのため、大坪は成人矯正局の所属ながらも、斉藤少年矯正局長の指導監督の下にいた（大坪 1996：13）。

2）GHQ の方針と法制度の確立概要

　1946 年 2 月 6 日には「すでに連合軍総指令部民間情報教育部公安課法律班」から「少年法修正提案」の送付があり、同年 8 月頃、司法大臣官房

189

保護課においても、「全国訴訟院、同検事局、地方裁判所、同検事局、少年審判所、矯正院に意見を求めた結果、少年法、矯正院法、司法事業法を改正するという方針」に至った（守屋 1977：154）。

　上記の方針に基づき 1946 年 12 月頃「少年法改正要綱の作成」をし、同月中に「財団法人司法保護協会主催の司法保護法改正諮問委員会（筆者註：司法保護関係法規改正協議会）」[7] が開催され、1947 年 1 月 7 日草案を作成し、GHQ 民間情報局（Civil Intelligence Section 以下 CIS）公安課行刑係主任ルイス博士に提出した（守屋 1977：154）。

　1947 年 1 月 7 日少年法改正の草案「第一次案」は、「旧少年法の基本構造」そのままのものであった。つまり、日本国憲法との整合性からの改正ではなく、「もっぱら戦後増加した青少年犯罪に対する対策のために、保護処分の適用年齢を引き上げようという考え」であった。そのためこの草案に関して 2 月 26 日 CIS のルイス博士は「少年法改正意見」をだし、年齢対象を維持した「少年裁判所設置の構想」を明らかにした。司法省はこれに対抗する意見を述べるが、受け入れられなかった。結局同年 11 月の司法省の立案した「法務庁設置法案」には「少年裁判所設置の方針が明確に打ちだされ、少年に対する保護処分を行う機関を司法機関とすることが規定の方針」とされた（守屋 1977：155-156）。

　その後、司法省が解体され、1948 年 2 月に法務庁が設置された。「少年法を改正する法律案」は、6 月 16 日国会に提出され、7 月 15 日法律 168号として公布、1949 年 1 月 1 日施行の運びとなった。この少年法改正過程において大きな問題となったのは、「少年法の改正」にすべきか、または「少年裁判所法」として立案するかどうかであった（団藤・森田 1984：7）。

　1948 年 7 月に公布された「少年法を改正する法律案」とともに改正作業が行われていたのは、矯正院法と司法保護事業法の改正であった。少年法は、この司法保護事業法の改正すなわち犯罪者予防更生法の制定と関連して「複雑なしくみ」となったという（団藤・森田 1984：8）。

第四章　GHQ「児童福祉総合政策構想」変容過程1（ABC）

3)「少年法改正についてのGHQ・厚生省会談要旨」

前述したように、占領初期よりGHQは戦災孤児、浮浪児、犯罪少年、少年の不良化防止を重要視していた。そして厚生省に設置する児童局の「責任」から「司法省及び文部省所管」に属する事項、「少年審判所及び矯正院（少年院）に関係するもの」は省くという方針が明確にあった（PHW-01399）。

しかし、GHQ内においても少年審判所に関しては葛藤があった。その様子が1947年8月12日「少年法改正についてのGHQ・厚生省会談要旨」（徳永寅雄個人蔵：児童福祉法研究会1978：767-768）に記録されている。この「会談」は、GHQのPHWセクションにおける会合で、出席者は「マーカソン氏、ウィルソン氏（以上PHW側より）、米澤常道児童局長、中川薫治課長、大崎康事務官、浅賀ふさ嘱託、斉藤勇一嘱託（以上厚生省側より）」であった。1947年8月12日当時は児童福祉法案が国会に提出される直前の時期でもあり、厚生省児童局とGHQが少年法と児童福祉法をめぐる方針の最終確認を行った場と位置づけることができるであろう。戦後の「少年法改正」に関して、マーカソンは、基本的なその改正の意義を次のように述べている。

(1) 少年審判所の改正については、GHQにおいても種々考慮中であったが、GSは、多忙であるため、その改正の構想を、マーカソン氏、ウィルソン氏、ルイス氏及びモアー氏の四名に委せたので、われわれとしても慎重な検討をつづけている。

(2) 従来マーカソン氏は、少年審判所を半官半民的な団体であり、正当な司法機関でないと考えていた。ウィルソン氏の示唆により然らざる所以を知ったわけである。

(3) 新憲法よりすれば、少年審判所は、裁判所として、司法行政の系統より離れ、最高裁判所の管轄に属さなければならない。又裁判所法により裁判官を以て構成しなければならない。そうして少年審判所の任務とするところは、刑に服する施設に年少者を入所させることにあるのではなく、これを福祉施設に入所させて保護しなければ

191

ならないのである。何故なれば、年少者の犯罪は、年少者自身が悪いのではなく、その両親なり、生活環境なりの外部的な影響によるものと考えざるをえないからである。

（徳永寅雄個人蔵：児童福祉法研究会 1978：767）

　ここでは新憲法との整合性により「少年審判所は、裁判所として、司法行政の系統より離れ、最高裁判所の管轄に属さなければならない」と司法省から少年審判所を切り離す必要性が明確に述べられている。さらに「少年審判所の任務」は、「刑に服する施設に年少者を入所させることにあるのではなく、これを福祉施設に入所させて保護しなければならないのである」とした。つまり、GHQは年少犯罪者の処遇を、児童福祉施設による保護を優先に考えていた。

　その他「少年審判所の審理の対象となる事件」の「児童相談所」への「委託」、「アメリカの少年審判所」での法廷の様子やその「和気あいあい」とした「空気」を「日本の少年審判所に注入したい」などの希望を述べるとともに、「司法省所管の保護司と厚生省所管の児童委員等の関係は、より密接にならなければならない」として専門家養成の必要性を訴えた。最後に、この少年法改正の主な意図として「(8) 以上のような構想に基づく少年法の改正は、決して司法省から権限を奪おうというのではなく、少年審判所自体の改正の問題である」ことへの理解を、厚生省に求めたのである（徳永寅雄個人蔵：児童福祉法研究会 1978：767-768）。

　これらのマーカソンの説明に関して、「質疑応答」の記録がある。その冒頭において、厚生省の「浅賀嘱託」が興味深い質問を行っている。それは「デリンクエント・チルドレン」という言葉が意味するその対象範囲に関してであった。

　(1) マーカソン氏のいうデリンクエント・チルドレンという語には、犯罪少年と犯罪少年ではないが、反社会性を持っている少年をも含むのか。（浅賀嘱託）
　　　勿論含んでいる（註二参照）。また、年齢についていえば、年齢

の限界を何処で引くかは、非常に困難な問題である。十四才を限界にするかどうかについても疑問がある。わたくしは、少年という語には二十一才迄を含めたいと思っている。（マーカソン氏）

(2) アメリカに於ける審判所の制度を知らせてほしい。又、少年審判所と児童相談所との区分の問題は、非常に難しい問題である。（局長）

　アメリカは、州によって制度がみな異なるから、一概にはいえない。一、二の州について資料をとりよせてみよう。又、理想論からいえば、少年審判所などという裁判所をつくらないで、委員制ででもやるのが一番好いのであろう。（マーカソン氏）

(3) 刑事、民事等司法関係の事件のみを少年審判所は、審理の対象とするのか、児童問題全般につきその対象とするかは、非常に重大な問題である。（局長）

　わたくしたちPHWとしては、少年刑務所ですら厚生省で所管してもらいたい位の気持でいる。少年の犯罪というのは、かれら自身が悪いのではなく、外部的条件が悪いからである。ルイス博士の意見は、まだ徹していないが、少年審判所の判決によって、刑務所に入所させる以外は、児童福祉施設に保護するようにしたい。従来の少年審判所のように、刑務所及び矯正院ばかりに入所させるのは反対である。（マーカソン氏）

　一定の犯罪の範囲を犯した者は、これを司法省所管の施設に送り、その他の者は、児童相談所に送る。この二つの原理に従うのが最も適当であろう。（ウィルソン氏）

(4) 現在、巷にいる浮浪児を施設に収容するように全国的な対策を樹立すべきである。又、公立の施設において、薬、衣服等はいかにして入手できるのであるか。入手の方法を知らせてくれれば、これを地方の軍政部に通知したい。（マーカソン氏）

〜中略〜

註一

少年審判所の所管する事項の例（マーカソン氏案）

一　学令児童の就学強制

　二　児童犯罪を由来せしめた大人の処分

　三　児童扶養問題

　四　私生児問題

　五　養子問題（現行の戸籍法による届出制も保存してよいであろう。）

　六　児童に関係ある離婚

　七　児童の愛育不履行又は悪用

　八　労働基準法に抵触する問題

　九　性的犯罪を含む児童と関連する大人の処分

　十　児童福祉法違反

註二　デリンクエンシイの定義（マーカソン氏）

（1）狭義に解すれば左記のものを含む。（ある州の法律上の定義）

　　イ　国法、州法、又はその施行令、細則等あらゆる法律に違反する行為をした児童

　　ロ　親、教師等に対し、不当に反抗的な児童

　　ハ　常習的に学校を欠席し、家に居つかない児童

　　ニ　本人又は他の児童の風紀（道徳）又は健康を害する如き行為をする児童

（2）広義にいえば、一般の不良行為を指称している。

（徳永寅雄個人蔵；児童福祉法研究会 1978：768-769）

　上記のように、当時の米澤児童局長が「少年審判所」の「審理」の対象範囲として、「刑事、民事等司法関係の事件のみ」であるのか「児童問題全般」にまで及ぶのか、「非常に重大な問題」であると懸念を示した。その回答として、マーカソンは「少年刑務所」の管轄は、できれば厚生省が望ましいという心情を述べた。その上で、少年審判所の審理が少年法管轄の施設入所に限定されることに反意を示した。またウィルソンは、少年法と児童福祉法の二本立てでいくことを原理原則としながらも「一定の犯罪の範囲を犯した者は、これを司法省所管の施設に送り、その他の者は、児

童相談所に送る。この二つの原理に従うのが最も適当であろう」と米澤児童局長に答えた。

　また岡田彰が述べるように、内務省、司法省解体（1947年12月）をめぐり省庁それぞれがGHQ内の管轄セクションと連携し、その存続自体と機構拡大を企図していたことからも（岡田1994：249）、この「非行傾向を持つ少年」「社会障害児」、不良化防止対策の所管に関する思惑も、PHWだけではなく、各セクションとの関係が複雑にからんでいたことが推察できる。

5-2　少年法改正をめぐる歴史的課題解決への手がかり

　1946年12月に設立された「司法保護法改正諮問委員会（筆者註：司法保護関係法規改正協議会）」（主催：財団法人司法保護協会）構成メンバーには、学識経験者として団藤重光が参加していた。団藤は、同時期の児童保護（福祉）法案立案準備の臨時委員会である中央社会事業委員会・児童対策小委員会の副委員長でもあった。そのため、厚生・司法（法務庁）両省において児童福祉法案、少年法の改正案、両者の検討及び「近き将来の一元化」にむけた調整を行うことになったと推察できる。

　団藤は、森田宗一との共著である『少年法―ポケット注釈全書―』において、第二次世界大戦後の「児童・少年に対する法律制度」の体系について次のように、簡潔に述べている（団藤・森田1984：7-8）。

　　いわゆる不良少年・非行少年に対する制度は、従来の二本立てのかたちが継承された。つまり、少年教護法は、既存の内務行政に属する児童や母子に関する法律と一緒に新しく制定された児童福祉法の中に吸収され、少年法の改正は司法省を中心に別箇に企画された。新しい少年法立案の過程において、少年法の改正という行き方をするか、あるいは少年審判を行う機関の組織、権限及び保護処分の手続きに関する部分を総合して単独に「少年裁判所法」とし、刑事事件に関する部分を「少年刑事事件特別処理法」として立案するかが問題となった。紆

余曲折を経たのち、結局「少年法改正」という方針がとられ、かつ、少年審判所を廃して創設が予定されていた少年裁判所を従来の家事審判所と合わせ家庭裁判所とすることとなり、その組織及び権限等を裁判所法に規定することとした。　　　　　　　　　　　（団藤・森田 1984：7-8）

　ここでは、一節で述べた、感化法と少年法という二系列による児童保護をめぐる歴史的課題が、「従来の二本立て」として戦後も継承されたことが示されている。戦後の少年法は部分的な「改正」が行われることとなったが、従来からの問題の一つであった少年審判所の位置づけ等が、戦後は新憲法の三権分立（行政権所管から司法権へ）を根拠に、少年法改正過程において議論された。この少年審判所の位置づけは、不良少年対策における厚生省の児童福祉法にも大きな影響を与えることになった。

1）第三回中央児童福祉委員会（少年裁判所法案への厚生省の意見）

　「改正少年法」をめぐっては、前述のように 1947 年 8 月の GHQ と厚生省による「懇談」においても、様々な疑問が提出されていた。児童福祉法施行後の 1948 年 5 月 15 日の第三回中央児童福祉委員会において、重要な議題として少年裁判所法案が挙げられており、この議論の中には 1922 年少年法制定をめぐり児童保護法案を提案した一人である生江孝之（内務省の元嘱託）が、中央児童福祉委員会の委員として参加していた（木村忠二郎文書 070504-0406；寺脇 1996：283）。

　中川望委員長が「法務庁で少年裁判所法案を審議中であるが、児童福祉法との関係を考慮しなければならない」と述べ、小島徳雄児童局長が、具体的な内容に関する補足説明を加えた。第一に「法務庁設置法案」の修正により「司法保護団体は児童福祉法」に入ってくることになったこと。第二に CIS のルイス博士の提案で少年裁判所法案ができ、その対象範囲が「犯罪者のみでなく非常に広い範囲を扱う」という「こまった」問題が生まれたこと。しかし「GHQ 全体の意見ではない故」、この件に関しての検討が GHQ より要請されていること、この二点が述べられた（木村忠二郎文書 070504-0406；寺脇 1996：283）。

第四章　GHQ「児童福祉総合政策構想」変容過程 1（ABC）

　ここで小島児童局長より中央児童福祉委員会の「意見書案」が朗読される（「意見書案」資料は未確認）。この「意見書案」に対して、生江孝之委員は「全面的に賛成する、児童保護法と一元化することは極めて必要で、児童を各方面から問題とすることは経済的にも道徳的にもよくない」と述べ、児童福祉法への「一元的統合」を改めて強調した。また、「明治三十三年以来内務省と司法省が児童問題につき複雑な関係を有しているので、その解決のために努力してきた」と、歴史的な課題解決を求めた。さらに法務庁の少年裁判所法案に対しては「虞犯少年」が「単におそれありという理由で裁判するのは児童保護上よくない」という理由から「今、法務庁が少年裁判所法案を提出したのは了解に苦しむ。愚犯少年を裁判に付するのは児童のためにも国家のためにもよくない」と反対意見を明らかにした。生江委員以外の委員からも、要検討のため少年裁判所法案の資料要求がなされた（木村忠二郎文書 070504-0406；寺脇 1996：283）。

2）第四回中央児童福祉委員会

　翌月 6 月 15 日第四回中央児童福祉委員会は五つの議題にわたって審議され、その内容は、次のようなものであった。「一、昭和 23 年度児童福祉週間報告」は、この児童福祉週間の宣伝、マークの販売、児童福祉思想の普及、制度よりも人が重要である、という点が報告された。「二、少年法との関係」、は厚生省及び中央児童福祉委員会の「注文通りになったこと」。「三、最低基準令案経過」において「マーカソン覚書の強調している点」が伝えられた。さらに「四、少年不良化防止のしおり」が提案され、このしおりは、家庭への啓蒙を中心としており、余暇善導の問題、児童委員の普及の必要性が述べられた。「五、児童文化」においては、映画を普及することと入場税の減免をはかること。児童に適当な映画の推薦を行う必要性が議論された（木村忠二郎文書 070505-0407；寺脇 1996：285）。

　この委員会において特に注目すべきは「二、少年法との関係」についてである。小島児童局長が、「家庭裁判所」の対象、「犯罪者予防更生法」の対象等について「GHQ と交渉した結果」「注文通りになった」と、報告した点である。これは、5 月 15 日第三回中央児童福祉委員会で検討された

197

少年裁判所法案に対する「意見書案」、つまり前述した生江委員の意見が反映されたことを示している（木村忠二郎文書070505-0407；寺脇1996：288-289）。このように厚生省、中央児童福祉委員会において児童福祉法と少年法との関係調整が行われ、この審議の翌日6月16日第四回国会に「少年法を改正する法律案」が提出され、7月公布に至った。

　さらに小島児童局長の報告によると、犯罪者予防更生法の対象範囲に「犯罪及び非行の予防」があったが、「非行の予防」が除かれ、「犯罪の予防」に限られたことが明らかにされた。中央児童福祉委員会の危惧は、一般児童まで犯罪者予防更生法の対象範囲になることであった。犯罪者予防更生法に位置づけられる中央更生保護委員会（法務庁の外局として設置）の所管と、「中央及び地方児童福祉委員会との抵触」が避けられたことなど、懸案事項が解決されたことがわかる。

　これらの解決事項が、いかに厚生省（旧内務省）と法務庁（旧司法省）にとって重要な課題解決であったかを感じさせるやり取りがある。それは、上記の第四回中央児童福祉委員会における生江委員と小島児童局長とのやり取りの議事録である。旧内務省と旧司法省の歴史的課題解決を強調していた生江委員が「閣議決定はくつがえるというようなことはないか」と念を押して尋ねている。これに対して小島児童局長が「閣議で既にきまっているし心配することはない」と、断言する場面である（木村忠二郎文書070505-0407；寺脇1996：288-289）。このことからも「少年法を改正する法律案」は、旧内務省・厚生省と旧司法省・法務庁との児童保護をめぐる歴史的課題解決への大きな一歩となったことがうかがえる。

　団藤・森田はこのような経緯により改正された少年法の特徴を9点挙げている。児童福祉法との関係から次の変更点は重要である。

　（イ）保護処分の決定を裁判所に行なわせることにした。
　（ロ）保護処分の決定と執行を分離した。
　（ハ）少年の年齢を二〇歳未満にまで引き上げた。
　（ニ）少年の犯罪事件につき保護処分に付するか刑事処分に付するか
　　　の先議権を家庭裁判所に与えた。

（ホ）児童福祉法との調整をはかり、保護処分の内容を整理した。

　（ヘ）保護処分の決定に対する抗告を認めた。

　（ト）少年事件の調査・処理に科学的知識を活用することを重視した。

　（チ）少年の福祉を害する成人の刑事事件を認め家庭裁判所の管轄とした。

　（リ）罪を犯すとき一八歳に満たない者の死刑を廃止する等少年の刑事処分についていくつかの改正を行なった。　　（団藤・森田1984：8）

　この9点の内容からも、少年裁判所法案が棄却され、裁判所は法務庁という行政権から分離されたこと等、厚生省の意見が通ったことが再確認できる。その後の具体的な調整がうかがえる資料として、厚生省と法務庁との行政書簡がある。1948年6月18日「私立矯正施設の児童福祉施設への転換について」（厚生省蔵；児童福祉法研究会1979：498）、12月9日法務庁少年矯正局長からの文書「私立少年矯正施設収容少年中将来教護院に移さるべきものの見込数に関する照会の件」（厚生省蔵；児童福祉法研究会1979：641）、翌年11月29日法務庁少年矯正局からの文書「少年保護団体で児童福祉施設へ転換を希望するものについて」である（厚生省蔵；児童福祉法研究会1979：636-638）。これらの資料からは、法務庁管轄であった少年保護団体及びその施設が厚生省に移管する準備作業が行われていることがわかる。改正少年法の施行直前、1948年12月28日厚生省児発第897号各都道府県知事厚生省児童局長通牒「改正少年法と児童福祉法との関係について」に落ちつくこととなる。しかしながら、厚生省にはまだ解決すべき課題が残されていた。

5-3　「児童福祉の基本方針」における法制的整備

　長年の歴史的課題の解決を受け、厚生省は、犯罪少年を除く児童保護を児童福祉法により「一元的統合」するべく「児童福祉の基本方針」を掲げることになった。

1)「児童福祉の基本方針」の趣旨

　1948 年 12 月 15 日第八回中央児童福祉委員会において、児童福祉法施行一年を迎えるにあたり、主題として資料「児童福祉の基本方針（昭和 23 年 12 月）」が冒頭で取り上げられた。その趣旨は、以下のようなものであった。

　　　児童はあたらしく建設される民主的で文化的な国家をその双肩に担って立つべき少国民として、心身ともに健やかに生まれ且つ育成されるよう十分な保障がなされなければならない。しかるに終戦後の経済的、社会的秩序の混乱は国民の生活に大なる動揺と強い圧迫を加え、ために児童の心身に好ましからざる影響を及ぼしつゝあることはまことに憂慮にたえないところである。したがって茲に児童の福祉に関する根本的対策を樹立し、これによって浮浪児、不良児等の現に社会的に発生現象している要保護児童を対症的に保護するのみに止まらず、児童がかかる状態に陥入ることを未然に防止するとともに、更にすすんで児童が心身ともに健康な国民になるようその福祉を積極的に増進せんとするものである。（木村忠二郎文書 070508-0201：寺脇 1996：490）

　この「児童福祉の基本方針」は、「第一　児童福祉組織の確立」「第二　児童行政の基礎的確立、科学的指導」「第三　具体的対策」「第四　児童福祉思想の普及」の四部構成であった。「第三　具体的対策」の内容は、「一、母子衛生の向上」「二、特別に保護を要する児童の保護」「三、母子家庭の保護」「四、勤労家庭の児童保育」「五、児童の日常生活の文化的向上」の 5 項目に分類されていた。

2) 不良児の保護、不良化の防止

　ここで注目するのは、上記の「第三　具体的対策」の中に記された「二、特別に保護を要する児童の保護」である。この項目はさらに次の 5 項目「（一）孤児その他保護者から適当な保護をうけていない児童（貧困児、被虐待児等）の保護」「（二）浮浪児の保護」「（三）不良児の保護、不良化の

第四章　GHQ「児童福祉総合政策構想」変容過程1（ABC）

防止」「（四）精神薄弱児の保護」「（五）盲聾唖児童」に分類されていた（木村忠二郎文書 070508-0201：寺脇 1996：490-493）。このうち「（三）不良児の保護、不良化の防止」は、以下のようにその行政方針と4項目の対策が記されている。この時期の厚生省が「不良児保護と不良化防止」についてどのような方針をもっていたのかをうかがい知ることができよう。

　（三）不良児の保護、不良化の防止
　　　　不良児は終戦後急激に増加しつゝあるが、戦災孤児、引揚孤児等によって大部分を占められていた不良児が今や家庭から出る不良児によって取ってかわらんとする傾向を示している。この意味において現に不良化している児童を保護更生させることに力をいたすことは勿論必要であるが、新たに不良児を排出させないよう不良化防止に力を傾注することはより根本的な重要問題である。
　（1）児童の不良化防止についてはまづ家庭の自覚を促すことに努め「不良化防止家庭のしおり」を中心として、新聞、ラヂオ、雑誌等の報道機関の協力を得てその普及に力をいたすとともに関係各官庁、団体との連絡を密にして「不良化防止はまづ家庭から」の運動を普及徹底させる。
　（2）児童福祉司、児童委員等の指導のもとに児童の自治的組織の結成を奨励しそれによる児童の不良化防止に努めさせる。
　（3）不良児の保護は豊かな愛情をもってこれを科学的な方法で行うことが最も適当であると思われる。したがって、犯罪少年を除き児童の保護を児童福祉法により一元的に統一するよう法制的整備にむかって努力する。
　（4）不良児を収容する教護院を拡充整備するとともに現今その必要を強く叫ばれている国立女子教護院を早急に設立する。
　　　　　　　　　　　（木村忠二郎文書 070508-0201：寺脇 1996：490-493）

　上記からは、「不良化の防止」について厚生省がリーダーシップをとる「連携的統合」方針が掲げられているように解釈もできる。この不良化防

201

止に関しては、再度第五章の中で検討するが、上記のように「不良児の保護」には、「豊かな愛情」と「科学的な方法」が必要であり、「不良児を収容する教護院を拡充整備」、そのためには「犯罪少年」を除いた児童保護を児童福祉法により「一元的統合」する法制的整備を行う方針が明記されていた。

5-4 「虞犯少年」をめぐる調整

改正少年法が施行されて間もなくの1949年1月25日、第九回中央児童福祉委員会が開催された。その議事録には「虞犯少年の問題と関連して少年法と或る程度の調整を必要とするにいたり、それを機会として今度の議会において改正することになった」という小島児童局長の報告が記されている。

> 児童局長「児童福祉法は、各方面の意見を聞いて制定されたが、その後色々の問題が生じ、改正を企図していた所、虞犯少年の問題と関連して少年法と或程度の調整を必要とするにいたり、それを機会として今度の議会において改正をすることになった。配付した資料は改正のポイントというべき点を示したもので、これを中心として論議せられたい。」
> 企画課長「第一の取扱う児童の範囲は、現行通り満十八歳でよいか、それとも児童福祉施設に入所している者は満十八歳までで保護が十分であるか、特に精神薄弱児は年齢を制限する必要があるかということが問題として考へられる。ちなみに少年法の対象は二十歳に満たないものである。〜（中略）〜
> 　　第八は、児童の不良化防止について現行法が漠然としか規定していないのを明確に規定し、少年法との関係を調整するとともに児童がその教育上悪影響を与えると思われる場所に立ち入ることを制限することが問題となる。
> 　　第九、保護者の責任については、現行法に規定する刑罰法令に触

第四章　GHQ「児童福祉総合政策構想」変容過程 1（ABC）

れ又は触れる虞があるというような場合は稀であるから広い範囲で
児童の保護の責任を明らかにすることが問題となる。〜（中略）〜
　大体このような点が、児童福祉法の今後改むべき実質的の点であ
る。」　　　　　（木村忠二郎文書 070510-0406；寺脇 1996：312-313）

　このように、厚生省児童局内藤企画課長は「児童の不良化防止について
現行法が漠然としか規定していないのを明確に規定し、少年法との関係を
調整するとともに」、児童福祉法の改正を第五回国会において行いたい旨
が、報告されている。
　この提案に対して生江委員は、児童福祉法改正にあたり「最初に厚生省
丈で取扱い得る事項とそうでない事項を分けて考えてはどうか。最も大き
な問題は、法務庁との関係である」と述べた。しかし、児童局長が「法務
庁との関係で問題になるのは虞犯少年丈である」と断言し、当時の厚生省
と法務庁の課題が、少年法と児童福祉法の調整の過程で「虞犯少年」に焦
点化されたことがわかる（木村忠二郎文書 070510-0406；寺脇 1996：313）。

1）第一一回中央児童福祉委員会（3月12日）

　同年 3 月 12 日の第一一回中央児童福祉委員会において、厚生省児童局
の廃止問題に関する報告（審議終了近くに存置が決定）と、第三次「児童福
祉法改正問題」等が審議された。生江委員の「少年法との関係」に関する
質疑に対し、内藤企画課長は「今回は法務庁ともよく話し合った結果」で
あること、「現行法」における虞犯少年への児童福祉法の限界を述べた上
で、以下三つの改正点を説明した。
　「第一に十四歳未満の刑罰法令に触れる行為」は児童福祉法で扱うこと。
「第二に満十四歳以上の虞犯少年」については「警察官」「保護者」が「児
童福祉法」処遇を要求するときは「児童相談所へ送致」できること。第三
に「児童福祉法で保護」した児童に「拘束」が必要なときは、「一時保護
の場合」と、「第四十七条の親権を行使する場合」をのぞいて「家庭裁判
所の決定が必要」とされることである（木村忠二郎文書 070513-0209；寺脇
1996：322）。

他方、城戸委員からは「少年法との関係上施設に入れるのに年齢の分類があるか」という質問がなされた。

> 内藤企画課長「現在、少年院法では『凡そ十四歳以上』ということばをつかっている。不良少年については教護院で十四歳以上の者もとり扱っている。少年院にいれる十四歳未満の不良少年は家庭裁判所の決定があったとき丈いれている。今度は、十四歳未満の少年は刑罰法令に触れる行為をしたときでも児童相談所へ送致することになる。」
> 　　　　　　　　　　（木村忠二郎文書 070513-0209；寺脇 1996：323）

　内藤企画課長の答弁を補足するように、少年法、児童福祉法、両者の立案過程に関わった団藤重光委員が「家庭裁判所の権限」について「少年法と連絡されたい」と意見を述べている（木村忠二郎文書 070513-0209；寺脇 1996：323）。こうして、「十四歳以上の虞犯少年」が児童福祉法の対象範囲に入ることとなったのである。

2）「児童福祉法の一部を改正する法律案要綱」

　1949 年度最初の第十二回中央児童福祉委員会は、4 月 13 日に開催された。その日の主な議題は「児童福祉法の改正問題について」「昭和二十四年度児童福祉週間実施の問題について」「その他」の三点であった（木村忠二郎文書 070513-0210；寺脇 1996：326-327）。その中で、3 月 12 日の中央児童福祉委員会から引き続き少年法と児童福祉法の調整に関する議論が行われている。国立教護院の収容状態、家庭裁判所と児童福祉法の関係、少年院から教護院への送致等について、以下のような議論が行われた。

> 團藤委員「第二十七条の二の規定について第一にこれは特に国立の教護院に限ってみとめられるようだが何も不良児に限る必要はないと思う。第二に本条の規定により送致を受けた家庭裁判所は少年法により児童を養護施設と教護院に送致できる権限を有するにすぎないから児童福祉法で家庭裁判所の権限を規定してはどうか。」

第四章　GHQ「児童福祉総合政策構想」変容過程１（ABC）

内藤企画課長「第一については更めて考慮する。第二については少年法第六条に第二十七条の二と同じ形式の条文を置き、少年法第十八条の但書を削って新たに一項を加えることになる。」

賀川委員「国立教護院は、全国で何ヶ所あり何人収容できるか。」

内藤委員「一ヶ所であり、定員は百五人、現在は九十人から百人の間の児童を入所させている。しかし、この中には大した悪質でないものもあり、措置を解除或いは地方の教護院にうつすことができるから全国における悪質な者を収容できると思う。」

賀川委員「犯罪少年に対する感化事業は、従来は、私人もやっていたが、国が行うことになっている。厚生省は、少年法と児童福祉法の両方でやる分について本年度の予算はどの位とっているか。」

内藤企画課長「全国の教護院に入所している児童四千名を基準として予算をくんでいる。入所が必要な児童の増加は予想されるから教護院の拡大に努力はするが、やむを得ないときは教護院の内部を整備する。少年院から移ってくる三、四百名の児童　は、現に入所している者であって必要性の少ないものを教護院から出して収容するようにする。」

賀川委員「最近は、少年犯罪が増加し、しかも集団化してきた。少年法と児童福祉法の両方でやる事も結構だが、当分の間は、手あつい指導をしなければ大へんなことになると思う。」

團藤委員「国立教護院に全国の悪質のものを集中的に入所せしめることは、地方において大して悪質でないものを悪質だとして強制的な措置をとる危険からまぬがれると思う。又児童の養育の斡旋行為に関する罰則の適用につき、第三十四条の他の場合のように『児童の年齢を知らないことを理由として』という規定が必要ではないか。」

（木村忠二郎文書 070513-0210；寺脇 1996：326-327）

　上記の児童局内藤企画課長の答弁から、国立教護院の収容人数は、限界に近付いており、その設置は全国で一つの施設のみであることがわかる。現在の収容人数を基本とした予算編成の中で、今後、少年院から国立教護

院に移ってくる児童の受け入れはその場しのぎで対応されようとしている様子がうかがえる。つまり、当時の国立教護院の児童を地方の教護院に移すことや、「措置を解除」することによる教護院内部の収容人数の整理等によって受け入れ体制をどうにか整えようとしていたのである。さらには「十四歳以上の虞犯少年」が児童福祉法の対象となることからも、歴史的課題であった少年法の一部を児童福祉法に吸収統合することによって、保護する必要のある児童数は増加の一途をたどることが、この委員会においても予想された。しかしながら、実際の保護施設の整備はままならず、その整備を保障する予算は、法の対象拡大以前のままであった。議論の最後に、団藤委員は、この改正によって改善される点を肯定的に解釈しようとして「地方において大して悪質でないものを悪質だとして強制的な措置をとる危険からまぬがれると思う」と述べ、少年法と児童福祉法の具体的な調整議論を締めくくったわけである（木村忠二郎文書 070513-0210；寺脇 1996：327）。

さて、この委員会で配付された資料「児童福祉法の一部を改正する法律案要綱」（同年四月、日付なし、以下、法律案要綱）には、3月12日の中央児童福祉委員会において口頭で報告された少年法との調整によって改正される十三項目が明文化されていた。この法律案要綱の冒頭には前述した少年法との調整の目的が「一　少年法との関係を調整し、従来少年法によって扱われていた『刑罰法令に触れる行為をした』十四歳未満の児童を児童福祉法で扱うことにするとともに、少年法で扱われていた満十四歳以上十八歳未満の虞犯少年は、児童福祉法と少年法とのいづれによって扱ってもよいこととする」とされた。（木村忠二郎文書 070512-0403；寺脇 1996：506）

これらの調整は、少年法、児童福祉法それぞれの第三次法改正に反映されることとなる。こうして残された課題であった「虞犯少年」問題は、1949年4月時点で児童福祉法の対象範囲にも含まれることが明らかになった。これら一連の「少年法」との調整の結果が、同年5月頃には「児童福祉法の一部を改正する法律案」資料に残されている。

　　　　第二十五条但書を次のように改める。

但し、罪を犯した満十四歳以上の児童については、この限りでない。この場合においては、これを家庭裁判所に通告しなければならない。

第二十六条第一項中「前条の規定による通告」の下に「または少年法第十八条第一項の規定による送致」を加える。

第二十七条第一項中「前条第一項第一号の規定による報告」の下に「又は少年法第十八条の規定による送致」を加え、同条第二項中「前項」を「第一項」に改め、同項中「児童に親権者があるときは、」の下に「前項の場合を除いては、」を加え、同条第一項の次に次の一項を加える。

都道府県知事は、少年法第十八条第二項の規定による送致のあった児童につき、前項の措置をとるにあたっては、家庭裁判所の決定による指示に従わなければならない。

第二十七条の次に次の一条を加える。

第二十七条の二　都道府県知事又は児童相談所長は、たまたま児童の行動の自由を制限し又はその自由を奪うような強制的措置を必要とするときは、第三十三条及び第四十七条の規定により認められる場合を除き、事件を家庭裁判所に送致しなければならない。

第二十八条第一項中「前条」を「第二十七条」に改める。

（木村忠二郎文書 070512-0403；寺脇 1996：515）

こうして事実上、司法省少年保護の対象であった「要保護少年、要教護少年」（満 14 歳以上の虞犯少年、14 歳未満の犯罪少年）の児童福祉法への「一元的統合」の予想図が完成した。他方、この児童福祉法と少年法の調整においても同時期に検討され、課題として残されたのが青少年不良化防止対策であった。この青少年不良化防止対策は、増加する非行少年・不良児の保護が社会問題となり、その緩和策として予防策の必要性が強調されていた。GHQ 構想においては、関係行政の「連携的統合」によって対応されること、中央に新しい機構を設置することが指示されていた。

このGHQ構想における青少年不良化防止対策方針が、児童福祉法改正の議論の中でどのように変容され、結果として青少年問題対策協議会設置

に至るのかを変容過程Dとして次の第五章において検討を行う。

註

1) 「不良児の補導」（福山政一個人蔵：児童福祉法研究会 1978：690-691）

（十四）不良児の補導

　　戦火引揚げ其の他による不良児の増加は近時〈著し〉いものがあり社会問題として極めて注目に値する〈□□〉不良児の補導については関係部面が厚生、司法〈両省〉等に亘ってゐるので綜合的に一元化して厚生省で〈恒久〉対策を樹立して実施することは困難であるから、左の方法によって、応急方策を確立実施する〈ことが必〉要である。

一、関係各省並に民間専門家を以って組織する〈不良〉児保導対策機関を整備して補導対策〈の樹〉立並に実施を強力に推進すること

二、現存保導施設を全面的に最大限度活用〈すると〉共に新たなる施設の拡充を考慮すること

三、保導に必要なる委員を増強して不良児〈の□□〉これに対する措置につき遺憾なきよう考慮すること

四、厚生省は児童教護に関する恒久的方策〈樹立□□〉その準備として司法当局と従来の〈懸案事項〉に関する協議を常時行ふこと

五、右の外官私公同の特別なる委員会の如き〈□□□□〉設置を考慮して児童教護に関する行政〈□□□□〉業の一元化問題の解決に当ること

　　　　　　　　　　　　　［筆者註：〈　〉は原文にあり。また□□は解読不能箇所］

2) 第一回国会会期8月〜11月において、GHQ内での児童福祉法案の検討は1947年10月23日まで行われていたことがPHW記録用覚書から明らかである。8月22日記録用覚書「児童福祉法」では、GSの法制課とPHWと厚生委員会（衆参両院かは不明）の協議も記録されている。9月22日「最終変更案」に至るまで課題として協議されていた内容は、児童福祉法案と少年院法及び少年裁判所法案の関係であった。この課題は、G2の公安課（PSD）とPHW及びGSの意見の相違を解決するまで協議が続けられる。PSDの要望としては、「児童福祉法、少年裁判所法及び少年院法の三法を一体として考えるべき」というものであり、この意見は7月30日の協議から一貫したものであった。そのため、公安課は、第一回国会提出に間に合わない少年裁判所法案等と足並みを合わせ、児童福祉法の審議を遅らせるようPHWとGSに要請をしていた。その後、10月20〜21日と再び「児童福祉法案の変更等について協議する国会厚生委員会との会議」が続けられるが、「変更案」の内容は、主に「民生委員の問題」「母子寮」に特化されている。引き続き23日にこれらの「変更案」に関するPHWと衆議院厚生委員会の委員、厚生省児童局の協議が確認できる。（PHW-01171）

3) 木村忠二郎文書は資料番号を本文中に表記。

第四章　GHQ「児童福祉総合政策構想」変容過程1（ABC）

4）本論文で使用した国会議事録の一次資料は、国立国会図書館国会会議録のデータベースである。文中は次の番号を表記し簡略化する。①第一回国会衆議院厚生委員会1947年、②第一回国会参議院厚生委員会1947年、③第一回国会参議院厚生委員会社会事業振興に関する小委員会1947年。

5）8月8日に「国会への提出」法案が決定した後、8月22日よりGSの裁判・法制課からPHWに法案について異議「児童福祉法案が、現在成立途上にある民法及び提案済みの少年裁判所法案と矛盾する」が唱えられ、「国会厚生委員会」も参加する緊急会議を招聘することとなった。9月22日に「最終変更案」がGHQ内で承認され、10月20日〜23日の最後の変更についての協議には、厚生省と司法省の関連事項は協議されず、9月22日にこの内容は終結したと推察できる（PHW-01171）。

　　つまり10月21日「参議院厚生委員会社会事業振興に関する小委員会」にて、児童福祉法の付帯決議で児童福祉法制定後の少年法改正の中で「一元的統合」方針が報告される要因として、GHQの関与はなかったと推察できる。

6）鈴木司法大臣は、従来のセクショナリズムの弊害の除去と「分業的にそれぞれやって行くと共に、総合の有機的関連を持たせる。これが一番理想である」（国会会議録②11月8日23号）と答えた。

7）大坪與一『更生保護の生成』p.195においては、司法保護三法の改正のため、当時の保護課長柳川真文が理事長である財団法人司法保護協会に「司法保護関係法規改正協議会（審議会）」が設置されたとある。1946年12月12日第1回会議、12月17日第2回会議、第3回会議は12月24日と、いずれも厚生省の児童保護法と改正少年法との関係に関する協議がなされたことがわかる（大坪1996：195-196）。

　　※第四章3-1項1）の1946年12月29日　少年保護事業関係者の「宣言」に至った協議であると推察される。

第五章

GHQ「児童福祉総合政策構想」
変容過程2（D）

~青少年不良化防止対策をめぐる「連携的統合」議論~

青少年不良化防止対策を厚生省に「一元的統合」する議論は、変容過程ABCと併行して継続されていた。変容過程Cの結果、児童福祉法と少年法の児童保護対象範囲が明らかになり、14歳未満の犯罪少年及び虞犯少年も児童福祉法の対象となった。その直後、突然厚生省は青少年不良化防止対策の行政統合方針を「一元的統合」から「連携的統合」へ転換する。具体的には1949年4月の法務委員会における「青少年犯罪防止に関する決議」により関係省庁による「連携的統合」方針が表明された後、同年4月28日厚生大臣請議「青少年指導不良化防止対策基本要綱」が閣議決定され、その方針は、法務委員会と同じく、関係省庁による「連携的統合」に方針転換するものであった。翌月5月20日に厚生委員会において「青少年不良化防止に関する決議」がなされ、衆参両院ともに関係省庁の「連携的統合」による青少年不良化防止対策を行う合意が形成された。この結果、青少年不良化防止対策は、法務、文部、厚生、警察、裁判所等、関係行政のどこか一つの所管として「一元的統合」されるのではなく、1949年6月14日内閣に設置された青少年問題対策協議会という機関で、上記関係行政の「連携的統合」により運営されることとなった。

　厚生省はなぜ方針を転換し、関係行政の「連携的統合」による「青少年不良化防止に関する決議」（1949年）に至ることとなったのであろうか。この「連携的統合」のリーダーシップをめぐる司法省との一連の議論が、どのように青少年問題対策協議会設置につながっていったのか。これらの疑問を含めて、厚生省及び児童福祉法における青少年不良化防止対策の位置づけについて、これまで十分検討されてはこなかった。

　そこで本章では、この疑問と厚生省の方針転換の過程を明らかにするため、第一に、戦時下における青少年不良化防止対策の概要を確認する。被占領期初期、内務省がGHQの「連携的統合」による非行少年及び不良化防止対策と新しい機構の提案に同意した根拠として、戦時下、既に「青少年不良化防止対策連絡協議会」が存在していたことが挙げられる。国民総動員体制における行政機構改革とともに、政党が解体され、政治経済が大政翼賛会や大日本産業報国会に一元化されていった背景の中で誕生した、この「青少年不良化防止対策連絡協議会」の概要を前史としておく。

212

第五章　GHQ「児童福祉総合政策構想」変容過程 2（D）

　第二に、厚生省の青少年不良化防止対策及び 1949 年 5 月厚生委員会提案の「青少年不良化防止対策に関する決議」に至る議論を検討し、「一元的統合」から「連携的統合」へ方針転換を行った経緯＝変容過程Ｄを明らかにする。

　第三に、戦時下における「青少年不良化防止対策」の中心的存在であった文部省の青少年不良化防止対策の行政統合方針に関する具体的議論を、教育刷新委員会の議事録から確認する。

　第四に、変容過程Ｄのその後の問題として青少年問題対策協議会設置とその問題を取り上げ、青少年不良化防止対策に関する各省の「連携」の立場の違いを明らかにする。

第一節　前史──戦時下の青少年不良化防止対策

　戦時下の青少年不良化防止対策研究は豊かなものとはいえないが、これまでのところ、井澤直也、北河賢三、赤澤史郎、鳥居和代により、戦時下の青少年工「不良化」問題に関する研究が行われ、守屋克彦が司法省の少年保護政策研究の中で通史として取り上げている。[1] 特に鳥居は、論文「戦時下青少年不良化対策─青少年工員の輔導対策を中心に─」において、「内務省、厚生省、司法省、文部省などが相互に連係を図りながら工場で働く勤労青少年の『不良化問題』に対応していくプロセス」を、1943 年「勤労青少年補導緊急対策要綱」の閣議決定に焦点を当て検討している。鳥居によれば、この戦時下の勤労青年、特に都市勤労青年を対象にした研究は「明らかに立ち遅れて」おり、その理由として、この対策が、「複数の省庁にまたがる関係事項であったために、研究対象としては周辺的な位置づけにとどまっていた」と推察している（鳥居 2002：31-33）。

　本節では、これらの研究を参照し、また 1940 ～ 1943 年に主に発行された内務省、文部省、厚生省、司法省の関係機関誌（『少年保護』『児童保護』『労働時報』等）や、『復刻版　大日本青少年団史』）などの資料から、内務省を中心とした青少年不良化防止対策の行政統合方針の概要を把握するよ

213

うに努めた。それらの資料からは、1938年1月下旬に近衛内閣期の国家総動員体制により、1940年10月大政翼賛会の発足、及び11月の大日本産業報国会の創設、この二つの組織により、既成政党と労働組合のほとんどが解散され、また人的資源の養成を目的に1941年1月に文部大臣を団長とし「大日本青少年団」及び不良化防止対策が実施され、最終的に学徒隊に編入されたことがわかる。このように青少年不良化防止対策は、対応する関係省庁が多岐にわたるため、1941年5月に内務省が音頭をとり、関係省庁による「連携的統合」方針が浮上してくることを確認できる（駒崎2013b：87-89）。

その後1941年10月6日に近衛内閣は総辞職し、国家総動員体制＝総合国策をすみやかに実施するために、東条内閣が発足する（古川1992：52）。この戦時下における内務省、文部省、厚生省それぞれの青少年不良化防止対策の取り組みの概要を確認してみよう。

1-1　内務省の青少年不良化防止対策概要

戦時下における青少年犯罪の内訳は、「軍事景気に踊る職工、一部サラリーマン、学生」によるものであった（日本青年館1996：360）。[2] このような状況に対して「内務省警保局」は、「一般犯罪が減少しているのに、青少年の犯罪だけが増加するのに苦慮し、至急『戦争と不良少年』の悩みを解決しなければならない」とし、1941年4月初旬に「厚生・文部・商工・陸海軍等各省を統合して青少年防犯対策」を開始したと記されている（日本青年館1996：360）。その端緒として挙げられるのは、司法省と文部省関係者による1941年4月18日「学生不良化防止懇談会」である。

また同年5月13日には、内務大臣官邸で「青少年不良化防止懇談会」が開催された。懇談会には内務、文部、厚生、商工、司法、陸海軍の各省並びに憲兵司令部の関係官等が出席し、その「懇談事項」は、「一、青少年犯罪並に不良化の現状」「二、不良化の原因」「三、不良化防止の対策」であった。「三、不良化防止の対策」においては六つの項目「1、一般的問題に就いて（家庭、教育、娯楽、風紀、環境等）　2、児童に就いて　3、学

第五章　GHQ「児童福祉総合政策構想」変容過程2 (D)

生生徒に就いて　4、工場労務者に就いて　5、商店従業員に就いて　6、其の他」に分類され懇談が行われたという（日本少年教護協会 1941：72）。

　その懇談の結果、内務大臣より「現下の時局に鑑み斯る傾向の防止は極めて緊切なるものである」ため、「今後各関係官庁相互に連絡を密にして協力すること」という指示が出された。その後、6月には内務省防犯課が、文部・厚生・司法各省と協議し、7月7日に内務・文部・厚生の三省次官の共同通牒「青少年ノ不良化防止ニ関スル件通牒」を地方長官と警視総監宛に送付した。また司法省次官名で「少年審判所長並ニ司法保護委員会長宛」に「青少年不良化防止ニ関スル件」を同じく通牒した（厚生省労働局 1941：18-19）。その具体的な「青少年教育を根幹とした予防的指導」の実施方法の一つとして、青年学校も含む青少年団による「青少年の不良化防止」運動（青少年教護運動）が挙げられたのである（日本青年館 1941：330）。

　また8月27日に日本青年館で開催された「青少年不良化防止対策連絡協議会」の関係省庁は、「文部省青年教育課、厚生省人口局・労働局、内務省防犯課、司法省保護局、警視庁防犯課、労働科学研究所、東京府、東京市の青年教育課等の係官」である。ここでは、ほぼすべての関係省庁の担当官が一堂に会していることがわかる（日本青年館 1996：360-361）。その後、各省庁でどのような対策が練られたのかを以下検討する。

1-2　文部省の不良化防止対策概要

　まず、文部省による「青少年不良化防止対策」の概要を確認してみよう。用いる資料は、大日本青少年関係の諸資料を蒐集した、1970年に発行された『大日本青少年団史』、1942年『青年と教育』11月号に掲載された、9月22日の青少年教育振興会主催の「勤労青少年の不良化防止座談会」議事録である。ここでは、勤労青少年の不良化防止が、厚生省だけではなく、文部省においても実施されていることが明らかにされている。文部省の「勤労青少年の不良化防止」対策の実施主体は、大日本青少年団であった（青少年教育振興会 1942：16-34）。

　この大日本青少年団は、1941年1月に文部大臣を団長として創設され

215

る。その具体的な「青少年教育を根幹とした予防的指導」の実施方法の一つとして、青少年の不良化防止運動が立ち上げられた（日本青年館 1996：360）。また、前述の内務省の調整による「青少年不良化防止対策連絡協議会」が契機となり、大日本青少年団が主体である「青少年不良化防止運動」は、1941 年 12 月 8 日に「青少年教護運動」と名称を変更した。大日本青少年団の「青少年教護運動」の組織編成は、上記の「協議会」参加の関係官庁に東京少年審判所を加えた組織体系となった。翌 1942 年 1 月、工場の多い 6 大都市と北九州地帯を中心に「青少年不良化防止対策即ち積極的な教護運動」を展開する旨となった（日本青年館 1996：426）。

1942 年 11 月に文部省は官制の改正を行い、社会教育局を廃止し、青少年団体関係は教化局所管となり、「大日本青少年団」は大政翼賛会の傘下に入ることとなる。

1-3　厚生省・司法省の青少年不良化防止対策概要

さて、1942 年の行政整理によって厚生省、司法省における青少年不良化防止対策の所管行政が統廃合され、上記の文部省の不良化防止対策の主要団体となった大日本青少年団が大政翼賛会の傘下に入れられたように、厚生省・及び司法省の青少年不良化防止対策は、大日本産業報国会に組み入れられていく。厚生省と司法省が共同で行う不良化防止対策の概要を守屋の著書、厚生省・司法省それぞれの機関誌から確認する。

1）厚生省・司法省の「勤労青少年補導緊急対策要綱」

守屋によると、1943 年 1 月 20 日「司法省保護局と厚生省勤労局との協議」により、「勤労青少年補導緊急対策要綱」が作成、閣議決定されている。その要綱の主な内容は「怠惰放縦その他の不良行為によって職場の秩序を乱し生産能率の障害となると思われる工員を、工場事業場と提携して、少年保護の領域にとりこみ、司法保護団体等による短期の練成教育を行なって健全な勤労青少年として再び原工場に復帰せしめるというもの」であった（守屋 1977：141）。

第五章　GHQ「児童福祉総合政策構想」変容過程2（D）

　この要綱が、司法保護事業にとって「戦力増強、軍事生産力の確保のために、少年保護組織がその力を注いだ最後の姿」と守屋は述べ、その後間もなく「司法保護局は、物資と人手の不足から行刑局と合併されて刑政局」となった（守屋 1977：141）。また、1943 年 3 月に「翼賛国書刊行会」から発行された大日本産業報国会編「産業少年不良化防止対策」という資料があるが、そこには、1942 年 9 月 8 日に開催された「産業青少年補導協議會」の出席者名簿と議事録が掲載されている。出席者の所属や役職等は、「厚生省能率課技師、厚生省能率課嘱託、厚生省母子課長、厚生省母子課教護官、内務省警務課、司法省保護局、東京少年審判所、武蔵野学院院長、警視廳防犯課、警視廳工場課労務監督官、石川島造船所人事課長、東京芝浦電氣芝浦支社労務課長、大日本産業報国会中央部・理事長・総務局長・業務部長・外関係各部長・参事」である（大日本産業報国会 1943：1-2）。

　この出席者の所属を見る限り、文部省や大日本青少年団体の関係は見られない。前述した文部省の 1942 年 9 月 22 日の「勤労青少年の不良化防止座談会」が文部省の大日本青少年団を中心とした大政翼賛会体系とすれば、翌 1943 年の厚生省・司法省を中心とした「産業青少年不良化防止対策」は、大日本産業報国会の体系と捉えることができる。つまり、戦時下の青少年不良化防止対策は、教育と労働の二系統により人的資源の養成を目的に協議されていることが明らかである。さらに両者に共通するところは、それぞれの議論の場に内務省警保局と東京少年審判所、警視庁が出席していることである（大日本産業報国会 1943：24-25）。

2）厚生省による青少年不良化防止対策のリーダーシップ

　1943 年『児童保護』9 月号には、「青少年不良化防止に関する各省連絡懇談會」というタイトルで同年 7 月 23 日の懇談会の議事が掲載されている。それによると、内務省が音頭をとって開催していた「青少年不良化防止対策連絡協議会」は 3 ヶ月ごとに開催されていたというが、しばらく開催されなかったという。このため、厚生省がよびかけて関係各省を招集し、懇談会が開催されたことが記されている。この懇談会において厚生省教護

217

官の森は「こゝに於て関係各省が個々の対策を樹立する前に相連絡してこそ實効を求め得るもの」として、関係行政の「連携的統合」による「要教護児童の対策の確立」を強調した（日本少年教護協会 1943：3-16）。

　戦時下の青少年の不良化問題への対応も、当時から関係機関が多岐にわたっていた。そのため、内務省の総合調整によって、それら関係省庁の「連携的統合」による青少年不良化防止対策が行われる必要があった。しかし、上記厚生省主催の 1943 年「懇談会」からも明らかなように、「勤労青少年補導緊急対策要綱」や「通牒」等が実施された後も、具体策は省庁それぞれに行われていた。本来、「青少年不良化防止対策連絡協議会」が、「連携的統合」の総合調整機関として機能するはずであったが、実際にその機能が果たされていたかは、疑問である。

　戦時下の青少年不良化防止対策は、国民総動員体制の人的資源の養成がその目的であったことは明らかである。戦時下におけるこの「連携的統合」方針への合意形成は、国民総動員体制の軍事統制力という枠組みによるところが大きいといえよう。

　本稿で述べる被占領期における青少年不良化防止対策との共通点は、一般児童青少年が政策対象となった点、それら関係行政が「連携的統合」方針に合意し、協議会を形成したという二点である。

▍第二節　「児童福祉総合政策構想」変容過程D

　本節では、変容過程ABCの中で具現化した不良児対策の「一元的統合」の議論とともに、実際は同時に行われていた「青少年不良化防止対策」に関する厚生省の議論を検討する。戦時下と異なり、この青少年不良化防止対策をめぐる所管の議論は、不良児対策の議論と同じく厚生省と司法省を中心としたものとなっており、文部省の存在は国会議事録等でも表にあまり出てこない。その理由や文部省独自の対策は第三節で述べる。

　厚生省と司法省の歴史的課題は、第四章でも述べた通り、不良児対策及び不良化防止対策を含んでおり、厚生省はこの二つの対策を児童福祉法へ

第五章　GHQ「児童福祉総合政策構想」変容過程 2（D）

「一元的統合」する方針を企図していた。しかし、1949 年 4 月 28 日の
「青少年指導不良化防止対策基本要綱」閣議決定、さらには「青少年不良
化防止に関する決議」において、その行政統合方針を「連携的統合」へ転
換した。その方針転換に至る過程として、第一に、厚生省関係者の議論で
ある中央児童福祉委員会の議事録を、マイクロフィルム版「木村忠二郎文
書資料」と寺脇隆夫編（1996）『続　児童福祉法成立資料集成』を併用し
検討する。第二に、国会における議論は、第五回国会参議院厚生委員会等
の議事録を、国立国会図書館国会会議録データベースを使用し検討する。

2-1　児童福祉法制定後の青少年不良化防止対策の議論

　1948 年 4 月 22 日第一回中央児童福祉委員会における「懇談」項目の冒
頭に、「（1）青少年の不良化防止に関する件」「（2）児童文化に関する件」
「（3）その他児童福祉に関する件」が挙げられた。委員会での配付資料は、
「一〇、浮浪児、不良児関係資料」の項目に 8 点記載されていた（木村忠
二郎文書 070501-0311）が、この議事録からは「（1）青少年の不良化防止に
関する件」の懇談の内容は確認できない。確認できるのは「（2）児童文化
に関する件」「（3）その他児童福祉に関する件」として施設設置基準、児
童福祉週間、浮浪児の件などである。（木村忠二郎文書 070502-0205：寺脇
1996：261-270）。
　当時の実情としては、浮浪児、施設設置基準、母子の問題等課題が山積
する中で、「（1）青少年の不良化防止に関する件」の具体策が先延ばしに
されたと推察される。また変容過程 C において明らかなように、児童福祉
法制定時に解決されなかった不良児対策を含む児童保護の「一元的統合」
を、少年法と児童福祉法の調整によって行う法体系整備を優先したとも考
えられる。ともあれ、少年法と児童福祉法の関係調整作業と並行してどの
ような「青少年の不良化防止に関する件」の議論が行われたのかを、1948
〜 1949 年 4 月の中央児童福祉委員会の議事録から検討する。

219

1）不良化防止のしおり

　前述したように1948年6月15日第四回中央児童福祉委員会議事録において、少年法に関する厚生省の要望が「注文通りになったこと」から、児童保護をめぐる歴史的課題解決の糸口が見え始めたことがわかる。その議事の中で厚生省は、「不良化防止のしおり」を提示した。この「不良化防止のしおり」は、厚生省の不良化防止対策として全国的に配布・周知されることが、児童局企画課内藤課長より報告されている（木村忠二郎文書070505-0407：寺脇1996：289-290）。

　　内藤課長「少年が不良化した場合に保護するよりも、更に不良少年を出さない方が肝要である。極めて常識的だが原則的なものをうちたて、すべての家庭にしみわたるように考えて少年保護につき、専門の方に委員をねがい、その結果、少年不良化防止のしおりとなった。これについてはくりかへしての徹底が眼目で、言論関係その他有力な人の協力をわづらわしたい。新聞、放送その他関係団体の出版物にものせて、各府県にもおくりたい。個々の項目についてその説明をした解説書の計画もある。」

　　生江委員「それは報告ですか、御相談ですか。」

　　内藤課長「特に眼ざわり□□ない場合は御諒承ねがいたい。」

　　岩本委員「この発表はまだですか。」

　　内藤課長「今日至急に記者クラブに渡したが、説明が不十分だったので、出来たら適当にやってもらいたい。」

　　原委員「私のところでは、犯罪者を六十人扱っているが、犯罪の原因は三ある。その一は母に心得のないこと。その二は環境がよくなく虐待すること。その三は細民住宅のモラルの低さ。～中略～しかし、このしおりで問題とされているのは第一の点丈である。」

　　小島局長「このしおりは主として家庭によびかけるものであり、両親又は片親のあるものは、親が注意さえすれば或る程度防げるものである。社会環境は政府が先ずやらねばならない。」

　　生江委員「このしおりを一般に出すときには、～（中略）～どこかに

第五章　GHQ「児童福祉総合政策構想」変容過程2（D）

　家庭のためにというようなことばを入れる方がよからう。」

内藤課長「この間の会合では家庭のしおりということばを入れてはと
　　いう意見だったが、しおり丈でわかると思った。」

中川委員「少年法と同様、こういうしおりもこの委員会にかけられた
　　方がよいと思う。」

牧野委員「現実の問題としては、之丈では不十分である。戦災地区の
　　学童は二部制、三部制であるから、その余暇の指導を積極的にやる
　　のが不良化防止の実践である。〜（中略）〜。」

小島局長「そのことについては児童文化の問題のときに論じたい。」

（木村忠二郎文書 070505-0407；寺脇 1996：289-290）

[筆者註：□□は解読不能箇所]

　このように「しおり」の内容を含め、委員会における審議が十分でない
ことなど、委員より多くの不満と了承をしぶる意見が出された。中央児童
福祉委員会が、児童福祉問題の諮問委員会として児童福祉法に規定されな
がらも、厚生省の一方的な進め方に対する批判がなされた様子もうかがえ
る（木村忠二郎文書 070505-0407；寺脇 1996：285-293）。

2)「児童福祉の基本方針」における不良化防止

　次に具体的な不良化防止対策の議題があがったのは、9 月 10 日第七回
中央児童福祉委員会の「浮浪児根絶緊急対策要綱」「児童文化向上対策要
綱案」議論の中であった。その後は、第三章において述べたように 1948
年 12 月 15 日第八回中央児童福祉委員会にて配付された資料「児童福祉の
基本方針」に、「第一　児童福祉組織の確立」「第二　児童行政の基礎的確
立、科学的指導」「第三　具体策」が示され、この「第三　具体策」の
「二　特別に保護を要する児童の保護」の中に「浮浪児の保護」と並んで
「不良児の保護、不良化の防止」という項目が明記されていることが確認
できる。この「不良児の保護、不良化の防止」の目的として強調されたの
は、「新たに不良児」を排出させないよう「不良化防止に力を傾注」する
ことこそ「根本的な重要問題」であるという点である（木村忠二郎文書

221

070508-0201；寺脇 1996：490-493）。ただし、この「根本的重要問題」である「児童の不良化防止」に関する厚生省の対策は、「しおり」の普及と自治的組織の結成、関係省庁等との「連携的統合」による「運動」を展開させることに留まっていた（木村忠二郎文書 070508-0201；寺脇 1996：490-493）。

3）人身売買事件と児童福祉法における不良化防止の議論

1949 年 1 月 25 日第九回中央児童福祉委員会において、「児童の不良化防止について現行法が漠然としか規定していないのを明確に規定」するという厚生省児童局の意志表明が行われている。この意思表明は、前述のように児童福祉法と少年法との調整議論の中で行われており、この時点では、児童福祉法の枠組みに青少年不良化防止対策を位置づけようとする方針が明らかにされている（木村忠二郎文書 070510-0406；寺脇 1996：312）。

同委員会議事録からは、「他人の児童の養育について」の議事において松島正儀委員や生江委員が、人身売買事件に関する児童委員の対応、人権「じうりん」問題としての対応の必要性を厚生省に求める場面が確認できる。児童局長の回答によると、「関係各官庁が集まって根本的な対策」が練られており、関係行政の「連携的統合」による対策の検討が行われていることがわかる。この人身売買に関しては、児童福祉法、またその後の中央青少年問題協議会の中でも検討される事項である（木村忠二郎文書 070508-0406；寺脇 1996：317）。

続いて、厚生省の「不良化防止」具体策に関する質疑が行われ、児童局企画課長が次のように回答した。それは、「浮浪児の根絶対策はたてたけれども不良児童に対しては不良化防止家庭のしおりを作成した」が、予算がないため「各都道府県に行ってもらった」とのことであった。つまり、1949 年 1 月 25 日の時点では、「連携的統合」による青少年不良化防止対策の全体像は見えておらず、厚生省の「不良化防止」に対する具体策は、児童福祉法の枠組みにおける検討と「しおり」のみであることがわかる（木村忠二郎文書 070508-0406；寺脇 1996：317）。

第五章　GHQ「児童福祉総合政策構想」変容過程2（D）

2-2　法務庁における青少年犯罪防止対策の検討

　大坪與一と鳥居和代の研究では、戦後初期、GHQの民間情報局公安課（Civil Intelligence Section以下CIS）の指令により、司法省には「中央青少年犯罪者予防更生委員会」構想があったとされている（大坪1996；鳥居2011）。その概要と、「青少年犯罪防止に関する決議」に至る審議内容を確認しよう。

1）GHQの「中央青少年犯罪者予防更生委員会」構想

　戦後間もなく司法省は、司法保護事業法（1939年制定）の改正作業に着手した。その内容は「刑の執行猶予・執行停止中・執行免除の者、仮出獄者、少年法による保護処分を受けた者などに対し、再犯防止」をし「性格陶冶、生業助成等を行う『保護』制度を定めた法律」であった。新憲法との整合性を図ることがその主たる目的であり、1947年1月13日司法大臣官房保護課は「司法保護事業法改正草案」を取りまとめ、2月10日にこの草案をCISの公安課（Public Safety Division、以下PSD）[3]に提出するが、結果としてPSDから「修正意見書」が提出された。その「修正意見書」には、「中央青少年犯罪者予防更生委員会」（National Youth Offenders Prevention and Rehabilitation Service Board）の設置案が示されていた（鳥居2011：4-5）。

　PSDの「中央青少年犯罪者予防更生委員会」案（筆者註：中央少年保護事業委員会）は、内閣レベルで青少年と成人の2系列の中央委員会をつくり、地方にも同様の委員会をおき、青少年及び成人の犯罪や不良行為の予防事業を行うというものであった。そのうち「中央青少年犯罪者予防更生委員会」は、現職の司法大臣、内務大臣、厚生大臣及び農林大臣、その他5名の学識経験者をもって構成し、青少年の犯罪者予防更生事業を管理運営する一般規則・実施細則の制定、関係人の召還、書類の聴取、宣誓及び証言をすべき旨の要求、裁判所、内閣総理代人及び各省大臣、官公庁に対する紹介などの機能や職務を有するものとされた。青少年と成人の中央委員会の主な違いは、成人（筆者註：中央成年保護事業委員会）については司

223

法大臣を副委員長としていたのに対し、青少年については文部大臣を副委員長としていたことである（鳥居 2011：4-5）。ここでは、司法省からの草案に対する「修正意見書」でありながら、その「意見書」に明らかにされた少年に対する委員会の実質的責任は文部大臣という提案がなされていた。この修正意見は、岩永が指摘した米国対日政策『民政ハンドブック』における治安対策＝「非行少年」問題に関する「政策提案」と一致すると考えられよう。これらの構想から、法務庁設立以後の「青少年犯罪防止」決議に至る議論を検討する。

2）青少年犯罪防止と犯罪者予防更生法案

　この「青少年犯罪防止に関する決議」に至る議論の内容を伺い知ることのできる資料は、第五回国会参議院の厚生委員会及び本会議における審議過程である。以下、国会審議の資料は、国立国会図書館データベースを使用する。[4]

　1949 年 3 月 25 日の第五回国会衆議院法務委員会では、3 月 12 日の少年観護所の集団放火事件が取り上げられ、佐瀬昌三委員から法務庁総裁の殖田に「少年犯罪防止対策及び東京少年観護所の事件の概況」についての説明を求めた。殖田大臣は、「東京のみならず、廣島、福島等」の「少年観護所」における「少年」の「逃走」事件、特に最近の「東京観護所の放火事件」の失態を陳謝した。

　事件の背景として 1949 年 1 月から施行された少年法、少年院法の実施体制が、「物的、人的の設備が絶対に必要」ではあるが「財政上」の問題、また「予算がとれましても、これを整備する時間」がないという厳しい実情が挙げられた。また、法務庁で取り扱う少年の増加は「初めの予定よりも二倍も三倍も家庭裁判所から送致される」ため、現在の「不十分な設備」ではどのように処遇していいか「はなはだ困却」し、「予算の緊縮」を補うためにも、「犯罪者予防更生法」による「実情」の「緩和」を必要としていることが訴えられた（国会会議録④ 3 月 25 日 2 号）。

　上記の答弁では、実際に少年法と少年院法が効果を発揮し得ていない現状や、「犯罪者予防更生法」が施行されたとしても予算の面でも厳しい状

第五章　GHQ「児童福祉総合政策構想」変容過程2（D）

況は同じであるにもかかわらず、この状況を「いくらか緩和」すべく「犯罪者予防更生法」が立案されたことが説明されている。この新しい法案の実効力に関しては非常に心もとない回答ではあるが、その背景には、前述したようにCISの方針が関係していたと見てよいだろう。その後1949年5月31日に公布された「犯罪者予防更生法」の制定過程やその詳細は、大坪等の研究を参照されたい。

2-3　「青少年犯罪防止に関する決議」に至る国会審議

このような法務庁少年法制の形成過程において、1949年3月29日第五回国衆議院の法務委員会に「青少年犯罪防止に関する決議案」が提出され、4月14日本会議において決議された。

1）第五回国会衆議院本会議（1949年4月14日）

この決議案の解説を行ったのは、衆議院法務委員会の花村四郎委員長であった。花村は、日本自由党所属の弁護士であり、後の鳩山内閣で法務大臣を務める人物である。まず花村は決議案を朗読し、青少年犯罪に関する統計的データを挙げ、「強窃盗」の「青少年事件が大人の事件よりも多い」状況であり、全体の70%を占めていること、そのうちの家庭環境は統計データによると「両親のいない貧困の家庭」よりも一般家庭の「両親のある中流家庭の子弟」が大半であることを指摘した。これらは「青少年犯罪がいかに悪質化し凶悪化しつつあるのか」という現状の一端を説明するだけではなく、敗戦による浮浪児・戦災孤児の問題には留まらないことを示しており、青少年犯罪が、「貧困」という枠組みでは捉えきれない一般家庭及び一般児童の「青少年問題」であることの認識を関係省庁に喚起した（国会会議録⑤4月14日17号）。

その上で、これらの対策の障害となっている法務庁の財政の問題を挙げた。全国49の「家庭裁判所についてわずかに1億円」の予算であり、「観護所」が設置されていない県が多い理由として、「三千万円という予算では、庁舎を建てるにしましても、馬小屋程度のものすらおぼつかない」と

225

悲惨な状態が訴えられた。「政府は青少年問題に対しては断じてけちであってはならぬ」こと、今後日本が、「文化国家、平和国家、として将来の国際社会に伍し得る資格」をもつためには「政党政派を超越し、厳粛に青少年問題ととつ組まねばならない」ことを強調した。この決議の中における法務庁関係者の直接的な要望としては、以下の課題への政府の取り組みが最も切実であったと考える。「不良犯罪青少年の収容、保護、矯正施設」整備の予算と、「青少年の不良化防止、進んでは健全化」のための「総合施設」を樹立し「一大国民運動」の実施が要求された（国会会議録⑤4月14日17号）。

　この青少年不良化防止のための「国民運動」の詳細では、「家庭生活」「学校教育」「職場」における「社会環境、生活環境の浄化・整備が第一の課題」とし、「第二の課題」として「青少年の自主的、共同的な生活を指導育成」するためには「健全な娯楽と趣味の施設」が必要であることが述べられている。また「職業補導」という、労働省管轄における対応としては、「特に重点をおくべき」とされ、職場における施設の充実を訴えた内容であった。敗戦後、4年が経過していたが、保護対象は増加し続け、法体制は整いつつあったものの、予算、物理的な環境設備や人員の確保も含めた実施体制は、非常に貧しく、不十分な状態であったといえよう。そのため保護体制を強化できない現状に対し、予防対策への期待がなされた（国会会議録⑤4月14日17号）。

　さて、上記のように政府として青少年問題解決にあたり「第一の課題」でもある「社会環境、生活環境の浄化・整備」に取り組む場合は、それぞれの関係省庁の「認識」の一致が必要であった。花村は「政府と国民の青少年問題に対する認識をまず改めてもらう」ことを「まず声を大にして叫ばざるを得ない」と述べ、関係省庁の「連携的統合」の必要性を次のように述べた（国会会議録⑤4月14日17号）。

　　しかして、以上のような青少年不良化防止策を実施するためには関係政府機関の有機的な連絡強調を必要とすることが当然であるにもかかわらず、関係政府機関はセクショナリズムに徹しておる状態であり

第五章　GHQ「児童福祉総合政策構想」変容過程2（D）

ます。また、以上のような諸施策を実施するには政府のみの力にまつことはできません國民の深い理解と積極的な協力を特に必要とすることは申すまでもございません。言うまでもなく、今日青少年問題ほど下積みにされ、置き去りにされておる問題はないと確信をいたすのでございます。青少年問題は日本再建途上における最も厳粛かつ最も緊要な問題であります。以上の理由により、われわれは政党政派を超越して、政府が國民とともにこの問題の解決策を急速に樹立し、これを強力にまた眞剣に実施することを強く要望する次第でございます。

（国会会議録⑤4月14日17号）

　上記の花村の説明により、4月14日の衆議院本会議17号の議事録には、「超党派」による「保護・矯正のための予算化」が発議され、この青少年犯罪防止・不良化防止問題は、対策だけでなく「国民運動」という形態が不可欠であることと、この問題への①環境整備、②健全な娯楽と趣味を整えるという大きな二つの課題の存在が示された。

2）「青少年犯罪防止に関する決議」

　この4月14日の本会議における超党派での決議は、「青少年犯罪防止・不良化防止対策実施」には「関係政府機関の有機的な連絡強調の必要性」があるという方針の一致が示され、それぞれの政党の特徴に関連づけた意見が出された。例えば日本社会党は日本再建のため、つまり「講和会議の促進」、「民族独立の促進」のためにこの対策は欠かせないこと、共産党は、失業対策の重要性と関連づけて青少年犯罪防止・不良化防止対策に賛同したのであった。その内容は、以下の通りである。

　「青少年犯罪防止に関する決議」
　新日本の再建復興は、心身の健全な青少年の育成強化に俟つもの大であるが、現下の青少年不良性、犯罪性激化の傾向に鑑み、政府は、この際青少年が民族の原動力であることを強く認識して、速やかに青少年の適正な育成、積極的な品性陶冶と強力な保護矯正を図るため、左

227

記諸施策を実施すべし。

一、青少年の育成強化及び不良化犯罪防止に関する政府各機関の連絡強調を期するため、速やかにその適切な機関を設置し、且つ、国民との協力体制を確立して、これが総合的具体施策を樹立すること。

二、この施策を実施するにあたっては、特にその補導矯正の諸施設を整備強化すること。

三、右に伴う実効的予算措置を講ずること。

四、以上諸施策と措置の結果につきとりあえず次期国会に報告すること。

　　右、決議する。

＊法務委員会委員長花村四郎（他24名提出）

(国会会議録⑤4月14日17号)

このように、法務委員会は、「青少年の育成強化及び不良化防止」を含む「青少年犯罪」を「社会問題」として取り上げ、日本政府の問題意識をさらに国会で喚起した。同時に法務行政をとりまく厳しい現状への緊急な対策を講ずるために、関係省庁の「連携的統合」による「青少年犯罪防止に関する決議」を行った。この14日後の1949年4月28日厚生大臣の請議で「青少年指導不良化防止対策基本要綱」閣議決定がなされ、その行政統合方針は、法務庁と同じ「連携的統合」であった。その後、5月20日に厚生委員会から参議院において「青少年不良化防止対策に関する決議」となる。

次に厚生省の歴史的課題であった旧司法省・法務庁の一部を「一元的統合」することを断念し、また「連携的統合」への転換に至る厚生省の議論を検討する。

2-4　「青少年指導不良化防止対策基本要綱」に至る議論

1949年4月14日第五回国会衆議院本会議において「青少年犯罪防止に

ついての決議」が行われた。その2週間後、4月28日に厚生大臣請議「青少年指導不良化防止対策基本要綱」（以下、要綱）が閣議決定された。法務委員会発議による4月14日決議が、厚生大臣請議による閣議決定に大きな影響を及ぼしていることは明らかであるが、この閣議決定過程の議論を確認する資料に至ることはできなかった。そこで、その決定過程を伺わせる4月28日前後の中央児童福祉委員会と第五回国会審議を検討した結果は、次のようなものであった。

　4月の閣議決定に近い1949年3月12日の第一一回中央児童福祉委員会の議事録の中心は、少年法と児童福祉法の改正事項と、児童局の存置をめぐる攻防についての報告であり、要綱についての記録はない。この会議においても依然、厚生省の不良化防止対策は「不良化防止のしおり」のみであることも明らかである。

　また、4月28日に行われた第五回国会参議院厚生委員会においても、この要綱に関する議論は行われておらず、この要綱の存在すらも語られていない。このことを、どのように解釈すればよいのであろうか。そこで、この要綱が閣議決定された同日の同委員会を検討し、その疑問への手がかりをさぐりたい。

1）第五回国会衆議院厚生委員会第14号（1949年4月28日）

　この4月28日の衆議院厚生委員会において、床次徳二委員が「青少年の犯罪」が増加している現実、児童福祉法や少年法が施行されてはいるが、厚生省児童局の「青少年に対します積極的な指導がないことを痛感」せざるを得ないこと、及びこの機に「国民の健康の積極的増進を職務」としている厚生大臣の考えを明らかにして頂きたいということを強調した（国会会議録⑥4月28日14号）。

　林厚生大臣は「ことに子供ら、あるいは青年」については「注意」が必要であり、「文部省の体力局」が行政整理されたことが「青少年の犯罪」増加の一因であると答弁した。その上で、厚生省も文部省と「今後よく連絡」をとり、「厚生行政の目的を達するように努めて行きたい」と答えている。ここでは、具体的な厚生省としての方針は示されてはいない（国会

会議録⑥4月28日14号）。

　同日の衆議院法務委員会第9号において、犯罪者予防更生法の提案理由が説明された。そこでは少年法の「少年審判所」の文言削除や、犯罪者予防更生法における保護観察の対象に「虞犯少年」を入れるべきか、などが議論された。しかし、厚生省及び不良化防止対策に関しては全く触れられていない（国会会議録④4月28日13号）。

　このように、具体的な要綱に関する議論は、第五回国会、中央児童福祉委員会の議事録には記されてはいない。他方、厚生省の青少年不良化防止対策の不十分さに関する厳しい批判は随所に見られる。これらの厚生省への批判等が、林厚生大臣の請議による閣議決定につながったのではないかと推察される。

2）「青少年指導不良化防止対策基本要綱」閣議決定

　実際の閣議決定に直接かかわる議論は不明であるが、上記のような厚生省への批判を背景とし、1949年4月28日、要綱の閣議決定がなされた。その目的は下記の通りである。

　　青少年指導不良化防止対策基本要綱
　　　戦後に於ける青少年悪化の傾向は真に憂うべき事実であってこれを未然に防止して青少年の心身を健全に育成指導することは本人の人格完成のために必須であることは無論延ては新日本再建復興の礎を固める所以でもある。而してこれがためには幼時よりはじめて其の後の各年齢層に応じた諸般の指導的対策を全国民的な規模に於て講じなければならない。
　　　依ってこゝに左記基本要綱に従い青少年不良化防止運動を実施しようとするものである。

　　　　　　　　　　（木村忠二郎文書 070513-0203；寺脇 1996：439）

　この後に、まず「第一　組織」として、「一　青少年指導不良化防止の運動を推進するために中央地方を通じ厚生、法務、文部、警察及び労働等

第五章　GHQ「児童福祉総合政策構想」変容過程 2 (D)

の関係諸機関が夫々緊密に連絡し一体となって協力してその実施にあたるものとすること。これがために、中央児童福祉審議会（ママ）及び都道府県児童福祉審議会（ママ）に以上の関係機関の代表者を網羅して、その機能を活用するものとすること」とされた。つまり、要綱の運営主体は、児童福祉法体系の「児童福祉審議会（ママ）」が挙げられ、これが関係行政等の総合調整を行い、対策実施を行う方針であった。

　次に「第二　実施事項」として、大きく五項目が挙げられている。「一　社会環境を整備すること」は、一般社会に対する青少年問題、社会問題に対する認識を啓蒙する運動や、犯罪防止、文化統制的内容が含まれている。「二　家庭に対する指導につとめること」は、厚生省の「しおり」と同じく非常に抽象的である。「三　青少年に対する指導を強化徹底すること」には、文部省及び労働省と重複する施策及び類似の団体の活用が並べられている。文部省でいえば青少年団や、児童愛護班、母親学級、PTA、純潔教育、社会教育等で対応している内容である。「四　不良化傾向は能う限り早期に発見しこれを未然に措置すること」においては、行政的な予防措置、行政専門職による対応が示されている。そして、「五　適当な時期を選定し青少年指導不良化防止運動を強調するための週間又は月間運動を実施すること」であった（木村忠二郎文書 070513-0203；寺脇 1996：439-440）。

　このように、厚生省は先の法務委員会提案、衆議院決議の批判に対応すべく、急遽関係行政の「連携的統合」による体制を閣議決定した背景がわかる。この体制は既に戦時下、類似の一般児童青少年を対象とした青少年不良化防止対策の枠組みの踏襲ともいえよう。

2-5　「青少年不良化防止に関する決議」に至る厚生省関係者の議論

　次に「要綱」以降の、厚生省及び参議院厚生委員会の議論について、以下の二つを検討する。第一に、4月28日要綱閣議決定後における、中央児童福祉委員会の議事録より、この青少年不良化防止対策に関して厚生省関係者がどのように認識していたのかを確認する。第二は第五回国会にお

231

ける青少年不良化防止対策の「一元的統合」要望議論である。厚生委員会は厚生省に対し、再び「一元的統合」による青少年不良化防止対策を要望する。しかしこの要望に対し、厚生省が示した行政統合方針はあくまでも「連携的統合」であった。

1）中央児童福祉委員会・厚生省における閣議決定への対応

1949 年 5 月 14 日、第一三回中央児童福祉委員会は、4 月 28 日に閣議決定された要綱を含め、「青少年指導不良化防止対策について」に関する議論を行った（木村忠二郎文書 070514-0210；寺脇 1996：330）。

小島児童局長が「厚生省」だけではなく「最近青少年の不良化防止の問題が各方面で議議（ママ）」されていること、また 4 月 28 日に閣議決定された要綱は「基本方針」だけであり「具体的なものは追ってきめたい」旨を中央児童福祉委員会に提案した。つまり厚生大臣が請議し閣議決定されたこの要綱が、中央児童福祉委員会等、厚生省内でも具体的事項は 5 月 14 日の時点では未検討であり、生江委員から「先日の新聞紙上で文部省でも同様なことを閣議で決定した」のではないか、という質疑がなされるほど、4月 28 日閣議決定に関しては厚生省関係者の中でも十分な情報共有がなされていない（木村忠二郎文書 070514-0210；寺脇 1996：330）といえよう。

さらに、その主な内容の検討手順について、内藤企画課長から次のように説明されている。本委員会と「外に臨時委員を加えて全体的」に取り扱うこと、「本委員の外に関係行政機関の人々の臨時（ママ）委員がある。この両者を合同して会議を開いて」「連携的統合」によって具体的事項を決めてゆきたいこと。また中央だけではなく、「都道府県、市町村の場合でも同様」に検討していく方針も示された。この「関係行政機関の人々の臨時（ママ）委員」に関して、ここでは具体的な委員会名は明らかにされてはいない（木村忠二郎文書 070514-0210；寺脇 1996：330）。しかし、第三節に述べる文部大臣嘱託の青少年教護委員会がそれにあたるのではないかと推察される。

小島児童局長の説明では、その具体的な運営形態は、「この問題の中心になるのは市町村である」こと、「市町村の児童福祉委員会のような組織」が中心となって「関係方面が全部まとまって」対策を講じていくという方

第五章　GHQ「児童福祉総合政策構想」変容過程 2（D）

針が見られる。高島巌委員からは、地方の「市町村児童福祉委員会の外に不良化防止の対策会等」が存在することや、「防犯協会を通じて母の会の結成」など、厚生省以外の関係省庁における不良化防止対策組織等との「重複の問題」が指摘された（木村忠二郎文書 070514-0210；寺脇 1996：330）。このような「重複の問題」に関して内藤より次のような回答がなされた。

　　一、児童福祉事業は学校教育、社会事業等に広い部面に亘るものであり児童福祉委員会はその相互の連絡を図るものである。不良化防止の為に会議があるところでは、これを児童福祉委員会にするもよいし、又法律的には必ずしも市町村児童福祉審議会〔ママ〕は必置ではない。二、警察方面とよく連絡したいと思う。

　　　　　　　　　　　（木村忠二郎文書 070514-0210；寺脇 1996：330）

　内藤によると、要綱と同じく厚生省による中央と地方の統制システムを形成すること、市町村においても、児童福祉委員会を関係行政の総合調整機関として設置しようとする考えがうかがえる。このように厚生省の組織を運営主体として位置づけながら、実施は基本的に中央行政でなく地方自治体が主体となることが明らかにされている。

2）閣議決定後の国会における「一元的統合」議論

　さて 1949 年 5 月 10 日第五回国会参議院厚生委員会会議録第 17 号において、「児童福祉法の一部を改正する法律案」の議論が確認できる。その中で民主党の床次徳二委員は少年法と児童福祉法の「一元的統合」を提案した。床次は、少年法と児童福祉法の「両者の対立を緩和する」努力を評価しつつも、「二つの法律の体制を一つにしてよいのではないか」と厚生省と法務関係当局に対し希望を述べた（国会会議録⑦ 5 月 10 日 17 号）。ここでも、第三章と同じく「一元的統合」に関する議論には「＿＿＿」の、「連携的統合」議論に関しては「﹏﹏」の下線を引く。

　　○床次委員　児童福祉法について一言申し上げたいのですが、今日少

年なり、児童の犯罪に対しまして、あるいは少年法の立場から、あるいは児童福祉法の立場から対策が講ぜられておるように考えられるのであります。今回の修正におきましても、なおこの両者の対立を緩和するべくお努めになつておる点も見えるのでありまして、今までよりよほどこれが緩和して参つたことを認めるのであります。しかしなお根本的に考えますと、もつとこの二つの法律の体制を一つにしてよいのではないかという氣持がするのであります。少年に関しましては、でき得る限り児童福祉法で臨みまして、いよいよやむを得ない分だけ少年法として扱う方が幼い者にとりましては将来更生がしやすいのじやないか。直接少年法の対象となりますよりも、児童福祉法の立場におきましてそれぞれ指導を受けて参る。そして社会に出る方が将来の社会活動におきまして、より有利なのではないか、また本人にとりましてもその方がよい、家庭にとりましてもその方がよいのではないかと考えるのであります。この点厚生御当局、あるいは関係は法務関係にもあると思いますが、でき得べくんば将来におきましてはこれをなるべく一つにしていただいたらどうかという私の考えであります。この点に関しまして御当局の御意見を伺いたい。

〇小島政府委員　ただいま床次委員の御意見、御質問でございますが、根本の精神におきましては大体においてわれわれといたしまして同感でございます。その意味におきまして今回の児童福祉法の改正によりまして、でき得る限りこういうような将来の問題につきましては、なるべくあたたかい方面からこれに対しまして愛護の手を差延べる、こういう方向に向つてやつた方が将来の少年のためにもいいというふうな考え方から、児童福祉法の改正案が今回提案になつたわけであります。その運用につきましてもできる限りそういうふうにいたしまして、関係廳が相当あるのでありますが、それらのものと一諸になりまして、〔ママ〕できる限りそういう精神で運営いたしたい、かように考えております。なお犯罪少年以外は全部児童福祉法でやるかどうかという問題につきましては、将来の研究問題として大いに研究したい、かように考えております。

○床次委員　これは將來におきましてなるべくそこまで進んでいただきたいと思うのであります。余裕がありますれば、<u>あるいはこれをもつと積極的に一つにするということにいたしても、もつと檢討してみたいと思うのでありますが、</u>私は今日この希望を申し上げまして、質問を終りたいと思います。　　　　　　　　　（国会会議録⑦5月10日17号）

　ここで小島が述べる「児童福祉法の改正」というのは、1949年6月15日の少年法、児童福祉法の第三次改正を示しているといえよう。前述のように、この時点において、実際は児童福祉法と少年法の調整により、虞犯少年の保護、「十四歳未満」の犯罪少年の保護が児童福祉法の枠組みに入り、児童福祉法による不良児対策を含む児童保護の「一元的統合」が実現されようとしていた。しかし、青少年不良化防止対策を、児童福祉法の枠組みとして検討するかは、明確な結論がでていないことがわかる（国会会議録⑦5月10日17号）。
　床次が求めた厚生省・法務庁の二つの法体系を「一元的統合」する要望は、小島によって「出来る限り」「そういう精神で」と、あくまで「精神」理念的一致のみに留められた。その理由として、2点挙げられるであろう。第一に不良児対策を含む児童保護の法体系における「一元的統合」という歴史的課題解決。第二に4月28日の厚生大臣請議の要綱閣議決定において、青少年不良化防止対策の行政統合の方針は「連携的統合」であることが既に決定されていたこと、である。
　この審議においては、「母子援護」「母子寮」「保育所」等の議論も活発に行われており、床次の厚生省・法務庁の「一元的統合」に関する希望等に賛同する意見は出されていない。第一回国会の児童福祉法案審議のときのような「一元的統合」への強い要望と激しい議論が繰り返された状況とは、かなり異なっていたといえるであろう。
　しかし、日本社会党の岡良一委員は「青少年の不良化防止の問題」を挙げ、関係行政が「一元的統合」されていないことの弊害、つまり市町村の対策運営における困難さを指摘した。これに対して小島は、関係行政が「協力するような体制」をつくる旨を答えたが、岡はその新しい機構の方

針を明確にすべきであると小島に迫った。

○岡（良）委員　青少年の不良化防止は、先般本院でも決議となりまして、現在重大な社会問題になつております。私どもも地方におりまして、しばしばこの声を聞くのでありまするが、地方で青少年の不良化防止のための問題を取上げまして、いろいろ懇談会のようなものを催しますると、PTAあり、教員組合あり、あるいは教護連盟あり、児童福祉委員あり、家庭審判所あり少年相談所あり、いろいろな機構の方々の代表が出られまして、それぞれのわくの中からものを申されまして、結局この会が何ら効果を収めないというような形で、形式倒れと申しましようか、機構倒れになつておるような感じがいたします。今度の改正法案によりまして、市町村においても児童福祉を中心とする審議会のようなものが設けられることになつておることは、私どもも双手をあげて賛成しておりまするが、こういう審議会の大きな任務は、当面するところの澎湃たる青少年の不良化防止という点にあろうかと信じておるのであります。そういう点につきまして、そうした審議会が具体的に何をやるのか、何を目標としてやるのかというような点についての、審議会のいわば実践のための基本的な方針というようなものについて、厚生省当局として御用意があるかどうか、この点承りたいと思います。

○小島政府委員　ただいまもお話になりましたように、青少年不良化防止の問題は、非常に大きな問題でありまして、この問題につきましては、先般閣議におきましても、青少年不良化防止の閣議決定をいたしまして、児童福祉法の改正案にあります市町村児童福祉審議会というような問題が非常な関連がございます。われわれといたしましては、青少年の不良化防止の問題というのは、各方面の人口がこれに対してそれぞれの分野において協力するということが一番必要ではないかと思います。最近におきましても、たとえて申しますれば、学校の近所におきまして長期の欠席の者があることを学校の先生が調べてまわつて、そのことを特に児童委員なら児童委員に報告してもらうというよ

第五章　GHQ「児童福祉総合政策構想」変容過程2（D）

うな、それぞれの分野におきまして、それぞれの分野の人が協力するような体制をつくる必要がある。そういう意味において中央におきましては中央児童福祉審議会（ママ）、府縣におきましては府縣児童福祉審議会（ママ）、市町村におきましては市町村児童福祉審議会（ママ）というものが中心になりまして、PTA、警察の関係あるいは学校の先生、あるいは児童委員、町村の関係、そういうような人々が各分野において協力してこの問題を解決する、こういう方向に進みたいというふうに先般閣議決定になつたのであります。われわれとしてもそういう精神に沿つてやつて行きたいと思つております。

○岡（良）委員　機構をつくることはまことにけつこうなんですが、機構を現実に即した具体的な方針に従つて運営されるように、中央の方で具体的な活動の方針を示していただきませんと、機構倒れになる傾向が、従來ともすればあることを御注意申し上げて、御善処を願いたいのであります。

（国会会議録⑦5月10日17号）

　新しい機構とはいっても、「現実に即した」運営が必要であることなどが岡から述べられているが、地方自治体における既存の青少年不良化防止対策の組織との重複問題もこの「機構倒れ」の心配に含まれていると考えられる。なお、青少年不良化防止対策の中には不就学児童の問題等を例に、不良化の実際の原因を、根本的に文部省と厚生省が協力して対処する必要性も児童局が認識していることが確認できる。また岡より小島に対して、貧困家庭に対する生活保護における教育費対策と民生委員の機能に対する再検討が要求されている。

　他方、同委員会において日本共産党の苅田アサノ委員が、3月12日におきた少年観護所の「非民主的な児童の取扱方」によっておきた放火・集団脱走事件について厚生省の対応を尋ねた議事録がある。小島は「直接私どもの関係する児童ではなく」、「法務廳関係の少年」のため、「法務廳の方とも連絡」した上で「できる限り児童の福祉方面から適当な方法が講ぜられるように努力」する旨を答弁した。しかし、この厚生省の曖昧な「連絡」「努力」という答弁に疑問を抱いた苅田は、法務庁所管の児童に対し

237

て、厚生省として可能な「権限」「処置」はあるのかないのかを厳しく追及した（国会会議録⑦ 5 月 10 日 17 号）。

　小島の答弁は、「犯罪少年は御承知の通り法務廳の責任でありまして、われわれは協力をするだけで、責任は法務廳でやる、こういうことになっております」と述べ、厚生省による積極的・具体的な対応はほぼ不可能なことが明らかにされた（国会会議録⑦ 5 月 10 日 17 号）。そこで、厚生省のいうところの「関係庁」との「協力」が非常に消極的なものとして批判され、再び児童保護行政の「一元的統合」についての要望が苅田より行われた。

　　　先ほど岡委員が指摘されましたように、<u>児童行政が一本になつていないという点から、いろいろな矛盾が起きておると考えておるのであります。たとえば学校の児童行政、給食問題は、これはすぐ文部省関係になつておるとか、そういう犯罪あるいは不良の少年の問題は、これは法務庁関係になつておるとかいうような、非常になわ張り的な問題があつて、そのために児童の厚生行政というものが十分行われていないという現状に対して、さらに厚生当局としてもつと適当な処置が講ぜられたいということをお願いしたいわけです。</u>特に学校の児童というものは、児童層の非常に大きな部分を占めておるものでありまして、<u>これが全然文部当局側にゆだねられていて、非常に不完全な厚生状態にあるということに対しましては、やはり厚生当局として、もつと機構の面についても十分御考慮願いたいということをお願いしたいと思います。</u>　　　　　　（国会会議録⑦ 5 月 10 日 17 号）

　それに対して、小島は、一元化の問題に関して「たとえば少年の不良化の問題」においては、「先ほど」の閣議決定で、「なるべく一元的に、総合的に、連絡的にやる」ということが決まっていることを伝えた。その体制として「警察あり、学校あり、指導員の関係あり、市町村の関係」など「それぞれの分野において協力する」体制の整備を目指していることを説明した。またその「運営」に関して、苅田に対しても「趣旨に沿うように

第五章　GHQ「児童福祉総合政策構想」変容過程2（D）

努力したい」と述べるに留まった。岡への答弁と同じく、小島がここで使う「なるべく一元的に」というのは、あくまでも「精神的」な理念と方針の一致を示しており、行政統合方針は「連携的統合」であることが述べられている（国会会議録⑦5月10日17号）。

これら青少年不良化防止対策をめぐる議論の特徴は、次の三点である。第一に内務省・厚生省と司法省・法務庁の歴史的課題が、法体系の「一元的統合」（児童福祉法と少年法の調整）により解決していること。第二に、その解決によって法務庁と厚生省の対象範囲が明確になっていたこと。第三に、先に法務庁がリーダーシップをとり「青少年犯罪防止に関する決議」において「連携的統合」方針を明らかにしたことで、青少年不良化防止対策は、児童保護対策の枠組みから離れ、関係行政の「連携的統合」による一般児童青少年対策となったこと。また、その運営主体は厚生省ではなく、一元的理念のもとにつくられる「新しい機構」ということになった点である。

この「連携的統合」による総合調整機関「新しい機構」の構想は、紆余曲折したものの、結果、GHQ構想の青少年不良化防止対策の方針に一致したことがわかる。

2-6　「青少年不良化防止に関する決議」に至る国会審議

こうして厚生省内や国会においても青少年不良化防止対策は、関係行政の「連携的統合」によって行う旨が明らかとなり、1949年5月20日の「青少年不良化防止に関する決議」にむけた審議が始まる。第一は、同年5月17日第五回国会参議院厚生委員会における議論、第二に、5月18日参議院法務委員会に出席した小島児童局長と宮城タマヨ委員の議論、第三に、5月20日参議院本会議における決議提案説明を検討する。

1）第五回国会参議院厚生委員会第24号（1949年5月17日）

1949年5月17日、第五回国会参議院厚生委員会が行われた。緑風会の姫井伊介委員から不良化防止対策が不十分であること、児童福祉法の中で

「一般児童を指導し教化」することによって積極的な児童福祉を実現できるのではないかと、不良化防止対策を児童福祉法に明記する要望が述べられた。

> ○姫井伊介君　更に児童福祉という点からいいまして、今度児童福祉司並びに児童委員の仕事も明記されておりますが、そういう点だけではどうも不良化防止という点が足りない。少年法と相対比いたしまして、或る異常児その他の者を収容し保護するということのみならず、一般児童を指導し教化する、これは教育方面ということになるかも知れませんが、私は指導教化と言つておりますが、指導教化、従いまして不良化防止の面をはつきりこれに出すことが、児童福祉法に明るい部面を與えるものじやないか、この点につきまして一つ。
> ○政府委員（小島徳雄君）　御意見非常に分るのでありまして、児童福祉法が規定の形式から行きまして、少し特殊児童を扱う規定が多くて、一般の児童に関する福祉の問題、今の不良化防止に関する規定の内容が少いじやないかという御意見、よく分るのですが、これは将来研究して行きたいと思いますが、ただ現在どうしてこうなつたかと申しまするというと、そういう問題につきましては、法律的に規定しなければどうしてもできないというふうじやなくて、実際の運営ができる場合が多いものですから、法律の形式におきましては、そういう面が割合に形式的には少い、こういうふうな結果になつていると思いますが、これは根本問題としましては、姫井さんの御意見よく我我も分つておりますので、將來研究いたしてみたい、かように考えております。

（国会会議録⑦5月17日24号）

政府委員である小島は、児童福祉法に「特殊児童」の規定が多く、「一般児童の福祉の問題」や「不良化防止」に関する規定の少なさの指摘をまず認めた。しかし、青少年不良化防止対策は、法律以外における「実際の運営」が可能なこと、児童福祉法に入れるかどうかは、「根本問題」として「将来研究いたしてみたい」と述べるに留まった（国会会議録⑦5月17

240

第五章　GHQ「児童福祉総合政策構想」変容過程 2（D）

日 24 号）。つまり、この青少年不良化防止対策は児童福祉法の枠外で対応することがここで示唆されたといえよう。

　さらに姫井は、「少年法」及び「犯罪者予防更生法案」において「各地に地方少年委員会というもの」の設置予定などを挙げ、児童福祉法においても「子供みずから」が自発的に道徳的な活動ができる「組織」を位置づける必要があるのではないかとも尋ねた（国会会議録⑦5月17日24号）。

　また、5月19日参議院議員運営委員会第33号には「青少年不良化防止に関する決議案委員会審査省略要求の件」を確認できるが、特に議事録には具体的審議内容は記されていない。他方、同日の参議院厚生委員会第25号においては、中平常太郎委員が「青少年の不良化問題と社会施設拡充問題」について吉田総理大臣に質疑を行っている。日本政府の当時の経済政策の中心となった「九原則」が招いた、「多くの犠牲者」として、特に「企業合理化のための失業者の氾濫」により、貧困に陥った家庭の「児童育成の放任」、それに伴う児童の不良化と青少年犯罪件数の増加「今や一ヶ年の犯罪二十五万件のうち、二十歳未満が十万件」という要因や統計データを挙げた。他方、「保育所、乳児院、授産場、教護院児童厚生施設の欠乏」という、児童福祉・保護施設が不十分なためにおきた悲惨な状態として「各地で浮浪児を集團的に氣狂いでもないものを脳病院に入れ、手続上それを重病人と仮称して兒童を監禁して、一ヶ所何百人という多数の死者を出し、兒童を塵芥のごとく死期を早め」たことを訴えた（国会会議録⑦5月19日25号）。

　また、「不良化の傾向は能う限り早期に発見してこれを未然に処置する」ための人材として、厚生省、文部省が青少年不良化防止対策において挙げる「学校職員、兒童委員」の現状を伝え、さらに付加される仕事を引き受けるのは困難であり、無給のボランティア的な動きでは不良化防止に効果があるとは考えられず、十分な人員体制とはいえないこと。自主的な活動、家庭への指導として「生優しい母親クラブ」に期待するのは、「認識の不足」であると、批判した（国会会議録⑦5月19日25号）。

　中平の質疑は、法務庁発議の犯罪者予防更生法（1949年5月31日制定）等に対する批判を含むものであった。中平は、「国民の約半分もある二十

241

歳以下の不良化の防止と健全な育成と、又一般史業者（ママ）の増加に伴う各種の欠陥は、著しく社会大衆の混乱を来しつつあります」と述べた。その上で、「種々防犯のための強い諸法案」が今期も提出されていること、しかしながら「打つべき手を打たずして、ただ押さえつけるだけの方策」であることを指摘し、「思想上の好轉や、悪化の防止が得られましょうか」と、児童福祉的な社会政策の充実及び厚生省の予算及び対策実施の可能性を求めたのであった。吉田茂首相は、財政問題を挙げ、「厚生施設」の必要性を「無視しておるのではなく」、補正予算の中で実現していきたいこと、「今後の臨時議会等」において検討したいという答弁を行った（国会会議録⑦ 5月19日25号）。

2）第五回国会参議院法務委員会第16号（1949年5月18日）

5月18日参議院法務委員会には、厚生省の小島児童局長も出席していた。児童福祉法の対象範囲は虞犯少年・不良少年も含む「十八歳以下（ママ）の少年が全部含まれる」ことになったことを前提に、宮城タマヨ委員が小島へ、次の3点に関する質疑を行った。①児童福祉法改正による虞犯少年対応の改善点、②厚生省の虞犯少年対策予算と人員体制、③非常に悪質の不良少年に対する人員体制に関して。また、法務庁の斎藤三郎政府委員に対して、これら児童福祉法における虞犯少年の対応の現状を示し、④犯罪者予防更生法案における虞犯少年の位置づけに関する質疑を行った。

①児童福祉法改正による虞犯少年対応の改善点

これらの議論において、児童福祉法において吸収された少年法の対象者が、厚生省の施設に移管されたことにより、矯正院法施設よりもどのような改善点があったのかどうかが問われた。厚生省児童局長小島の答弁より、法体制の完成と実施体制の不十分な現状が明らかになる。以下前後の文脈を含む長めの引用を行い、厚生省の実情と虞犯少年への対応が述べられている部分を「＿＿」の下線で示した。

　　○宮城タマヨ君　わざわざ児童局長においでを願つて有難うございま

242

第五章　GHQ「児童福祉総合政策構想」変容過程2（D）

した。二、三お伺いしたいと思つております。それは兒童福祉法が制定されましたときに、十八歳以下の少年が全部含まれることになりますと、それは非常に結構だとあのときも申したのでありますが、ただそのときに私共懸念いたしましたのは、十四歳から十八歳までの四ケ年の子供で虞犯少年、不良少年といつたような者をお扱いになることは、特別の施設がなければどうであろうかということを申しましたが、何か特別の施設をいたしまして、例えば収容所にいたしましても、特別なものを作るということでございましたら、その後兒童福祉法が実施されまして以來のその実施状態、成績は如何でございましようか。この犯罪者予防更生法案につきましていろいろ伺います上に参考にしたいと思つて伺いますわけでございます。

〇政府委員（小島徳雄君）　宮城委員の御質問でございますが、兒童福祉法におきまして、十四歳以上のいわゆる虞犯少年につきまして取扱うことが規定されたが、その施設についてどういうふうになつておるかと、こういう御質問のように考えます。

　御承知の通り、兒童福祉法が昨年の九月一日に実施されました。又少年法が新らしく今年の一月一日にでき上りまして、今兒童福祉法の改正案が國会の衆議院を通過いたしまして、衆議院に出ておることと思いまするが、これによりまして、この問題が一應関係方面とも関係官廳ともよく連絡いたしまして、大体こういうふうになるのではないかと我々は考えております。今のお話の虞犯少年というものを、今度の兒童福祉法の改正案に伴いまして実施することになりますると、いろいろ施設の問題につきましては、相当の整備の問題もあるということは、我々も十分了承いたしておるのでございまして、この問題につきましては、我々といたしまして将来とも努力したいと思うのでございます。現在といたしましては、結局不良少年の関係といたしまして、少年教護院という施設がございますが、その施設を拡充整備するということと、今までにおきまして少年教護院に入つておつた児童につきまして、場合によりましては、少年教護院に収容をしなくても、他の養護施設等に収容することによつて目的を達するような児童もござい

243

ますから、そういうような配置轉換というものを考えまして、できる
限りその精神に副つて整備いたしたいと、かように考えております。

(国会会議録⑧5月18日16号)

　しかし、宮城の質疑の意図は、児童福祉法制度の中で保護される「虞犯
少年」の更生における効果についてであった。そのため宮城は、再び小島
に、児童福祉法制以前からの問題である施設内の「セックス方面に関す
る」問題を例に挙げ、少年法を吸収した後の児童福祉法による「虞犯少
年」対策の改善策及び展望、つまり「教護院に十四歳以下の者と、十四歳
以上」の年齢構成における居住への工夫があるのかないのかを尋ねたので
あった。しかし、小島の答弁は、今回の児童福祉法三次改正により少年法
制から移管されてくる「虞犯少年」たちの数が増大することの懸念に止ま
り、結局、児童福祉法制で対応される「虞犯少年」たちへの対応は、少年
法及び教護院等における施設の問題改善には至っていないことが明らかと
なった（国会会議録⑧5月18日16号）。

②厚生省の虞犯少年対策予算と人員体制

　引き続き小島が、「十四歳以上の少年というものが割合に少い」ことを
理由に適切な対応を行っていないことを苦しまぎれに伝えたことにより、
宮城は、質疑の内容を変更した。それは、厚生省児童局における「この一
ケ年」において対象年齢が広がった「十四歳から十八歳まで」の虞犯少年
に対する予算についてであった（国会会議録⑧5月18日16号）。

　小島の答弁によると、厚生省児童局の予算全体は「養護施設に入つた者、
そういうような教護院に入つた者を一應全部」含めて「本年度において約
五億円」であった。また「虞犯少年」という枠組みでの予算は計上されて
おらず、「養護施設」も「教護院」も同じ予算枠の中で対応されているこ
とが見えてくる。この予算に関しては、ここでは、適切な予算額であるか
どうか、特に議論はされてはない（国会会議録⑧5月18日16号）。

　続けて宮城は、児童福祉法制の中で行われる「虞犯少年」に対する、厚
生省の人員体制「児童委員と民生委員」について「児童委員で子供の問題、

第五章　GHQ「児童福祉総合政策構想」変容過程 2（D）

殊にこの虞犯少年の保護の問題について何か困つた、この今のままの構成
では困るというような声」が厚生省に届いていないかどうか、現状の人員
体制に関する厚生省内の課題認識の有無に関して質疑をした。この質疑に
対して小島は「ただいろいろ問題の子供が発生する場合におきまして、い
ろいろの家庭の問題」があると述べ、その答弁の内容は次の 2 点であった
（国会会議録⑧ 5 月 18 日 16 号）。

　第一に「我々が各従來のいわゆる虞犯少年の問題とか、不良化の問題を
扱つた場合の実例に徴しましても、その本人ということよりも、その家庭
における実情というものが、非常に本人の不良化ということに非常な至大
な関係を有する」ことが「実証的」とされていること。第二に「一人の虞
犯少年というものを未然に起らないように防止するがためには、その家庭
からその改善を図るということが極めて必要である」こと。そのためにも、
家庭に入る児童委員・民生委員の両者として「適任の人」がふさわしいこ
と（国会会議録⑧ 5 月 18 日 16 号）。

　また小島は、「虞犯少年」の対応に限らず、児童福祉法制定過程におい
ても、児童福祉法制化の人員体制として「児童委員と民生委員とをどうい
うふうに扱うか」という問題は継続して「慎重に」検討中であると答弁し
た。「虞犯少年の問題」「不良化の問題」に対して、「適任」である「児童
委員と民生委員」がどれぐらい必要なのかは、それもまた検討中であり、
現在解決が不可能な「將來の研究問題」として位置づけていることがわか
る（国会会議録⑧ 5 月 18 日 16 号）。

　その答弁を受けて、宮城と小島は、「民生委員と児童委員」の仕事の量
の限界と「虞犯少年」への対応の可能性に関して以下のような質疑応答を
行っている。

　　○宮城タマヨ君　〜（中略）〜今度十四歳以下の少年、全部の少年に
　　つきまして、少年院も收容保護しないし、又この観察保護制度におき
　　ましても十四歳以下の者は観察保護に付されないということになりま
　　すというと、それは皆児童委員の手に入らなければならなくなつたと
　　思いますのでございますが、これは実に大きい問題ではないかと思う

245

のでございます。殊に十四歳以下の子供の不良化は御存じのように非常に強くなつて参りますし、専門家の話を聞きますというと、十四歳以下の者で不良児として、或いは犯罪児として表面に現われて來ますところの者は、それ以上の年齢の者に比べましても、その保護の対象としますこととして考えましたときに、非常に悪質だということを言われております。その悪質の者が全面的に児童委員の肩に掛かつて参りましたとなりましたら、どういうふうに消化されて参るのでございましようか。それについてその対策を伺いたいと思つております。

○政府委員（小島徳雄君）　仰せの通り、現在の民生委員は全國に約十三万ございますが、これはいわゆる無報酬ということで、名誉職ということで現在いろいろ仕事を仰せ付かつておるわけでございます。従いまして、相当他に専業の職業がありながら、そういう仕事を持つておる関係上、相当重荷になつておることは我々も認めます。それに比べまして、児童福祉法に伴いまして、児童委員の重要な十四歳以上の虞犯少年、或いは十四歳以下の虞犯少年という問題を扱うということになりますと、極めて児童委員の任務が増加いたしまして、現在困つておる上に非常に迷惑をかけるということにつきましては、よく我々も了承いたしておるのであります。然らば我々といたしまして、如何ように対処すべきかという問題につきましては、私共も先般閣議に青少年不良化防止対策というものを決定いたしましたように、この問題は警察と学校と家庭と児童委員、そういうものがそれぞれの分担を
（ママ）
以と協力するということが極めて必要であると考えております。そういう方法で政府の方策も決定いたしております。例えて申しますれば、現在におきまして、学校に非常に長期の欠席の児童がおる。そういう者は先生が割合に無関心でいる。そういうことになりますと、それを一々児童委員というものが未就学児童ということを調査することは大変なことでございます。従いまして、そういう問題につきましては、学校の先生から児童委員に通知して貰うというようなことにして、お互いにその任務に應じまして、連絡協調することになりまして、非常に省けるのじやないか、そうしてうまく連絡が行けるのじやないかと

246

いうことで、根本対策を決めて政府の閣議決定になつておるようなわ
けであります。　　　　　　　　　　　　　（国会会議録⑧５月18日16号）

　小島は、厚生省管轄の対応では難しい点を、文部省管轄の学校と連携し
て行うことで補えること、またその有用性を述べた。他方、「根本問題」
解決には、やはり「児童委員」ではなく、「本当の有給のケース・ワー
カー専門家」＝「児童福祉法におきましては、兒童福祉司という専門の
ケース・ワーカー」の配属が必要であること、その配置は現状では難しい
ことが述べられた（国会会議録⑧５月18日16号）。

③非常に悪質の不良少年に対する人員体制

　宮城は、これらの根本対策は不良化防止対策に対するものであるとして、
再度、小島に「非常に悪質」な「十四歳以下の者で不良兒として、或いは
犯罪兒」に関する対応を次のように尋ねた（国会会議録⑧５月18日16号）。

　　○宮城タマヨ君　今仰せになりましたように、不良度に低い犯罪の軽
　　度の少年については、それで十分であろうかと思つておりますけれど
　　も、非常に隔離収容保護をしなければなりませんような、不良の度の
　　強い者に対して、その今ございます教護院を強化するとか、或いはも
　　つと収容保護しますところの設備をするかというような、もつと機構
　　の上に加えなければならないというようなお考えはございませんでご
　　ざいましようか。つまり私の心配いたしますのは、十四才以下の子供
　　でついそつちの問題に子供が流れて行つた場合に、それが本当に仕合
　　せになるように保護し、矯正して頂けるかどうかという点を非常に懸
　　念しておるのでございます。　　　　　　（国会会議録⑧５月18日16号）

　小島は、「学童関係のいわゆる不良化傾向というものの全部一齊調査」
した結果を挙げ、「家庭ということに相当の注意、指導を向けるというこ
とが不良化防止の根本の一つの方針」であること、「非常に悪質の不良少
年」への対応は「児童委員ではなかなか困難」であることを認めた。そこ

でもまた、解決手段として挙げられたのは児童福祉司であった。（国会会議録⑧5月18日16号）。

　児童福祉法制において、歴史的課題であった「虞犯少年」を保護の対象とすることになったが、その具体的な保護体制及び施設養育の改善、児童福祉の精神にのっとった対応及び厚生省の人員体制とシステム全体は、非常に不十分であったといえよう。

④犯罪者予防更生法案における虞犯少年の位置づけ

　さらに宮城は、犯罪者予防更生法案における14歳以下の位置づけに関して、再度法務府の斉藤三郎政府委員に尋ねた。「犯罪者予防更生法案の年齢」について、「十四歳以下は保護観察の対象」にならなかった理由を尋ね、第二に「本当に一番大事な十三・四歳という子供達を結局野放しにするのではないか」と強く訴えた（国会会議録⑧5月18日16号）。

> ○政府委員（齋藤三郎君）　この法案は終戦直後、二十一年でございますが、私まだこの職にありませんときから、足掛け四年やつておりまして、いろいろ関係各省、関係方面と折衝の上作られたのでありまして、そのときどきで若干、若干どころか根本的な考えも変つたこともございます。要するに十四歳未満の者は刑事責任がないのだ、そうしてこの犯罪者予防更生法案は、一つの刑事政策の意味を多分に持つておるというもので、それは法務廳でなすべきだ、併し刑事政策以外のものは一般の社会政策、社会事業と申しますか、そういう方面で担当すべきだという考え方、これが結局は少年院から十四歳未満を落すというようなことになつておるのでありまして、この犯罪者予防更生法案は、要するに少年についての非常に有利な点、犯罪を犯してから観察に付せられて、そうして少年につきましてだけでございますが相当の犯罪を犯しても少年委員会の観察に付する、そうしてその観察が無事に解除せられれば、それで既判力を生じまして、その犯罪については何ら改めて責任を問われるようなことはない。非常にこの犯罪者予防更生法案が、一般の社会事業的というよりは、非常に刑事政策的な

色彩が濃厚でありまして、さような点から十四歳未満については一般
の社会政策、その方面で手当てすべきである。こういう考えで、この
問題を決定したと、私はさように考えるのであります。

（国会会議録⑧ 5 月 18 日 16 号）

　当時、法務庁、厚生省どちらにおいても法体制の確立と共に、その実施
体制を整えるために必要な予算が不十分であり、財政問題が山積していた。
ことにこの「不良化問題、犯罪の問題」は増加する一方で、保護・収容が
可能な施設が不十分であり、予算面や保護児童の人数に対応する物的確保、
人材養成が困難であった。このように、法務委員会の議論の中においても、
実際には青少年不良化防止対策を法務庁の法体制のみで対応する限界が明
らかにされていた。

3）第五回国会参議院本会議第 30 号（1949 年 5 月 20 日）

　5 月 20 日の参議院本会議にて、「青少年不良化防止に関する決議案（姫
井伊介君他一四名発議、委員会審査省略要求事件）」が議題に挙げられた。厚
生委員会の姫井が、青少年犯罪数の増大を統計で示し、その原因を子ども
ではなく当時の「混乱せる社会情勢」にあることを強調した後、不良化防
止に関する決議について以下説明した（国会会議録⑨ 5 月 20 日 30 号）。

　　ただ従來のような各官廳行政部門がそれぞれにばらばらに分れてお
　りましては立派な仕事はできない。何とかして各関係各省が相提携連
　絡いたしまして、この青少年の善導に対して死力を注がなければ、
　我々が念願しておりますところの明るい國家の建設は至難であります。
　この間、新聞記事を見ますると、放火をして、付け火をして、集團し
　て脱走した少年院におりました子供たち……。その事件が起りますと、
　そこの院長はこういうことを申されたと新聞は報道しております。設
　備がない、悪い、どうにもしようがない、人も足らない、だから、こ
　れからは施設が完備するまでは、悪質な少年を送つて貰わないように
　法務廳に上申をすると言つておるのであります。一方から言えば無理

もない。これら職員は、何故施設を十分にして呉れないかとも言えますけれども、然らば悪質な者を送つて呉れるなと言うが、その悪質なる少年は誰が保護するか。誰がそれを守つていくか。たとえ不備な設備でありましても、職員が足りないでも、命がけを以てそれらの子供を抱きかかえて行かなければならないのがその人の天職ではございませんか。～（中略）～どうか官民協力、すべての國民が一体となつて大國民運動を展開いたしまして、これらの子供のための將來と言わず、我が國の將來のために立派な國家が建設されまするように、及ぶだけの努力を拂つて頂きたいということを切に希望いたし、（拍手）私の説明を終ります。　　　　　　　　　　　（国会会議録⑨5月20日30号）

　姫井は、「青少年の善導」に関して必要なことは「官民協力、すべての国民が一体となつて大国民運動を展開」であると強調した。この運動の目的は、「我が国の将来のために立派な国家」が建設されることであり、このように「大国民運動」を施策の中心とした点などは、まさに戦時下の青少年不良化防止対策の枠組みを再利用したといえよう。

　このように厚生省における青少年不良化防止対策は、青少年指導不良化防止対策基本要綱が閣議決定された後、急ピッチで中央児童福祉委員会と「関係行政機関の人々との臨時委員（ママ）」、第五回国会参議院厚生委員会において検討された。この突然の閣議決定や国会における「委員会審査省略要求事件」がなされた理由の一つとして、5月31日に厚生省・文部省・労働省設置法制定（翌月施行）にむけ、早急にその所管を明確にする必要があったといえよう。つまり青少年不良化防止対策は、その所管がいくつかの関係省庁と重複するため、厚生省と法務庁は「一元的統合」から「連携的統合」への方針転換を行い、その方針を機構内で明確にする必要があったと考えられる。

4)「青少年不良化防止に関する決議」
　このような状況の中、下記の「青少年不良化防止に関する決議」が1949年5月20日参議院本会議において行われた。

第五章　GHQ「児童福祉総合政策構想」変容過程2（D）

　戦後國情の混乱は、幾多深刻なる社会問題を引き起しているが、國家將來の活力たるべき青少年が或いは親を失い、家庭を離れ、巷に放浪して、遂に罪を犯すに至るものが近時著しくその數を増加していることは誠に憂慮に堪えない。よって政府は自由を名目とする放任主義政策を是正し、三千五百萬に余る兒童及び青少年の社会福祉に関する積極的方針を確立し、その心身を健全に保護育成して、前途に光明を與え、不良化を防止して、国家社会の明朗なる將來を建設するため、左記各項につき適切なる施策を断行して、その結果を次期國会において本院に報告すべきである。

一、青少年及び兒童の社会的実態を示すべき調書を公表し、これに対応する福祉施策を確立すること。

二、児童福祉法、少年法、労働基準法、職業安定法、学校教育法、社会教育法等各種関係法制施行に当っては、適切な調整を図り、主管行政の独善的弊害を排し、青少年の善導に万全を期すること。

三、青少年の適正指導並びに適正職能補導施策を充実促進すること。

四、青少年及び兒童の心身の健全なる発達を阻害する社会環境の是正に努むると共に、刊行物、藝能作品及び演出、遊戯、娯楽及び各種廣告物等に関する文化財の質的向上を図ること。

五、青少年及び兒童に対する厚生施設の整備普及を図ること。

六、青少年及び兒童の自治的共励運動を促進してその発達を期すること。

七、青少年不良化の誘因たる道義荒廃の根元を究明して、民主的平和日本確立のための国民運動を展開し、社会風教の刷新を図ること。
　右決議する。　　　　　　　　　　（国会会議録⑨5月20日30号）

　この決議が読み上げられた後、当時の厚生大臣林譲治は、4月28日に閣議決定した要綱の内容を再度取り上げた。大臣が強調した点は、厚生省は、「青少年を取り巻く社会環境の整備、家庭への指導、青少年に対する指導の強化徹底、不良化傾向の早期発見等、広汎に亘る具体的対策を打ち立てている」こと、その主体となっている組織は厚生省の「中央児童福祉

251

委員会及び都道府県児童福祉委員会」であること、であった。その上で、厚生省は「関係各官庁並びに各種の報道機関、民間団体の緊密な連絡と協力の下に、統一ある運動」つまり「連携的統合」の方針に沿って対応することを述べたのである（国会会議録⑨5月20日30号）。

こうして法務庁の「青少年犯罪防止に関する決議」、約1ヶ月後の参議院本会議の「青少年不良化防止に関する決議」によって、厚生省は、「連携的統合」方針とそのリーダーシップを再度明らかにするに至った。

児童福祉法制定後、厚生省関係者において優先された議論は、制定された児童福祉法制の実施体制確立と、特に少年法、児童福祉法との調整による不良児対策を含む児童保護の法体系の「一元的統合」であった。また、一般児童が対象である青少年不良化防止対策の必要性を認識しながらも、財政面の課題もあり、具体策は乏しいものであったといえよう。さらに、早くも1949年3月には児童局廃止運動により、児童局の存置自体が危ぶまれていた。

児童保護の「一元的統合」議論は、児童福祉法案と「児童院」構想の審議において提案された通り、法体系レベルの調整によって行われ、児童福祉法による不良児を含む児童保護法体系の「一元的統合」を達成した。これは、内務省・厚生省と司法省・法務庁の歴史的課題の終結点でもあった。この変容過程Cの結果が、厚生省の青少年不良化防止対策における行政統合方針を、GHQ構想の方針と同じく「連携的統合」へと転換させる契機となったといえよう。この法体系レベルの「一元的統合」が、なぜ「連携的統合」方針への転換の契機となったのかは、上記の議論の検討を通して次のように考えられる。

第一に、GHQ構想、変容過程ABにおいて不明瞭であった青少年不良化防止対策の対象範囲が、変容過程Cによって明らかになったということである。つまりGHQ構想、変容過程ABにおいては、「非行傾向を持つ少年」、「不良児の補導」等、不良児の児童保護対策なのか、一般児童の不良化防止対策なのかが明確になってはいなかった。しかし、変容過程Cにおいて、児童福祉法と少年法の関係調整により、法体系の児童保護の対象範囲が明確となり、青少年不良化防止対策は一般児童に対する予防策の枠組

252

みで対応されることが明らかとなった。

　第二に、この一般児童対策としての青少年不良化防止を含む青少年犯罪防止対策に関して、先手を打ち「連携的統合」方針を明確にしたのは法務庁であった。後れをとった厚生省は、その対策におけるリーダーシップをとるために児童福祉法の枠組みから青少年不良化防止対策を離し、戦時下の前例を活用することによって、急遽方針転換を行ったことと理解できよう。残念ながら、ここでは資料の制約から、法務庁と厚生省との具体的な「連携的統合」への転換に関する議論を明らかにはできなかった。

　しかしながら、厚生省における青少年不良化防止対策に関する二つの議論、つまり、第二章の不良児対策を含む児童保護の法体系の「一元的統合」の議論と、この行政機構レベルにおける「連携的統合」に関する一連の議論を比較すると、その姿勢や熱意は明らかに異なるといえよう。その議論からは、少年法から吸収し児童福祉法に統合した虞犯少年の保護に関する人員体制と、保護施設の不十分な準備体制や、予算の問題が明らかにされた。少年法制度における保護体制と比べ、移管後の保護体制も、改善されたとはいえぬ状況が推察できる。勿論、不良化防止対策に関しても、予算がなく、児童委員等、無給のボランティアの制度を利用することに対して、実践家である宮城タマヨ委員からの批判に応えることも難しい現状が浮き彫りになったといえよう。

第三節　戦後の文部省による青少年不良化防止対策の検討

　変容過程Ｄにおける厚生省と司法省の「連携的統合」への転換議論の中には、文部省の姿が見えない。しかし、第四章でも述べたように、戦前は感化院の所管をめぐり文部省は内務省と対立し、戦時下は大日本青少年団の結成及び青少年教護運動を実施するなど青少年不良化防止対策の要であった。

　また、戦後早くから、青少年教護委員会を立ちあげ、啓蒙的な青少年不良化防止対策を行おうとした。鳥居和代は、2011 年の論文「敗戦後の

253

『青少年問題』への取り組み：文部省の動向を中心として」において、文部大臣から委嘱され設置された青少年教護委員会の三つの建議を中心に、当時の厚生省、司法省、GHQの動向、教育刷新委員会と文部省の議論などを比較検討している。また被占領期の青少年不良化防止対策における文部省の位置づけの検討も行っている。鳥居が検討した教育刷新委員会における青少年不良化防止対策の所管に関する議論は、厚生省、司法省の「連携的統合」の方針転換後の青写真、つまり青少年問題対策協議会設置にも大きく関わっていると考えられる。そこで、教育刷新委員会の議事録から青少年不良化防止対策の事務局所管に関する議論に念のため簡単に触れておくことにする。

3-1 戦後初期、文部省「青少年不良化防止」対策の検討

鳥居は、「敗戦後の『青少年問題』への取り組み：文部省の動向を中心として」（2011）において、被占領期の文部省による「青少年不良化防止対策」を時系列で考察し、かつ文部省内部、GHQとの方針をめぐる議論、教育改革の諮問委員会である教育刷新委員会及び関係省庁においての議論を体系的に捉えた。鳥居の結論は、「戦後初期の文部省を中心とした青少年社会教育・文化に関する取り組みは、その当初から青少年の犯罪や不良化をなくするための政策意図と無縁ではなかった。にもかかわらず、政府の『青少年問題』対策の登場以前も以後も、青少年の犯罪統制・文化統制において文部省が一貫して有力な存在たりえなかったことがみえてくるのである」というものであった（鳥居 2011：11）。

しかし、1950年代前半からは、社会教育を中心とし、文化対策、純潔教育、労働者教育など、積極的な議論が行われ、むしろ文部省が青少年問題の中心的役割を担っていく。このような展開を考えれば、被占領期の青少年不良化防止対策において文部省が、消極的態度に留まった理由があるはずである。

戦後初期の文部省における主な青少年不良化防止対策は、「青少年不良化防止対策要綱」（1946年10月7日）、「『児童愛護班』結成活動要綱」（10

月 19 日）、「青少年教護委員会」の設置（1947 年 5 月 9 日）であった。この三つの青少年不良化防止対策の中で、特に注目すべきは、「青少年教護委員会」の設置（1947 年 5 月 9 日）である。

3-2　青少年教護委員会による三つの建議

1947 年～ 1949 年初頭に開催された「青少年教護委員会」は、三つの建議を文部大臣に提出している。それは、①「青少年研究所設立に関する建議」（1947 年 8 月 30 日）、②「青少年教護対策に関する建議」（1948 年 4 月 26 日）、③「浮浪児対策に関する建議」（1949 年 2 月 12 日）であった。

1)「青少年研究所設置に関する建議」

「青少年研究所設立に関する建議」の前文には「政府は現下における青少年の現状に鑑み、学界その他関係各方面の権威者を撰挙し、青少年に関する綜合的な科学的な研究を行い、青少年の不良化防止に関する方策並びに不良化した青少年の教護対策を樹立するため、別記要綱により、速かに青少年研究所を設置せられたく、右建議する」とある（日本近代教育史料研究会⑨ 1997：238）。[5]

建議の「理由」として、「あたらしい日本を建設」するためには、「青少年の健全な育成を図ること」、「青少年・児童の福祉を増進するために、積極的かつ全面的な対策を講ずること」は「国家の重大な義務」であることが挙げられている。また、「青少年不良化の傾向」は、「青少年・児童全体にかかわる極めて重大な問題である」ため、これに対処する「根本方策」「強力な具体的措置」の実施を要するとした。その「対象」は、「ひとり少年だけでなく、上は青年から、下は児童・乳幼児、あるいは進んで胎児・母体にまで及ばなければならない。また、ひとり精神的・身体的異常者あるいは孤児、浮浪児、不良児などのような特殊の者だけでなく、一般の正常な青少年・児童をも包括してこれを対象とすること」とされた。また、その「当人」だけではなく、「家庭、学校、社会との関係」において「文化的、教育的、社会的、経済的、厚生的、刑事政策的、その他のあらゆる

角度から、綜合的な対策」が必要であることが述べられている（日本近代教育史料研究会⑨ 1997：239）。

このように、青少年の範囲は、乳幼児、胎児、母体にまで言及され、省庁間の分野を越えた枠組みの視点、「綜合的な対策」が必要であることが明記されている。また「正常な青少年」等に対する予防策が必要なことから、対象はすべての「児童・青少年」とし、就学児童に限定しない広範囲に及んだ。これら「青少年・児童の福祉増進を目的として有効・適切な対策を確立」するためには、まず「綜合的な科学的研究を行うことが必然的な前提」であるとされ、「青少年研究所」設立が、「政府」に要望された。さらに、建議に別記された青少年研究所要綱の「所管」は、「内閣所轄とし、文部、内務、厚生、司法等関係各省の協力が望ましいが、暫定的に文部省所管とし、関係各省の協力を求めることも一案」というものであった（日本近代教育史料研究会⑨ 1997：239）。

青少年教護委員会は、青少年不良化防止には関係各省との協力が必要であることは大前提であったはずだが、文部大臣からの委嘱で内閣に設置された委員会であるためか、文部省の管轄とすることが案として明記されている。この「一案」に関して、どのようなやり取りがあったのかを明らかにする資料は筆者が調べた限り見当たらないが、この「関係各省の協力」方針がこの要綱に明記されたことに関しては、二つの系譜が考えられる。

第一に、前述した戦前、戦中の歴史的な視点からである。第二に、GHQの政策方針、つまり 1946 年 10 月のGHQ「児童福祉綜合政策構想」における「主に非行傾向をもつ少年の取り扱い」は、関係省庁による「連携的統合」という方針への合意である。この方針には中央に「協力体制」の組織が必要であることが強調されており、政府としての責任が問われた緊急対策として関係省庁が認識していたものであった。しかし、前述した厚生省における「児童福祉綜合政策構想」の変容過程ABCDと同様に、文部省においても、「連携的統合」方針を了解しつつ、実際は文部省の所管とする意図があったとの推察もできる。

第五章　GHQ「児童福祉総合政策構想」変容過程2（D）

2）「青少年教護対策に関する建議」と「浮浪児対策に関する建議」の
行政統合方針

　「青少年研究所」の建議の翌年、青少年教護委員会から二つの建議が文部大臣に提出された。1948年の「青少年教護対策に関する建議」と1949年「浮浪児対策に関する建議」である。これら二つの建議における行政統合方針を次に確認しておこう。

①「青少年教護対策に関する建議」

　「青少年教護対策に関する建議」（1948年4月26日）では、青少年不良化防止対策が大きく三つに分類されている。「第一、青少年教護に対する国の行政について」、「第二、青少年不良化の原因並びに教護対策に関する調査研究について」、「第三、青少年不良化防止対策並びに不良化せる青少年の教護について」であった。

　これらの三つの対策を行う「理由」は、「終戦後青少年の道義のたい廃、不良化が」甚だしいこと、その「原因」の一つに「環境の不良、社会風潮の悪化、教育の欠陥」が挙げられていた。「あたらしい日本を建設」する時代を担う若者の、「青少年の健全な育成」及び「不良化した青少年に対する教護も青少年を不良化せしめない様に健全な教育を施すこと」が「極めて重要な教育の仕事」であるとし、青少年不良化防止対策における教育の重要性を強調している。他方文部省として「之が対策を早急に実行に移し、児童・少年の福祉のため関係方面との連絡を密にして、青少年の教護のために全力を注ぐべき要がある」と締めくくっている（文部省青少年教護分科審議会 1950：9-10）。

②「浮浪児対策に関する建議」

　「浮浪児対策に関する建議」（1949年2月12日）は、「第一、浮浪児に対する国の行政について」、「第二、青少年研究所の設立について」、「第三、浮浪児教護対策について」と三つに分類されている。「第一、浮浪児に対する国の行政について」では、所管行政の「連絡調整」の必要性が強調されている。

257

この「浮浪児に対する国の行政」が、「青少年教護に対する国の行政について」との異なる点は、浮浪児対策は、新しい機関の設立ではなく、あくまで法制上の主管行政、厚生省、法務庁、文部省の「緊密な連絡」＝「連携的統合」の必要性が一貫して示されていることである（文部省青少年教護分科審議会 1950：28-29）。

3-3 「青少年研究所設立」に関する「事務」所管の議論

「青少年研究所設立に関する建議」の議論が、1948 年 7 月 22 日教育刷新委員会第七特別委員会（第二十九回議事）で検討されている。この委員会議事録で、文部省の青少年不良化防止対策をめぐる所管、機構拡大の方針が変更される議論の過程が確認できる。

当時の東京帝国大学文学部部長であった戸田貞三委員は「青少年教護委員会」が「青少年の問題を研究」しており、この委員会は内閣に「青少年研究所」を設置し、「実際の事務は文部省」とするよう提案したことを説明した。文部係官は、この青少年問題を取り扱う部局は「内閣の所属でないと、法務庁や厚生省の関係がある」ために、難しいこと、それが実現しなければ文部省におくことも可能ではないかと答えている。さらに戸田は「厚生大臣とか文部大臣というものが委員になって、そうしてこういう教護委員会というものを組織する。それを実際的に具体的に事務局のような仕事を文部省」が担ってはどうか、と提案した（日本近代教育史料研究会⑨ 1997：236）。

また、社会教育局に青少年問題専門の課を設ける可能性についても検討され、有賀三二委員から、「文部省だけで何か部局ができるということになると、厚生省、司法省あたりと縄張り争になりはしないかと思う」という意見も出された。つまり、慎重にセクショナリズムを回避する方法、関係行政における「連携的統合」の模索が行われている。その中で「青少年研究所」の所管についてもさらに議論された。

戸田は「一部分は文部省、一部分は厚生省というふうに、両方で協力する」という提案を行い、その案に呼応して山極武利委員は「文部省が積極

第五章　GHQ「児童福祉総合政策構想」変容過程2（D）

面を担当し、それから司法省や厚生省が消極面を担当」していくこととなろうとその青写真を示した。文部係官は今迄の反省を含め「文部省は、外の方に積極的に協力していく」必要性を強調した（日本近代教育史料研究会⑨ 1997：238）。これらの議論を通して見えてくるのは、以下二つの新しい青少年不良化防止対策の機構の可能性である。第一に青少年教護委員会案として内閣に設置する「青少年研究所」、第二に文部省内における「青少年社会教育の部局の設置」である。

　他方、戸田は、第一に「青少年犯罪者の大多数が六・三制義務教育の対象者である点に鑑み、文部省においては一層青少年教護に関する研究、調査につとめ、青少年の校外における指導を徹底し、学校、家庭、社会の関係機関の密接な連絡の下に、教護方策の強力な推進を図ること」、第二に「その他の関係機関の密接な連絡の下に、教護方策の強力な推進を図ること」を「青少年研究所」の設置実現にむけて強調した（日本近代教育史料研究会⑨ 1997：237）。

　つまり、「六三制に関係のある青少年が不良化するのを文部省は黙ってみておるわけにいかん」という理屈であった。この意見に対して係官は「これはよさそうですね。文部省という名前を出しても」と答えている（日本近代教育史料研究会⑨ 1997：240）。

　上記の議論から、青少年教護委員会から提案された「青少年研究所」構想に対して、どのように「文部省」を位置づけるかという点が慎重に検討されていることがわかる。他方、教育刷新委員会としての責任の範囲やその回避の仕方、さらに文部省における新しい「校外における指導の徹底」を図る部局、つまり社会教育局の根拠が議論されてもいる。この構想に関する審議の中に、青少年問題を包括的な社会教育として扱うことにより、社会局設置の議論が可能となったともいえる。そして構想が実現できれば「文部省と法務庁と厚生省などが、或る程度仕事を分け合って、互いに連絡協議する」ことが可能になる、そうでなければ対応できないという点で、戸田と係官が同意し、この所管に関する議論に終止符が打たれたのである（日本近代教育史料研究会⑨ 1997：240）。このように、教育刷新委員会では、文部大臣委嘱の青少年教護委員会や研究所構想の事務局として位置づける

259

可能性をさぐっていた。しかし、具体的決定は政府に委任する形をとるという結論を出した。

　文部省が厚生省、司法省のように表向きの議論に登場しなかった理由として、文部省は、戦前、戦時下の大日本青少年団、社会教育団体等を利用して統制的な指導を行ったことが挙げられる。つまり戦後もGHQや他省庁から文部省の軍国主義的統制力が懸念されていたため、GHQの民主化政策下において、青少年不良化防止対策の具体的な実施体制を、文部省は強く主張できなかったのである。しかし1948年6月8日の第七回特別委員会（第二十六回議事）では、文部省の青少年不良化防止対策としての「青年団」の「民主的に運営されて、而も健全な発達」の可能性について「指令部（筆者註：GHQ）でも最近は積極的」になったことが明らかにされている。そのため、7月22日の第二十九回議事において青少年不良化防止対策が検討されることになったという（日本近代教育史料研究会⑨ 1997：204-205）。

第四節　青少年問題対策協議会設置

　1949年4月青少年犯罪防止に関する決議、5月青少年不良化防止に関する決議、この二つの決議によって、青少年不良化防止対策は、厚生省・法務府・文部省それぞれの法制には規定されないことが明らかとなった。しかし、社会問題であった青少年不良化防止は、緊急の総合施策が必要であり、中央関係省庁の「連携的統合」による新しい総合調整機関によって対応されることとなった。5月31日各省設置法において、厚生省は「青少年不良化防止」を児童福祉行政の掌握の事務の一つとして明記しているが、文部省設置法（法律第146号）においては、それは社会局等の事務には明記されず、末尾の「審議会等」の中で、青少年教護審議会（前述した青少年教護委員会）に「青少年団体、青少年の不良化防止及び教護並びに児童文化その他児童等の校外生活に関する事項を調査審議すること」（官報1949年5月31日）と記載するに留まっている。法務庁設置法において記

第五章　GHQ「児童福祉総合政策構想」変容過程 2（D）

載は見当たらない。

このように、それぞれの設置法制定においてもその内容の明記がまちまちであることからも、関係行政の「連携的統合」による総合施策とその総合調整機関に関する具体的な検討は 6 月 1 日以降に持ち越されたといえよう。

4-1　青少年問題対策協議会設置過程

青少年不良化防止対策の「連携的統合」による総合施策とその総合調整機関は、結局「青少年問題対策協議会」設置に結実するのであるが、その詳しい過程及び具体的な議論の詳細を把握する資料を見出すことができなかった。ここでは、1949 年 11 月 11 日第六回国会衆議院法務委員会 4 号 [6] における当時の法務府総監である殖田俊吉大臣の説明から、その概要を確認するに留めたい。

1）法務府総監殖田大臣による青少年問題対策協議会設置の説明

1949 年 11 月 11 日第六回国会衆議院本会議において、殖田大臣が第五回国会における「青少年不良化防止対策における決議」以降の経過を報告した。まず「青少年犯罪防止に関する決議」を行った衆議院本会議で政府代表をしていたこと、その関係でこの青少年犯罪防止、不良化防止対策の事務当局を法務府が担っていたことを述べている。

この挨拶からは、1 ヶ月遅れの「青少年不良化防止に関する決議」を行った厚生省よりも、法務府がそのリーダーシップを勝ち得たという背景が見えてくる。また、法務府、厚生省、文部省に加え、労働省、大蔵省、警察、検察、裁判所が加わり、「青少年問題対策協議会設置要綱案」「青少年保護矯正」二つの総合政策にむけた「懇談会」が計 5 回開かれている（国会会議録⑩ 11 月 11 日 4 号）。これら「懇談会」の内容については議事録等を見出すことができなかったが、国立公文書館の「第三次吉田内閣次官会議書類綴」から 1949 年 6 月 12 日「青少年問題対策協議会設置要綱（案）（法務府）」、6 月 14 日「青少年問題対策協議会設置に関する件（総理

261

府)」（内閣官房内閣参事官室）、8 月 29 日「青少年問題対策協議会決定事項
中本年度内に実施すべき緊急対策要綱（審議室)」（内閣官房内閣参事官室）、
8 月 30 日「青少年問題対策協議会決定事項中本年度内に実施すべき緊急
対策要綱（審議室)」（内閣官房内閣参事官室）の資料 7) によって、その内容
及び過程を推察することができる。

2)「青少年問題対策協議会設置要綱（案）（法務府)」（1949 年 6 月 12 日）

　法務府が音頭をとり、1949 年 6 月 12 日に法務府の「（案)」として「青
少年問題対策協議会設置要綱」が作成された。この要綱案には「青少年の
指導、保護及び矯正に関する綜合的施策を樹立し、その適正な実施を図る
ため」という趣旨の上、「閣議決定」により、「内閣官房」に青少年問題対
策協議会を設置することが記されている（1949 年 6 月 12 日「第三次吉田内
閣次官会議書類綴（その 8)」)。この 6 月 12 日の法務府要綱案は、6 月 13 日
「次官会議決定」となり、上記と同内容が 6 月 14 日閣議決定され、「青少
年問題対策協議会設置要綱」のもと、青少年問題対策協議会が内閣官房に
設置されることとなった（1949 年 6 月 14 日「第三次吉田内閣次官会議書類綴
（その 8)」)。その協議会の委員構成、任務とは以下の通りである。

①協議会の委員構成

　「青少年問題対策協議会設置要綱（案）（法務府)」に記された協議会の委
員構成は、一　内閣官房長官、二　内閣官房副長官、三　大蔵次官、四
文部次官、五　厚生次官、六　労働次官、七　国家地方警察本部次長、八
　法務府刑政長官、九　中央更生保護委員会委員長、一〇　最高検察庁次
長検事、一一　最高裁判所事務総長、一二　その他青少年の問題に関係あ
る民間有識者（五名）であった（1949 年 6 月 12 日「第三次吉田内閣次官会議
書類綴（その 8)」)。

　内閣官房長官を委員長とした青少年問題対策協議会の、事務を行う幹事
としては、一　内閣官房副長官、二　大蔵省主計局長、三　文部省初等中
等教育局長、四　文部省社会教育局長、五　厚生省児童局長、六　厚生省
社会局長、七　労働省婦人少年局長、八　労働省職業安定局長、九　国家

第五章　GHQ「児童福祉総合政策構想」変容過程 2（D）

地方警察本部刑事部長、一〇　法務府矯正保護局長、一一　中央更生保護委員会事務局長、一二　最高検察庁保護係検事、一三　最高裁判所家庭局長を委嘱し、この「幹事会」の幹事長を内閣官房副長官とした（1949 年 6 月 12 日「第三次吉田内閣次官会議書類綴（その 8）」）。

②青少年問題対策協議会の任務

　1949 年 6 月 14 日「青少年問題対策協議会設置要綱」の「三　任務」において、「一　青少年問題に関する政府施策の検討」「二　青少年問題に関する総合的施策の樹立」「三　右施策中緊急に実施すべき事項の具体化策の樹立とその予算的措置の樹立」が記されている。また「四　其の他」は、「一　本協議会は、その任務として定められた事項に関し、結論を得たときは、必要に応じこれを閣議に諮り、所管轄において担当の施策を速かに実施すること」「二　右の実施状況については、次の議会において、内閣より之を両院に報告すること」と記されている（1949 年 6 月 14 日「第三次吉田内閣次官会議書類綴（その 8）」）。

　「三　任務」に記されているように、青少年問題対策協議会の「任務」は、「青少年問題」に関する「政府施策の検討」及び「総合的施策の樹立」であり、その施策運営の主体としては明記されていないことがわかる。施策実施主体は、あくまでも中央省庁「所管轄」の範囲ごとに「担当の施策を速やかに実施」する旨が「四　其の他」に明記された。このように、関係行政の官僚が一堂に会する機構が紙面上完成し、「総合施策」に取り掛かることとなった（1949 年 6 月 14 日「第三次吉田内閣次官会議書類綴（その 8）」）。

　6 月 14 日に青少年問題対策協議会設置要綱が閣議決定された後、青少年問題対策協議会の「任務」とされた「三　右施策中緊急に実施すべき事項の具体化策の樹立とその予算的措置の樹立」がどのように検討されたのか、同年 8 月 30 日の資料から読み取ってみよう。

4-2 「青少年問題対策協議会決定事項中本年度内に実施すべき緊急対策要綱」(1949年8月30日)

　同年8月29日、30日の「第三次吉田内閣閣議書類綴(その11)」には、どちらも内閣官房内閣参事官室名で、8月29日「青少年問題対策協議会決定事項」、8月30日「青少年問題対策協議会決定事項中本年度内に実施すべき緊急対策要綱」資料が残されている。後者の対策は大きく五項目に分類されており「一、総合的連絡調整機関を設置すること」「二、問題青少年の学校長が社会に於ける教育保護竝年少労働者の補導を強化すること」「三、犯罪並びに不良化青少年に対する補導取締りを徹底すること」「四、施設機構の充実を図ること」「五、啓蒙宣伝措置を講ずること」であった。

　ここでは、第一に8月30日の「緊急対策要綱」におけるこれら五項目の概要を確認し、第二に8月29日「青少年問題対策協議会決定事項」に記された各省の役割分担について、第三に各省の重複する所管について検討する。

1)「緊急対策要綱」

①「総合的連絡調整機関」の設置

　冒頭に掲げられた「総合的連絡調整機関を設置すること」は、つまり都道府県、地方自治体におけるそれぞれの省庁の施策を、青少年問題対策として「総合的連絡調整」を行う実施機関の確立であった。第一に、中央と地方における構成メンバー等について記されている。「(1) 中央」の組織とその構成員に関しては、「政府としては、青少年問題に関する綜合的施策を樹立し、関係各省庁間の連絡を緊密にする。そのため内閣総理大臣の下に関係各省庁及び民間有識者を加えた連絡調整機関をもつこと」とされた。他方「(2) 地方」は、「都道府県及び市(区)町村に於ては、(1) に準じて地方連絡調整機関をもち、関係官署・団体相互間の緊密な連絡を図ること。この場合には都道府県知事・市(区)町村長その他適当な者が斡旋に当ること」が示された(1949年8月30日「第三次吉田内閣閣議書類綴(その11)」)。これらの内容からは、中央省庁における総合施策と総合調整

第五章　GHQ「児童福祉総合政策構想」変容過程2（D）

機関の設置、地方におけるシステムもそれに倣うように指示されていることがわかる。

②教育保護と補導

「二、問題青少年の学校長が社会に於ける教育保護竝年少労働者の補導を強化すること」においては、次のような対策が挙げられていた。「(1) 問題児童、生徒の指導を強化すること」「(2) 学校外における青少年の指導竝に不良化防止のため必要な措置を講ずること」「(3) 年少労働者の保護及び福祉増進の措置を講ずること」であった（1949年8月30日「第三次吉田内閣閣議書類綴（その11）」）。教育保護という言葉がどの程度の保護を示しているのか、学校長による「指導」「措置」の具体策などは明らかにされてはいない。

「三、犯罪竝びに不良化青少年に対する補導取締りを徹底すること」は、「不良化青少年の早期発見」「措置の万全を期すること」である。これらの目的を達成するために「関係職員に対し必要な教養訓練の徹底を図ること」とされた。厚生省と法務府に最も関係のある事項は「四、施設機構の充実を図ること」であり、「(1) 児童相談所、一時保護所、教護院等児童福祉施設の整備強化を図ること」「(2) 少年観護所、少年鑑別所、少年院の収容者分類及び矯正教育設備を整備強化すること」「(3) 問題青少年に対する犯罪者予防更生法の適用充実を図ること」の3点であった（1949年8月30日「第三次吉田内閣閣議書類綴（その11）」）。

これらの項目には、第五回国会にて改正された児童福祉法、少年法及び「青少年犯罪防止に関する決議」「青少年不良化防止に関する決議」に沿って、保護を目的にした施設拡充の必要性が明記されている。最後の「五、啓蒙宣伝措置を講ずること」については、関係行政の施策だけではなく、「外部団体との協力竝びに関係各省庁の緊密な連絡の下に青少年の健全な育成と不良化竝びに犯罪防止に関する全国運動を実施すること」とされた（1949年8月30日「第三次吉田内閣閣議書類綴（その11）」）。

265

2)「青少年問題対策協議会決定事項」における役割分担

　これらの五項目の基本となった「青少年問題対策協議会決定事項」は、8月29日「第三次吉田内閣次官会議書類綴（その11）」においてその内容を確認できる。この決定事項は大きく六項目に分類されている。「一、総合的連絡調整機関を設置すること」「二、青少年調査所を総理府に設置すること」「三、関係各省庁の機構を強化すること」「四、其の他の具体的措置」「五、その他の一般的施策」「六、年少労働者に対する措置」であった。

　全体の役割分担については「三、関係各省庁の機構を強化すること」に明記されている。それらは「（文部省関係）」五項目、「（労働省関係）」二項目、「（法務府関係）」六項目、「（最高裁判所関係）」二項目、「（厚生省関係）」三項目、「（警察関係）」二項目であり、各分担施策が明らかにされている。項目数からも、法務府に続いて文部省における具体施策が多い。ここでは、第一に「（厚生省関係）」、第二に「（文部省関係）」、第三に「（法務省関係）」それぞれから提出された役割分担の内容を確認する。

①「（厚生省関係）」

　厚生省の具体的な不良化防止対策としては「（1）児童相談所、一時保護所、児童福祉施設の意識強化を図ること」「（2）セツルメント、無料診療所、無料宿泊所の設立整備」「（3）問題児童、長期欠席児童尋問のケース・ワーカーを派遣すること（文部省関係）」が示されていた。また青少年問題に対応する厚生省の施設設備が挙げられているが、この青少年問題に対する「人的物的設備」が不足している背景があり、青少年問題対応の民間事業であるセツルメント、「無料診療所」「無料宿泊所」の設置計画も示されていた。（3）の末尾には「（文部省関係）」という文言があるように、文部省の管轄である就学児童「問題児童、長期欠席者」に対しても児童福祉の専門家を派遣して連携的な対応を行う方針が書かれている。しかし、1949年8月29日の時点において、このような厚生省の「施設」「専門家」を中心とした青少年問題対策の「人的物的」資源の整備が可能かは、未知数であったといえるであろう。

266

②「（文部省関係）」

　文部省は「(1) 学校、教育委員会に青少年問題指導の主任者をおく」
「(2) 社会教育主任職員を主要市町村におく」「(3) 青少年問題対策を中心
とする調査指定学校の指定」「(4) 学校教育における心理学的社会学的精
神医学的方法の採用を行うための施設の設置」「(5) 特殊学級、特殊学校
等問題児童専門の保護施設の整備確立（厚生省関係）」であった。これら五
項目の中に、厚生省と同じように (5) の末尾に「（厚生省関係）」が記さ
れている。しかし、その項目の内容は異なっており、文部省と厚生省がそ
れぞれに異なった施策を、互いの所管と重複する部分として捉えているこ
とからも、8月29日の時点では、まだ各省における調整が行われていな
いと推察できよう。

③「（法務府関係）」、その他

　文部省に続き「（労働省関連）」が二項目あり「(1) 年少労働者の不良化
防止対策」と「(2) 中小工場を対象とする巡回図書館及び憩の家の設置」
が掲げられた。また「（法務府関係）」は、最多の六項目であった。

　　(1) 問題青少年に対する犯罪者予防更生法の適用充実（中略）
　　(2) 矯正保護施設釈放者の保護相談施設の設置（中略）
　　(3) 少年観護所の保護設備の整備（中略）
　　(4) 少年鑑別所の検査器械の整備（中略）
　　(5) 少年院の施設及び設備の整備（中略）
　　(6) 少年観護所、少年院及び少年刑務所収容者の副食の改善（中略）
　　　　　　（1949 年 8 月 29 日「第三次吉田内閣次官会議書類綴（その 11)」)

　法務府関係は、「不良化防止」というよりも「不良少年対策」が中心と
なっていることは一目瞭然であり、戦後すぐからの現状として保護施設の
不足を「不良化防止」に関係して整備しようという方針がこれらの項目か
ら垣間見られる。この法務府の後には、「（最高裁判所関係）」の二事項が
記載されている。それは「(1) 家庭裁判所の整備」「(2) 家庭裁判所専任

職員の充実」であった。

最後の項目は「(警察関係)」の二項目であり、「(1) 少年警察制度の確立」「(2) 少年警察制度確立に要する費用及び人員の補導取扱強化に要する費用の補填」であった。

3) 各省の重複所管に関する「具体的措置」

この時点で既に、いくつかの省庁間において重複する項目が明らかになっているが、この重複課題の具体的対応が「四、其の他の具体的措置」に述べられている。

この「四、其の他の具体的措置」には、「(厚生、文部)」「(厚生、法務)」それぞれの重複する部分の「具体的措置」が二項目によって示されている。第一は「(1) 未就学児童、長期欠席児童、児童福祉法の対象少年、犯罪者予防更生法の対象少年及び矯正施設中に収容中の少年の家庭に対する生活保護法の大巾適用(厚生、文部)」である。第二は、「(2) 児童委員、司法保護委員(特に青少年担当)の手当及び補導員の大幅増額(厚生、法務)」であった。

①文部省と厚生省の重複部分

上記(1)は、当時の文部省と厚生省の重複する具体的な対象として「未就学児童、長期欠席児童」、矯正施設に収容された少年が挙げられ、長期欠席や未就学児童の原因を家庭の貧困と指摘している。この問題の解決策として、厚生省としては「生活保護法」の適用、「学校教育法」においては市町村における就学援助の費用の増額という、具体的措置が求められている。加えて「五、その他の一般的施策」は、「1、教育宣伝措置」「2、指導保護措置」「3、年少労働者に対する措置」の三項目で構成されている。1、2は、文部省と厚生省のどちらにも重なる文化対策が記されており、青少年不良化防止対策において、社会教育及び児童文化の内容が重なることが明らかにされている。

268

第五章　GHQ「児童福祉総合政策構想」変容過程 2（D）

②厚生省と法務府の類似の問題

（2）では、厚生省、法務府の公的ボランティアである「児童委員」「司法保護委員」の経費・待遇の向上がない限り、青少年問題の人的資源の確保や専門性の発揮は難しいことが指摘されている。特に法務府関係からは、青少年問題対策推進のために、予算に関する要求を第一に挙げていることがわかる。

これら上記の青少年問題対策協議会における役割分担、第五回国会及び教育刷新委員会の議論から、この 1946 年 6 月の時点、つまり各省設置法と共に未分化であった「非行」及び不良児問題が、不良化防止と区別されつつ、各法制の対象範囲としても明らかになったといえよう。つまり、法

表 6　青少年問題対策協議会設置過程概略表

日　付	施策名	実施機関
1949 年 4 月 14 日	衆議院「青少年犯罪防止に関する決議」	法務委員会
1949 年 4 月 28 日	厚生大臣請議「青少年指導不良化防止基本対策要綱」	厚生省
1949 年 5 月 20 日	参議院「青少年不良化防止に関する決議」	厚生委員会
1949 年 5 月 31 日	総理府設置法（法律第 127 号）	
1949 年 6 月 12 日	青少年問題対策協議会設置要綱（案）	法務府
1949 年 6 月 14 日	青少年問題対策協議会設置に関する件	内閣官房
1949 年 8 月 22 日	青少年問題対策協議会決定事項　可決内閣に提出	青少年問題対策協議会幹事会
1949 年 8 月 29 日	青少年問題対策協議会決定事項（次官会議にて決定）	審議室内閣官房内閣参事官室
1949 年 8 月 30 日	青少年問題対策協議会決定事項中本年度内に実施すべき緊急対策要綱（閣議決定）	審議室
1949 年 9 月 21 日	「青少年対策について」内閣官房長官通知	内閣官房
1949 年 11 月	青少年の保護育成運動実施要綱（11 月 14 日〜 20 日）	青少年問題対策協議会
1950 年 4 月 30 日	中央青少年問題協議会令公布（政令第 100 号）	総理府内閣総理大臣官房審議室
1953 年 7 月 25 日	青少年問題協議会（審議会）及び地方青少年問題協議会設置法（法律第 83 号）	総理府設置法改正
1953 年 7 月 25 日	中央青少年問題協議会令（政令第 123 号）	内閣

出典」「第三次吉田内閣次官会議書類綴り（その 8）」「第三次吉田内閣次官会議書類綴り（その 11）」『青少年問題の現状とその対策』（1949）
　　『中央青少年問題協議会資料』（1963）
　　矯正協会（1984）『少年矯正の近代的展開』
　　1949 年 11 月 11 日衆議院本会議国会会議録（国会図書館データベース）

269

務府（旧司法省・旧法務庁）の対象は犯罪少年、厚生省は犯罪少年以外の児童保護及び家庭を中心とした一般児童の不良化防止、文部省は教育を中心とした一般就学児童の不良化防止であった。

その後文部省は、教育刷新委員会の議論でも明らかなように、社会教育法制の中に青少年不良化防止対策を位置づけようとしていく。

表6は、青少年問題対策協議会設置と設置法に至る概略表である。

4-3　青少年問題対策協議会の「連携的統合」に関する国会審議

新しい機構である青少年問題対策協議会の運営に関する議論及び報告は、筆者の調べた限り、1949年9月2日の第五回国会参議院文部委員会5号における「教育文化施設及び文化財保護に関する一般調査の件」において、青少年不良化防止対策への補正予算の要求と、同年11月11日第六回国会衆議院法務委員会4号における関係省庁から青少年不良化防止対策の現状の対策報告及び新しい機構への意見提出である。まず、この第六回国会衆議院11月11日、11月17日法務委員会から青少年問題対策協議会に対する関係省庁の意見を要約し、その上で厚生省の方針、法務府の姿勢を検討する。

1）青少年問題対策協議会設置に関する関係各省の意見

1949年11月11日、第六回国会衆議院法務委員会4号会議の参加者は、法務府総裁の殖田俊吉、人事院総裁の淺井清、国家地方警察本部次長の溝淵増己、刑政長官の佐藤藤佐、厚生政務次官の矢野酉雄であり、「委員外の出席者」として、文部事務官の田中彰、厚生事務官の小島徳雄、厚生事務官の内藤誠夫、専門員として村教三、小木貞一であった。この法務委員会では、参加者それぞれの所属省庁等における、青少年問題対策に関する具体策の報告及び協議会設置に対する意見表明がなされる。これらの概要を、①法務府、②国家地方警察、③厚生省、④文部省に整理し、青少年問題対策を関係省庁の「連携的統合」方針で行うことに同意をした、それぞれの要因を検討する。

270

第五章　GHQ「児童福祉総合政策構想」変容過程2（D）

①法務府

　法務府は、早々とこの新しい「連携的統合」方針による機構設置に積極的な態度を繰り返し表明していた。その背景には、司法省が解体された経緯もあり、母体を一度失って、GHQの指示を受け入れた新しい組織づくりが求められたことも、すでに指摘した通りである。これに加えて、法務庁・法務府における法制実施の困難さと、予算の問題が常に立ちはだかっていたことも理由の一つであったと考えられる。この点について、日本社会党の石川金次郎委員が「一年間少年法が本則にのつとることを延期」したことを指摘し、法制通りの対応ができる見込みを尋ねている。また法務府の予算資料から「判事が非常に足りない」という現状を指摘し、家庭裁判所の判事の確保をどのようにするのか、少年観護所の職員の補充に関して「職員は定員千三名に対し、現員は五百六十四名」の残り500名ほどをどのように補充するのかを問うた。さらに石川は、「裁判所におきます事件が非常にたくさん」あること、そのため判決が出ない状態、事件がたまっている状態から、家庭裁判所に於ける少年事件への判事の「兼務」で間に合わせようという楽観的な姿勢を批判している（国会会議録⑩ 11 月 11日 4 号）。

　これに対して佐藤政府委員は、少年法制の人材や保護施設等が整わない主たる理由が「大蔵省、経済安定本部との間に予算の折衝が確定」していない点であり、また特に成人よりも少年事件の方が、「経費が非常にかさばります」と述べている（国会会議録⑩ 11 月 11 日 4 号）。厚生省の姿勢とは異なり、少年法制において、虞犯少年を積極的に「一元的統合」しようとしなかったこと、犯罪少年防止対策を関係省庁との「連携的統合」に持ち込んだ背景に、対応件数の増加や人材確保の問題及びこのような予算問題があったと考えられよう。

②青少年犯罪防止に関する国家地方警察の意見

　国家地方警察本部次長の溝淵政府委員は、青少年の犯罪数の増加を挙げ、その対策として「最近は大都市におきましては、少年犯罪の専門の係を設ける。また国警におきましても少年係を設けまして、その取締り指導」を

行っているが、その対策が行き届かない理由として「警察官の数が少ない」こと、犯罪の多くは「都市に集中」していると説明した。これらの理由により、地方警察だけの管轄範囲だけでは、青少年犯罪防止対策を行うには限界があり、1949年4月の青少年犯罪防止に関する決議に示され、関係省庁の「連携的統合」へ賛同するとの意見であった（国会会議録⑩11月11日4号）。

　また、警察の立場として、「青少年の補導取締り」は、「非常に手を出したい面」もありながら「非常にむずかしい対象」であること、警察の対象としては「検挙と取締り」であり、再犯防止対策を関係省庁の「連携的統合」で行いたいと述べた。また、青少年不良化防止対策に関しては、「犯罪を犯しそうな環境、あるいは状態等にあるものについて、またそうした不良に落ち込みそうな状況にあるようなものにつきましては、極力それぞれの主管のところに連絡して、それぞれの主管の事業を発動してもらいたい」として、警察の具体的な対象ではないことを強調した（国会会議録⑩11月11日4号）。

　以上のように溝淵は、防止策は警察の対象ではないこと、犯罪防止及び不良化防止にむけて、それぞれ主管行政で主管事業を行いながらも緊密な連絡が必要であることを強調するに留まった。しかし、民主自由党の佐瀬昌三委員は、ボーイズ・タウンを例に挙げ、「従来警察は警察、法務府は法務府、厚生省は厚生省、あるいは文部省は文部省といつたような立場々々からの施策」ではなく、根本的に青少年犯罪防止を考えた場合、「総合的な施策」の必要性があるのではないか、と問うた。警察の立場からは、「総合的な施策」に関して「協力したい」ということ、今までは「警察も他の官庁の仕事に十分の理解がなかつたという面」があったということを述べ、青少年犯罪防止に関する総合政策の樹立に同意を示した（国会会議録⑩11月11日4号）。

③厚生省の意見

　厚生省の矢野政府委員は、青少年問題対策協議会の決定事項中「児童相談所、一時保護所、教護院等児童福祉施設の整備」が厚生省の任務である

こと、整備予算も、努力中であるが見込みがあると述べている。これは、法務庁の予算と保護施設の不整備との相違点を明らかにするためであろうか。厚生省の青少年不良化防止対策の主なものは、前述の中央児童福祉委員会で検討されていたものと変化なく、「一般家庭の啓発」「児童相談所の巡回相談、児童福祉司、児童委員の家庭訪問、子供会、児童指導班の結成促進、優良児童文化財の推薦等」が挙げられているが、厚生省は「都道府県を督励」するという位置づけであり（国会会議録⑩11月11日4号）、実施は都道府県に任されていることが明らかであった。予算の見込みがある、としていても、青少年不良化防止の対応人材は、かわらず無給の児童委員であり、国としての新しい具体策は見られない。

　しかし、ここで注目すべきは、この青少年問題対策における厚生省のリーダーシップのアピールぶりである。「その他関係の各行政官庁が有機的の連関を持つて、不良化防止に当るというような計画」に対して「厚生省みずからがその会合が開かれるよう」幹事的な役割を担う旨、つまり厚生省児童局が関係省庁の調整の役割を担う宣言がされた（国会会議録⑩11月11日4号）。あたかも、1946年9月GHQ「児童福祉総合政策構想」における、厚生省児童局の任務とされた関係行政との「連携的統合」及び、その総合調整機関としての方針が、この協議会における役割として表明されたともいえる。厚生省の意気込みが感じられるが、児童保護施策ですら不十分な現状において、また厚生省の青少年不良化防止対策に関する抽象的な「不良化防止対策」や児童委員及び不十分な児童福祉司など人材養成の問題を抱えながら、「連携的統合」における調整役割をどのように果たしていこうとしていたのかは読み取れない。

④文部省の意見

　文部省は、これら各省の状況と比較すると、内容はともあれ、1946年10月という早い時期から青少年不良化防止対策にとりかかっていた。そのため、文部省の説明では、「児童愛護班」が結成され、「社会教育運動」が行われ、新聞メディアを使った「啓蒙宣伝」活動を行ったことが具体的に述べられている。ここでも、予算が十分ではないこと、その中で実行し

得たこととして「各都道府県の教育委員会」とPTAに依頼して「学校外におきまして、児童、生徒に対する補導の徹底」を行うこと、「学校教師による児童、生徒の家庭訪問の励行」など（国会会議録⑩ 11 月 11 日 4 号）、文部省が学校組織を抱えており、就学児童に対する具体策が厚生省、警察、法務庁と比べて格段に豊かであることが見えてくる。また、戦前とは性格の異なることを強調した青少年団及び社会教育団体の存在、1949 年 6 月に社会教育法が制定され、それを根拠に公民館を活用した不良化防止対策が語られている（国会会議録⑩ 11 月 11 日 4 号）。

　文部省田中彰説明員は、「従来から」様々な具体策を実行してきたことを冒頭と結語で強調した（国会会議録⑩ 11 月 11 日 4 号）。なんといっても、就学児童という具体的な対象範囲が文部省の組織の中で常に見えやすいこと、戦前からの青少年団等、青少年不良化防止対策の地域組織が根付いていたことなど、この問題に対する文部省の自信が表れているといえよう。これに対して、前述した鳥居の論文では、青少年問題対策における文部省の位置づけが消極的なものであったと評価されている。その理由として、不良化防止対策と不良児童及び犯罪青少年の保護対策の整理が十分ではないまま、厚生省と司法省の従来の不良児対策（保護対策）と文部省の青少年問題（＝不良化防止対策）を単純比較してしまった結果であろう。しかし実際の一般就学児童を対象とした青少年不良化防止対策において、文部省はむしろ非常に積極的であったといえよう。

2) 青少年問題対策協議会の設置と問題

　次に法務府総裁殖田大臣による青少年問題対策協議会の設置概要の説明から、明らかとなった点、及び問題を検討してみよう。検討する資料は、同じく 1949 年 11 月 11 日、第六回国会衆議院法務委員会 4 号会議録である。

①青少年問題対策協議会の「民間有識者」

　11 月 11 日この協議会の関係省庁を除く構成委員として示された一二項目の中で「十二、青少年の問題に関係のありまする民間有識者」が明らかにされている。五人の民間有識者とは、「佐藤利三郎、内村裕之、中川望、

第五章　GHQ「児童福祉総合政策構想」変容過程2（D）

藤林敬三、守屋東女史の五氏」であった。この五人の肩書は、国立公文書館「昭和26年度　任命　11月　巻十四」において詳しい。内村裕之は「青少年教護委員会委員（1950年3月24日第七回国会内閣委員会においては委員長）、東京大学教授、文部教官」、中川望は、中央児童福祉審議会委員長である。佐藤利三郎は「財団法人更新会常任理事」、藤林敬三は、戦後労働三法の原案審議に携わった経済学者であり、当時は「婦人少年問題審議会委員、慶應大学教授」、守屋東は「青少年矯正保護審議会委員長、大東学園園長」であり、日本キリスト教婦人矯風会で未成年者の禁酒運動を進め、日本初の肢体不自由児施設を開設した社会事業家である。この1951年の「任命」においては、さらにもう一人の民間人として三島通陽「ボーイスカウト日本連盟総長」が加わり、六名となったことがわかる（国会会議録⑩11月11日4号）。

②青少年不良化防止における法務府の位置づけ

　法務府殖田大臣は、前述の8月30日閣議決定された「青少年問題対策協議会決定事項」と同じ内容を述べている。それらは不良化防止というよりは少年法制度の施設設備の内容とその予算に関しての提案であった。その理由が、次のように述べられている。

　　この決定事項は内閣に提出されたのでございますが、内閣といたしましては右の決定事項に基きまして八月二十九日の次官会議におきまして、青少年不良化防止のためとるべき措置を決定したのであります。この措置の中には、法務府として特にとるべき措置はございませんけれども、八月三十日の閣議で決定いたしました青少年問題対策協議会決定事項中、本年度内に実施すべき緊急対策要綱の中は、法務府といたしまして緊急の事項であります。　　（国会会議録⑩11月11日4号）

　上記において注目すべき事柄は、8月29日に次官会議において決定した「青少年不良化防止のためとるべき措置」において「この措置の中には、法務府として特にとるべき措置」はないことが明らかにされたという点で

ある。しかし、「緊急の事項」として、法務府関係の「少年観護所、少年鑑別所、少年院の収容者の分類及び矯正教育設備の整備強化と問題、少年に対する犯罪者予防更生法の完全実施」が「青少年問題対策協議会決定事項」中、「本年度内に実施すべき緊急対策要綱」に閣議決定において盛り込まれることが述べられている。これらの経緯から、法務府の対象範囲において青少年不良化防止対策が取り除かれ、緊急対策として犯罪少年法制への事項が盛り込まれた理由が明確になったといえよう。そのため、青少年不良化防止対策においてイニシアティブをとることは事実上困難となったのである。

③青少年問題対策協議会の予算問題とその対処

　他方、法務府に限らず関係各省の青少年不良化防止対策予算において、大蔵省との折衝をかさねても上記の対策に必要な予算が計上されないという問題が明らかにされている。厚生省、文部省においても予算が不十分であることは明らかであった。青少年問題対策協議会設置からわずか5ヶ月にもかかわらず、総合施策実施に欠かせない補正予算が大蔵省から承認されないという事態が生じていた。予算の工面として「緊急に実施すべき対策はやむなく二十五年度の予算」で実現することにし、法務府は「少年観護所の整備は一日の遷延を許さない現状」であるため、「経済安定本部と折衝の結果、法務府の二十四年度経費中、刑務所の営繕費から一億三千五百万円を移用し、合計二億七千九百万円を少年観護所の営繕費に充当」することになったという（国会会議録⑩11月11日4号）。

　このように、不良化防止対策を社会問題として捉え、関係省庁の「連携的統合」による新しい機構が立ちあがったにもかかわらず、青少年犯罪防止、不良化防止に関する関係各省の補正予算は、緊急対策においても大蔵省には承認されないまま翌年の予算に期待をかけるという状況であった。予算の見通しがたたないままで「緊急対策要綱中の地方調整機関設置」「啓発宣伝措置」を検討後、内閣に提案、1949年9月26日次官会議にて「青少年問題対策協議会参加の関係各省からはそれぞれの地方官庁に対して、右協議会の設置と右運動の実施方を依頼通牒」をしたことがわかる

276

第五章　GHQ「児童福祉総合政策構想」変容過程 2 (D)

（国会会議録⑩ 11 月 11 日 4 号）。

　中央各省の予算措置が決定しないまま、緊急を要した施策は、「地方青少年問題対策協議会設置要綱案」を作成し、地方における「地方青少年問題対策協議会」にその役割が分担されていった。「地方青少年問題対策協議会」は、「地区内における青少年の指導、保護及び矯正に関係のある公私の機関の統一的にして有機的協働をはかるとともに、地区内住民の青少年の不良化防止活動を自主的に展開する」ことを目標としていた。その「実施事項」は、「地区内の問題青少年の指導、保護及び矯正に関係のある各種情報資料の交換、収集、地区内の青少年の指導、保護及び矯正に関する具体的対策の樹立、地区内の青少年の指導、保護及び矯正に関係のある公私の機関の活動の調整促進、地区内の青少年の指導、保護及び矯正に関する実施事項の批判検討等」と多岐にわたっていた。それにもかかわらず、「地方青少年問題対策協議会」の構成員は「その地区内の青少年問題に関係のある官公署、民間団体の代表者」であった（国会会議録⑩ 11 月 11 日 4 号）。

　これらのことからも明らかなように、中央省庁において予算計上が困難であったため、青少年不良化防止対策における「実施事項」は、地方にほぼそのすべてが投げられたといえよう。そして実現されたのが 1949 年 11 月の「青少年の保護育成運動」であった。その「青少年の保護育成運動」は、「地方青少年問題対策協議会」が中心となり 1949 年 11 月 14 日から 20 日まで「官民合同」で全国的に行われることとなった。その目的は、「青少年不良化の温床を排除し、青少年の自覚を促進すると共に、青少年の指導、保護、矯正の施策を強力に実施」するためであった（青少年問題対策協議会 1949：68-69）。

3) 再犯防止としての法務府の役割

　厚生省や文部省とは異なり、法務府は青少年不良化防止に対して「法務府として特にとるべき措置」はないが、青少年対策における役割として少年院、少年観護所、少年鑑別所等における再犯防止教育を担うこととなったのは前述の通りである。しかし当時もその具体的な法務府の立ち位置及

び厚生省、文部省との役割分担に関しての理解が難しかったことを示す興
味深い議論があるため、引き続き 1949 年 11 月 11 日、第六回国会衆議院
法務委員会 4 号会議録を用いて、詳しく見ておきたい。

　○花村委員長　法務府の説明に対し御質疑ありますか。
　○角田委員　法務総裁あるいは刑政長官がおいでになつておりますの
　で、お伺いいたすのでありますが、ただいま青少年の不良化防止とい
　うことが問題になつております。不良化を防止するためには、結局教
　育ということになる。教育という面から申しますと、文部省でやつ
　ているいわゆる文教型の教育、法務府でやつている行刑型の教育、
　あるい厚生省でやつておりますから厚生省型の教育ということになろ
　　（ママ）
　うと思います。その際におきまして、まず第一に法務府では青少年の
　感化教育をして行こうという場合に、どういうことに重点を置いて、
　たとえば文教あるいは厚生と異なつた特異性としてどういう方向に教
　育せんとしておりますか、そのことを承りたいのであります。
　○佐藤（藤）政府委員　青少年の不良化防止につきましては、ただい
　ま角田委員の仰せになりましたように、もつぱら青少年の教育にまた
　なければならぬと存ずるのであります。法務府におきましては、法務
　府の手に入つて来る少年に対しましては、たとえば少年院、少年観護
　所、少年鑑別所等におきましては、もつぱら規律ある生活のもとに勤
　労に親しませて、そうして悪いところを直し、よいところをだんだん
　伸ばして行こうというような矯正教育を施しております。

（国会会議録⑩ 11 月 11 日 4 号）

　刑政長官佐藤藤佐政府委員の民主自由党の角田幸吉委員への答弁は、法
務府における「教育」の違いを強調している。これは感化法と旧少年法と
の間においても内務省、司法省、文部省間で長年議論されてきた点であり、
内務省と文部省においても保護施設における教育的性質から、文部省の所
管として留岡幸助が希望していた点など、小林の研究において指摘された
議論を彷彿させるものがある。

278

第五章　GHQ「児童福祉総合政策構想」変容過程2（D）

　引き続き同年 11 月 17 日法務委員会 6 号においても、法務府における青少年不良化防止対策に関する議論が行われていることが確認できる。青少年犯罪増加の見通し、少年法制の現状、実施体制が整わない点への批判が民主自由党の田嶋好文委員より質問された。佐藤は、青少年犯罪の増加における見通しは、「防止」対策に力点をおくこと、また「法務府ばかりではなく、文部省、厚生省、労働省の各省が協力」さらには「社会全体が青少年の不良化、犯罪化防止に協力」する必要性として青少年問題対策協議会が設置されたという答弁を行っている。しかし、田嶋は納得せず、法務府の犯罪防止対策が不十分であること、実施が遅れ遅れになっている少年法の不備への不満を重ね重ね述べた（国会会議録⑩ 11 月 17 日 6 号）。

　佐藤はその答弁として、少年法の実施が遅れた理由を、対象範囲年齢の拡大に伴う、人員及び施設の拡充が間に合わないことを挙げた。さらに日本共産党の上村進委員は、法務府の不良化防止対策の対象に関して興味深い質疑を行っている。上村は、まず犯罪防止と不良化防止に対する二つの方向性からのアプローチを示し、法務府はどちらの側から対策をとるのかを尋ねたのである。

　　○上村委員　田嶋委員が質問された点は、やはりわれわれも同感なんです。この前、青少年の犯罪防止決議案というものに盛られたいろいろのことは、結局犯罪を防止するというのですが、一体犯罪を防止するには二様あると思うのです。すでに犯罪を犯した青少年を将来再びやらせないという意味の防止、これが、それから全然犯罪行為をやらせないように、いわゆる不良化が非常に稀薄であつて、まだ犯罪を犯さない青少年の犯罪防止、この二つがあるのですが、一体法務府もしくは文部当局はどちらに重きを置いてこの政策をおやりになつているかということを、質問してみたいと思います。
　　○佐藤（藤）政府委員　青少年の不良化防止、犯罪化防止につきましては、お説のように、確かにまだ犯罪を犯さないものをして不良にならないように、犯罪を犯さないように対策を講ずるということと、すでに不良になつて犯罪を犯したものを、再び犯罪を犯さないように更

279

生させようという二つの面があると思うのでありますが、法務府でも
つばら担当しておりますのは、その後者の部面でありまして、すでに
不良化の著しいものは、あるいは犯罪を犯した者を教化保導して、そ
うして再び悪に陥ることのないように防止しようという対策を講じて
おるのであります。

〇上村委員　そうすると、まだ犯罪を犯さない者のいわゆる犯罪防止
ということを、法務府でやるというお考えはないのですか。

〇佐藤（藤）政府委員　その点につきましては、一般の青少年対策の
問題として、各省連繋をとつて、内閣に中心を置きまして、対策委員
会において活動いたしておるのでありまするが、まだ不良にならない、
犯罪を犯さない者に対する不良化防止をもつぱらつかさどるのは、文
部省または厚生省、労働省等の担当であろうと思うのであります。法
務府といたしましては、それらの各省と協力いたしまして、事前にお
ける不良化、犯罪の防止についてはもちろん協力いたすつもりでおり
ます。　　　　　　　　　　　　　（国会会議録⑩ 11 月 17 日 6 号）

　上村の質疑は、田嶋が繰り返し質疑を行った内容をさらに簡潔にダイレク
トに示したものであった。佐藤の答弁には迷いはなく、文部省や厚生省、
労働省の「一般児童」に対する防止策ではなく、法務府は更生保護の視点
からの犯罪防止対策に重点をおく姿勢であることがわかる。つまり法務府
には、「一般の青少年対策」としての犯罪防止、不良化防止対策に主体的
にかかわっていこうとする姿勢はここでは示されておらず、各省への「事
前における不良化、犯罪の防止」に「協力」する意思を述べるに留めてい
る（国会会議録⑩ 11 月 17 日 6 号）。

　虞犯少年が厚生省の児童福祉法に吸収されていく際、犯罪者予防更生法
案に対する厚生省及び中央児童福祉委員会の懸案事項は、「事前における
不良化、犯罪の防止」対象児童も犯罪者予防更生法案の対象になるかどう
かであった。これらは中央児童福祉委員会からの「意見書」通り取り除か
れ、その結果、法務府における法制的な視点において、犯罪防止対象は、
再犯者のみとなったのである。1949 年 11 月 11 日の法務委員会において

第五章　GHQ「児童福祉総合政策構想」変容過程2（D）

法務府の具体策に関する質疑応答が噛み合わないものとなったのは、その
ためであった。法務委員会の田島等が考えていた法務府の防止策は、一般
児童を対象とした不良化防止であり、再犯防止に限られていることを想定
していなかったといえよう。つまり青少年不良化防止対策の対象の認識が
異なっていたのであった。

　このように、法務庁・法務府における青少年不良化防止の意味は再犯予
防であり、厚生省の「一般児童対策」におけるものとは根本的に異なる。
この意味において、両者の対立が解消され、厚生省の「一元的統合」は不
要となったのであった。また、ここから青少年不良化防止対策においても、
事前・事後という棲み分けがなされたことにより、厚生省は、「連携的統
合」に方針転換を行い得たといえよう。

註

1) 戦時下における勤労青少年不良化防止対策に関する先行研究は以下の通りである。
　・井澤直也（1987）「労働者」，寺崎昌男・戦時下教育研究会編『総力体制と教育―皇
　　国民「錬成」の理念と実践―』東京大学出版会，254-281.
　・北川賢三（1988）「戦時下の世相・風俗と文化」，藤原彰・今井清一編『十五年戦争
　　史2　日中戦争』青木書店，225-262.
　・赤澤史朗（1989）「太平洋戦争期の青少年不良化問題」，立命館大学法学会編『立命
　　館法学』通号201・202，1119-1140.
　・重松一義（1976）『少年懲戒教育史』第一法規出版.

2) 『復刻版　大日本青少年団史』（1996）には、「わが国における不良青少年については、
　昭和十一年を一〇〇とすれば、昭和十五年が一〇九、昭和十六年が一二六％に上昇し
　ているだけでなく不良の悪質化の増加がみられる」とある。1941年度の犯罪少年の
　種別として、「交友不良」「躾の寛大」「環境不良」「身心欠陥」「家庭欠陥」「家出浮
　浪」「躾の厳」が記されている（日本青年館1996：550）。また、「戦争と不良化増加
　の現象」として、言動の粗暴、喧嘩口論、傷害事件、賭博事件、窃盗、闇市での盗品
　等の販売、喫煙飲酒遊興、青年男女の節操の乱れが挙げられている（日本青年館
　1996：551）。

3) CISは、1946年5月3日にG2に吸収されたが、同年8月29日に幕僚部に復帰する。
　しかし、CISの局長はG2のウィロビーが兼任した。そのため、1946年9月以降も児
　童福祉に関するPSDの参加部局としてCISではなく、G2のPSDとして記録されてい
　る。PSDの文書は、すべてG2の文書として保管されていることからも、PSDは占領
　初期を除きG2の管轄であったと考えられる（国立国会図書館憲政資料室の所蔵資料、

日本占領関係資料検索GHQ/SCAP,Civil Intelligence 2014 年 3 月 28 日）

4）国立国会図書館国会会議録のデータベースである。文中は次の番号を表記し簡略化
する。④第五回国会衆議院法務委員会 1949 年、⑤第五回国会衆議院本会議 1949 年、
⑥第五回国会衆議院厚生委員会 1949 年、⑦第五回国会参議院厚生委員会 1949 年、⑧
第五回国会参議院法務委員会 1949 年、⑨第五回国会参議院本会議 1949 年。

5）教育刷新委員会会議録は、日本近代教育史料研究会編『教育刷新委員会・教育刷新
審議会　会議録　第九巻』の二次資料を使用する。文中には、編者名の後に九巻＝⑨
で表す。

6）国立国会図書館国会会議録データベースを使用する。文中は次の番号を表記し簡略
化する。⑩第六回国会衆議院法務委員会 1949 年。

7）国立公文書館デジタルアーカイブを使用する。

終　章　行政統合議論と
　　　　GHQ構想の変容と着地点

第一節　混合型改革としての被占領期児童福祉政策

　児童福祉法研究会及び被占領期の児童福祉政策研究において指摘された、児童福祉法の法理念と法内容の「乖離」に対する疑問を前提に、本研究では、戦後の児童福祉政策の基底にあったGHQ「児童福祉総合政策構想」に立ち返り、起点となったGHQ構想が、戦前から続く厚生官僚の意図や関係省庁との調整の中で、どう変容していったのかを、特に「不良児」＝非行問題を焦点におき、検討した。その結果をまとめてみると、以下の特徴が浮かび上がってくる。

1　GHQ構想における対象範囲拡大と行政統合の方針

　厚生省に示された、GHQ構想における対象範囲の拡大は、岩永のいう通り、「対象児童の一般化」＝「すべて児童」のように一貫したものではなかった。PHW「覚書」の英文を直訳すれば「児童福祉の全般的問題」であり、「緊急対応後の児童福祉計画実施段階」の対象範囲は、「児童保護」「青少年不良化防止対策」「普通児童対策」の三つが示され、さらに1946年10月のGHQ構想、及び日本政府との交渉の結果を反映した11月のGHQ資料「児童福祉」には、「専門的サービスを求める児童」を「身体障害児」「知的障害児」「社会障害児」「孤児」の四つに分類している。中でも、非行少年問題を「社会障害児」（Socially handicapped）の問題と言い換えている。

　他方、厚生省に示された行政統合方針は、一貫して「連携的統合」であった。特に、司法省の所管と文部省の所管を、厚生省に「一元的統合」しない旨が強調されていた。

　ともあれ、最終的に児童局が児童関係省庁の「連携的統合」総合調整機関として機能し、「完全な意味における児童福祉計画」を実施することがGHQ構想の最終方針であった。

2　混合型改革としての児童福祉政策

　しかし厚生省は、同時期に検討していた児童保護法案の中で、司法省の
一部を「一元的統合」しようとする方針を中心においていた。五百旗頭が
戦後改革の三類型の一つとして示した混合型の視点から検討すれば、この
「一元的統合」は厚生省の抵抗、つまり歴史的課題の連続性と捉えること
ができよう。他方、児童福祉法研究会や、岩永が前提とした対象範囲の拡
大は、GHQ構想においては曖昧な部分が残る。GHQ構想の対象範囲「児
童福祉の全般的問題」を児童福祉課題をもつ児童として捉えると、厚生省
が児童保護から児童福祉への理念転換、及び対象範囲を「すべて児童」へ
拡大した点は、厚生省の先取り改革であり、GHQ構想の民主化政策に
沿って容認されたと考えられよう。

　さらに、GHQ構想とは異なり、青少年不良化防止対策をも児童福祉法
の中に「一元的統合」しようとする厚生省の抵抗があった。その結果、第
三次児童福祉法・少年法改正と法務庁設置法及び犯罪者予防更生法等にお
ける議論を通して、少年法の「非行」少年の保護対象が、児童福祉法に
「一元的統合」され、残された課題である青少年不良化防止対策は、関係
省庁の「連携的統合」により行われることとなった。すなわち、内閣に青
少年問題対策協議会（1950年中央青少年問題協議会）が設置され、青少年
不良化防止対策はGHQ構想の「連携的統合」に収斂された。

　このように被占領期の児童福祉政策は、GHQの民主化政策の先取りと
厚生省の歴史的課題解決のための抵抗という要素で構成された混合型改革
であったといえる。ここから、児童福祉法における「矛盾」及び「乖離」
が生み出された。GHQ構想を起点としながらも、その構想を変容して
いった過程と、変容を主導した厚生省官僚の歴史的課題の認識は、次の通
りである。

第二節　GHQ「児童福祉総合政策構想」と 厚生省の歴史的課題

　本研究では、GHQ構想が示唆した厚生省と司法省の「連携的統合」方針が、児童福祉法制定の中で「一元的統合」方針に傾倒し、他方青少年不良化防止対策に関しては構想に収斂される要因として、戦前と戦時下の三つの歴史的課題を継承した戦時体制の生き残りである官僚が、被占領期の児童福祉政策の実施主体であったことに注目した。

1　感化院と矯正院をめぐる所管の議論

　第一の歴史的課題は、戦前の感化法の児童保護施設である感化院をめぐる内務省と文部省の所管問題、司法省との旧少年法制定過程における感化院と矯正院の対象児童の問題であった。内務省関係者により、「統一的」な「児童保護立法」の提案がされたが、内務省の中にも多様な意見が存在し、その提案は実現を見ることはなかったのである。内務省の一致した方針としては、少年法そのものよりも、矯正院法への抵抗が一貫して続けられていたという。つまり、司法省と内務省の児童保護対象に関する棲み分けの問題であり、戦後にまで持ち越された虞犯少年の所管と、両省それぞれの保護施設の完備が困難な状況があった。

2　戦時下の厚生省社会局児童課長の児童福祉構想と対象拡大

　第二の歴史的課題は、1938年に厚生省と共に誕生した社会局児童課の伊藤清課長の児童福祉構想である。伊藤は、戦時下の国家総動員体制の人的資源対策として、児童課の児童保護対策の対象範囲を全児童とした。同時期には、中央社会事業協会の答申において「児童局」構想も提示されていた。しかし、さらにこの人的資源対策がより人口政策・優生保護に特化し、1941年児童課が廃止された結果、児童福祉構想が断念されてしまっ

た。この対象範囲拡大と児童局構想は、戦後の児童保護から児童福祉への転換を促した中央社会事業協会の「意見書」に引き継がれていった。

3　戦時下の関係省庁の「連携的統合」による
　　青少年不良化防止対策

　1941 〜 1943 年、国家総動員体制の人的資源養成を目的に、青少年不良化防止対策が文部省、厚生省、司法省、商工省、陸海軍省、都道府県警察によって行われていた。

　内務省は、青少年不良化防止対策の総合調整機関となり、多岐にわたる関係省庁の「連携的統合」による青少年不良化防止対策を検討し、「青少年不良化防止対策連絡協議会」を開催した。その結果、文部省の大日本青少年団の青少年教護運動を中心とした青少年不良化防止対策と、厚生省と司法省を中心とした勤労青少年の青少年不良化防止対策という二系統によって相互の協力による施策実施がされていくかに見えた。司法省と厚生省の協力関係は、1941 年以降の行政機構改革によってそれぞれの主管部署（司法省保護局、厚生省社会局児童課）が統廃合され、対立関係が解消されたことが大きい。

　しかしその後、「青少年不良化防止対策連絡協議会」が休止するなど、青少年不良化防止対策の「連携的統合」の実際は、省庁バラバラに行われていたことが見えてくる。

第三節　児童行政の対象範囲

　厚生省に初の児童課が設置されてから児童福祉法が成立するまでの1938 〜 1947 年の厚生省官制における児童行政の対象範囲の変容と、1946年 10 月に厚生省が作成した「児童婦人局」、11 月の「厚生省児童局設置草案」及び「厚生省に児童局を設けることについて」の対象範囲を検討した。これらの児童行政所管の対象範囲から明らかになったことは、児童福

祉法研究会等が指摘してきた「一般児童」と「要保護児童」という二分法的対象理解とは異なって、児童福祉対策の「対象」把握やそのカテゴリー名にはかなりの変遷があるということである。

1 1938〜1947年までの厚生省官制の児童行政の変容、及び児童保護の対象の変容

　戦時下の1938年から1941年までは、母子、教護、障害児童を含むすべての児童を保護対象にしていたが、1941年の優生保護法施行から、「虚弱児及異常児ノ保護ニ関スル事項」が削除され、母子保護の色彩が強くなる。

　戦後しばらくは、官制によって戦時体制が継承されるが、1946年10月新しい児童局の事務内容が検討されている。その「児童婦人局事務分掌一覧（案）」において、「一般児童課」「特殊児童課」として分類がなされている。「一般児童課」には、「一、幼児保護、二、浮浪児保護、三、虚弱児保護、四、貧児保護、五、孤児、棄児、迷児、六、虐待児、七、吃音児、八、児童文化施設、九、保姆及び児童保護従事者養成」など、現在の要保護児童対象の大部分が含まれていた。また「特殊児童課」の「分掌事務」は、「一、犯罪少年保護、二、少年教護、三、肢体不自由、四、精神薄弱児」である。一、二は、司法省の所管と重複する部分であり、犯罪、不良児に並んで、障害児を「特殊児童」保護の対象としていた。

　しかし、GHQ構想の示唆（1946年10月18日）以降の資料において、「犯罪少年の保護」が対象から削除されている。また文部省との重複対象「学校衛生」はGHQの方針とは異なり、結果的に児童福祉行政の所管とはならなかった。

2 「一般児童」と「特殊児童」の保護と不良化防止対策の位置づけ

　従来から児童保護の中心は、司法省所管の犯罪少年の保護と重複する部分があり、児童保護法要綱案が「暗い」「消極的」と批判された対象は、

この「特殊児童」保護を主に指していた。それ以外を「一般児童」と位置づけ、この「一般児童」保護においては、「児童文化施設」も含む「明るい」面として捉えられていた。

その後1947年3月、12月の厚生省官制の中で「対象範囲」は明らかに変化し、「一般児童対策」「要保護児童対策」として現在に近い分類がされている。この12月の「厚生省分課規程中改正（抄）」において注目すべきは、児童保護対策業務を行う「養護課」に「三　児童ノ不良化防止及教護ニ関スル事項」がはじめて明記されたことである。このことからも、1947年12月22日、児童福祉法制定当時は不良化防止を児童保護対策として位置づけようとしていた厚生省の方針が見える。これも、GHQ構想への厚生省が行った抵抗の一つと解釈することが可能であろう。

第四節　GHQ「児童福祉総合政策構想」変容過程1

厚生省からの先取り提案、GHQ構想の要として設置された児童局及びその対象範囲の拡大は、まさに混合型改革の中で設置された行政機関であり、GHQ構想の方針を受け入れながらも、先取り改革としての対象範囲拡大と歴史的課題である司法省の一部の「一元的統合」（青少年不良化防止対策を含む）を意図する厚生省の抵抗とも捉えられる。これらがGHQ構想を以下のように変容させた。

1　対象範囲の拡大、児童保護から児童福祉への理念転換
（変容過程A）

厚生省は、その児童行政とGHQ構想の対象範囲「児童福祉の全般的問題」とは異なり、児童福祉法総則の理念において、その対象を「すべて児童」と明記した。具体的な法内容は、行政所管と違わず、児童保護中心の内容であった。このようなことが可能であったのも、第一に戦時下において児童福祉構想及び対象児童の拡大が行われており、児童局構想も既に厚

生省において存在していたからである。

　GHQ構想の対象範囲「児童福祉の全般的問題」は曖昧な点があったが、厚生省は児童福祉法の総則に「すべて児童」として明記した。その過程は不明であるが、厚生省自ら児童保護から児童福祉への理念転換を強調することで、民主化政策の先取り改革としてGHQの了承をとりつけたと解釈するのが可能であろう。ここでは、GHQ構想の行政統合方針に沿い、司法省の一部の「一元的統合」を断念している。

　第二に、二重統治下における実際の児童局及び児童福祉法制は、厚生官僚が主体となって形成していった。児童保護法案から児童福祉法案への転換に大きく貢献したとされる中央社会事業協会の「意見書」に述べられているように、児童福祉法制定自体を優先し、保護から福祉への理念転換の強調と法内容の簡素化つまり児童保護中心の内容とし、司法省の「一元的統合」を一旦断念する。しかし法制定後、児童行政の「一元的統合」構想が変容過程BCにおいて展開されていく。

2　児童保護行政の「一元的統合」（変容過程B）

　児童福祉法案が審議された第一回国会において司法省解体が明らかになったことにより、児童行政の「一元的統合」の動きが高まり、「児童院」構想が参議院厚生委員会において提案された。これらが変容過程Bである。すなわち、児童福祉法制定後の「児童省」機構設置により、児童保護関係行政を一元的に統合しようとする中央社会事業協会の「意見書」に示された15年計画の実現であった。

　児童福祉法案にこの「児童院」構想を入れるという手段が参議院において議論された結果、児童福祉法制定自体をまず優先し、児童福祉法制定と司法省解体の後に児童福祉法に少年法の一部を吸収するという形の付帯決議の提案と大臣間の決着が報告される。最終的に衆議院においても「近き将来の一元化」を行うという大臣間での決着がもたらされた。GHQがこの点を了承した理由として、既に三権分立により司法権と行政権が分離されており、この厚生省と司法省の児童保護をめぐる行政管轄は、民主化政

290

策と二重統治の基本方針通り、日本の自発的な民主化改革が配慮されたという解釈が成り立つであろう。

3 児童福祉法研究会が指摘した児童福祉法の「矛盾」生成過程

変容過程ABは、この二つの歴史的課題の解決を求め、中央社会事業協会の「意見書」のシナリオ通り、児童福祉の精神を総則に明記し、しかし法の具体的内容は、あらかじめ関係行政の所管争いを避けるため、シンプルに厚生省の児童保護と保育所、児童厚生施設、母子保健に留めた。そのモデルとなったのは、「極端な例」として挙げられていた国民総動員法であった。これが、児童福祉法研究会で指摘された、児童福祉法の総則三条と以下の条項が乖離してしまった理由の一つであり、「新しい児童保護法」と批判された原因の一つといえよう。

他方、児童保護法立案期における法案の方針が、児童福祉構想と司法省の一部との「一元的統合」の両極に揺れ動いた矛盾は、二つの歴史的課題解決の優先順位とGHQ構想との関係を整理していく過程でおきたことであった。特に司法省の一部を厚生省に「一元的統合」するという方針は、児童福祉法案国会審議及び第三次改正審議においても継続するため、この保護法案における方針の矛盾にのみ着目しても、その理由は明らかにならない。村上貴美子と児童福祉法研究会が、「矛盾」として指摘するに留まったのは、GHQ構想における対象範囲の検討が困難であり、また児童福祉法に関しても、児童保護法案〜児童福祉法立案期の時期に限定した検討を行ったためである。

4 「不良児対策」の「一元的統合」（変容過程C）

変容過程Cは、「近き将来の一元化」の具体化作業である。単純にいえば、児童福祉法に少年法の一部を吸収し児童保護法の「一元的統合」を行うという手順で歴史的課題の解決が行われるはずであったが、そう簡単には進まなかった。それは、司法省が解体され、法務庁が1947年2月に設

置された当時、法務庁は法務庁設置法改正、犯罪者予防更生法案と、少年法改正、少年裁判所法案など、日本国憲法に準じた三権分立に沿って法制の整備をほぼ同時に行っていたこともあり、それらの法制すべてが児童福祉法と重複する部分があったからである。前述した中央児童福祉委員会議事録には、少年法との関係だけでなく、少年裁判所法案及び犯罪者予防更生法案の対象が児童福祉法の児童保護対象とどのように区別されるのかを危惧する議論が残されていた。

つまり当時の少年裁判所法案の対象範囲が広範囲だったため、児童福祉法の児童保護対象に関しても裁判所を通す必要があるのかが明確になっていなかったのである。少年裁判所法案はその後却下され、犯罪者予防更生法案の対象に関しても、特に問題として最後まで議論されたのは、虞犯少年に関してであった。中央児童福祉委員会では法務庁に「意見書」を提出し、その結果、虞犯少年に関しては児童福祉法の対象としても対応できることになり、一般児童の不良化防止と虞犯少年は、犯罪者予防更生法案の対象外となった。しかし、厚生省児童局の現状として、虞犯少年及び「悪質」な不良児対応に必要な有給の「児童福祉司（という専門のケース・ワーカー）」の配置は困難であった。

児童福祉法と少年法、少年裁判所法案、犯罪者予防更生法案をめぐる議論によって児童保護法の「一元的統合」という歴史的課題が解決され、その結果、法務庁と厚生省の所管及び対象範囲が以前よりも明確となった。これは、戦前からの内務省と司法省の歴史的課題解決を受け継いだ厚生官僚による歴史的課題の解決であった。

▌第五節　GHQ「児童福祉総合政策構想」変容過程 2

こうして厚生省が歴史的課題の解決をしたことにより、1946 年 10 月に既に合意形成されていたはずの「主に非行傾向を持つ少年の扱いで協力体制」ならびに中央に一つの新しい機構を設置するという提案が、ようやく実施に向かって動き始めた。その背景には、厚生省、労働省、文部省の各

省設置法制定、犯罪者予防更生法制定、国家行政組織法施行、青少年問題対策協議会設置要綱閣議決定、児童福祉法・少年法の第三次改正（児童福祉法と少年法の調整による児童保護の「一元的統合」）等の法制整備及び行政機構改革があった。

1949 年の第五回国会の審議は、行政機構改革の結果と法改正、歴史的課題の解決や GHQ の介入によって各省の所管が決定され、戦後の児童福祉政策に大きな影響を与えたといえる。これらの議論を検討することによって、厚生省における青少年不良化防止対策の行政統合方針が「一元的統合」から「連携的統合」に転換された結果としての青少年問題対策協議会の設置過程を明らかにすることが可能となった。

1 戦後の青少年不良化防止対策をとりまく状況

戦後の青少年不良化防止対策において、いち早く具体的な施策を提示したのは文部省であり、その後、GHQ の治安対策としていわゆる「浮浪児の狩り込み」等（不良化防止を含む）の主に児童保護対策は、内務省（警察）と司法省、厚生省であるとされていた。当時は、厚生省及び司法省・法務庁も戦災孤児、浮浪児、不良児、犯罪少年の保護に追われ、児童保護施設の拡充、人員体制の確保すら困難な状態であった。変容過程Cにより、14 歳未満の犯罪少年、18 歳までの虞犯少年も児童福祉法の対象になったが、実施体制の整備は進んでいなかった。厚生省において増加する保護児童を実際に入所させる施設と予算の増加は見込めず、法務庁から移管されてくる少年たちの待遇改善が見込めないなど、法制は整備されつつあっても、実施体制は追いついていないということが当時の実態であった。

2 青少年不良化防止対策の行政統合方針の転換

このような現状からか、厚生省は 1948 年 12 月の「児童福祉法の基本方針」において掲げた不良化防止対策の「一元的統合」方針を、1949 年 4 月 28 日厚生大臣請議「青少年指導不良化防止対策基本要綱」閣議決定に

おいて関係行政の「連携的統合」方針に転換するのである。実際は、同年4月14日の第五回国会衆議院において、法務委員会提案の青少年不良化防止を含む「青少年犯罪防止に関する決議」が先行される。この決議により、青少年不良化防止対策を関係行政の「連携的統合」方針で行う旨が明らかにされる。他方、その2週間後に厚生大臣の請議によって同じく「連携的統合」が閣議決定された。この厚生大臣の請議は、その法務委員会の決議の影響を大きく受けたと推察できる。

厚生省の青少年不良化防止対策は、不良児対策を含む児童保護の法体系の「一元的統合」を目指した変容過程Cと並行して中央児童福祉委員会において検討されていくが、「不良化防止のしおり」以外、目立った具体策もなく、もっぱら少年法制との調整作業が優先されている。

また、法務庁の少年法は、18歳から20歳までという対象範囲の拡大に伴い、対応する施設拡充と家庭裁判所の判事及び少年鑑別所の職員養成が不備であることから、1948年1月に施行されてからも、実際の少年院の実施は先延ばしにされ、国会ごとに改正が行われていた。再犯予防として犯罪者予防更生法が1949年5月に制定されるが、法務府（1949年6月法務庁改め法務府へ）の青少年不良化防止対策に関する具体的な議論は国会議事録からは見えにくい。

また、肝心の予算の見当がつかないこともあり、青少年犯罪防止及び不良化防止対策を法務府のみの所管では対応できず、省庁連携による犯罪少年・不良化少年を排出させないための防止策を必要としたことは、「青少年犯罪防止に関する決議」より明らかであった。そのため、以前より示されていた関係省庁の「連携的統合」及び総合調整機関の設立を決議する方向へ法務府が転換したと推察できる。

他方、就学児童を対象とする文部省は、一般就学児童や勤労青少年の不良化防止対策について、戦後早々から具体的な対策を行っている。その中心となったのは青少年教護委員会であり、文部大臣に提出した建議が教育刷新委員会において、戦後復活した社会教育局の法整備と共に検討されている。しかし、当時は、戦時下における文部省の青少年不良化防止対策への軍事統制的な姿勢が、GHQや他の関係省庁から懸念されていた。また

294

終　章　行政統合議論とGHQ構想の変容と着地点

不良化防止よりも、不良児等の保護が優先されており、文部省にはそのような手段がなかった。しかし、文部省も社会教育法の制定にむけて、GHQが納得するような民主的な青少年不良化防止対策を模索していた。

すなわちGHQ構想に沿った「連携的統合」における文部省のリーダーシップ獲得のための議論が、教育刷新委員会の「青少年研究所設立」（青少年教護委員会の建議）の事務所管を検討する中で行われていた。文部省はこの青少年不良化防止対策を文部省の所管、社会教育局の部署として設置しようとする方針をもつが、教育刷新委員会がこれを阻止し、内閣に設置する方針をまとめる。だがこの内閣に設置する方針は、同時に「六・三制」の義務教育の対象範囲児童の主管行政である文部省が、この青少年不良化防止対策の実質的リーダーとなっていくためにとった二段構えの手法の一段目として理解されていた。

このような他省の動きを背景に、厚生省及び厚生委員会が青少年不良化防止対策の行政統合方針を「連携的統合」に転換した理由は、四点考えられる。第一に、変容過程Cにおいて、歴史的課題であった不良児対策を含む児童保護の法体系の「一元的統合」が成就したこと。また、第二に、少年裁判所法案や犯罪者予防更生法案における厚生省と法務庁の議論によって、犯罪防止・不良化防止、児童保護に関する行政所管の範囲及び役割分担が明らかになったこと。第三に、当時の優先すべき事項は児童保護であり、その実施体制の確立でありながらも、実際は、財源と人材の問題により厚生省の「一元的統合」による対応可能な見込みがなかったことである。第四に、青少年不良化防止対策は文部省、労働省とも重複する対象範囲であり、児童福祉法への吸収は、断念せざるを得なかったことである。

3　青少年問題対策協議会設置過程

1949年6月、内閣に青少年問題対策協議会が設置され、8月に1949年度の「決定事項」と「緊急対策要綱」がまとめられたが、11月の第六回国会法務委員会において、「緊急対策要綱」の予算すら大蔵省の了承が困難であること、法務府における少年法制の実施体制がさらに延期されそう

295

なことが報告された。青少年問題対策協議会が設置されてからこの時点までは、リーダーシップをとっていたのは厚生省ではなく法務府であったが、8月29日に次官会議において「青少年問題対策協議会決定事項」に「法務府として特にとるべき措置はない」と決定された。これは、衆議院法務委員会における質疑の中での答弁からも明らかである。つまり、一般児童対策における防止策に関して法務府はその役割を持たないことが明らかにされたのであった。

このように、青少年問題対策協議会の設置過程において、法務府の役割から不良化防止が外されたこと、一般児童の不良化防止対策は、厚生省と文部省であることが明らかにされた。しかし、予算、人員体制、施設などすべてが不十分な状態は、厚生省も文部省も同じであり、「連携的統合」の結果である青少年問題対策協議会設置においても、青少年不良化防止対策実施に欠かせない基本的な財政問題は残されたのであった。

▌第六節　本研究の限界と課題

本研究における限界は、厚生省と司法省との行政統合方針の変容を解読するためのアクターとなった厚生官僚の歴史的課題認識や、変容の要因ともなった行政機構改革に関しての内容を深く掘り下げるには至っていない点である。さらに、児童福祉法制を時間軸として行政所管における議論を「一元的統合」「連携的統合」の二つの方針に焦点化して検討したため、厚生省と司法省（→法務庁→法務府）における議論の核であった児童保護と矯正保護の思想的確執、青少年不良化防止対策の時代ごとの特徴など、児童福祉行政の主要な業務であった「教護」事業と児童保護それ自体の思想及び変容を深く掘り下げることができなかった点である。

今後の課題として、以上の限界の克服と共に厚生省と文部省との「連携的統合」に関する議論の検討が挙げられる。これは厚生省と司法省の議論と同様に、戦前の感化法から続き、青少年問題対策協議会及びその後の児童福祉法全面改正、児童憲章に続く議論である。また、青少年問題対策協

議会の役割分担において、文部省との議論の中心となる厚生省の「健康及び文化」についての議論の検討は残されたままである。これらの検討を通して、児童福祉法の対象範囲「すべて児童」という先取り改革、厚生省が当時意図した児童福祉政策の全容を検討できるといえよう。また、GHQ構想の「連携的統合」として実現された青少年問題対策協議会（1950年中央青少年問題協議会）における「連携的統合」の実際を検討することによって、その「連携」の意味に迫っていくことができると考える。GHQ構想で示された児童の福祉を保障する行政間連携＝「連携的統合」は、その後どのように議論、実施されていくことにとなったのか。それらの検討は、現代にも続く児童福祉政策をめぐる行政間連携問題を解く鍵となるように思われる。

文　　献

［アルファベット順］

大日本産業報国会編（1942）『産業青少年不良化防止対策』翼賛国書刊行会発行.

第三次吉田内閣次官会議書類綴（その8），1949年6月12日「青少年問題対策協議会設置要綱（案)」（法務府).

第三次吉田内閣次官会議書類綴（その8），内閣官房内閣参事官室1949年6月14日「青少年問題対策協議会設置に関する件」（総理府).

第三次吉田内閣次官会議書類綴（その11），内閣官房内閣参事官室1949年8月29日「青少年問題対策協議会決定事項中本年度内に実施すべき緊急対策要綱」（審議室).

第三次吉田内閣閣議書類綴（その11），内閣官房内閣参事官室1949年8月30日「青少年問題対策協議会決定事項中本年度内に実施すべき緊急対策要綱」

団藤重光・森田宗一（1984）『新版　少年法―ポケット注釈全書―』第二版，有斐閣.

土井洋一（1977）「二、成立法の意義と性格」，児童福祉法研究会（1977）「児童福祉法の成立とその性格（上)」『季刊　教育法』(24)，138-149.

福沢真一（2010）「戦後復興と第一次臨調の設置」，笠原英彦編『日本行政史』慶應義塾大学出版会，105-121.

古川隆久（1992）『昭和戦中期の総合国策機関』，吉川弘文館.

行政管理庁行政管理二十五年史編集委員会（1973）『行政管理庁二十五年史』.

行政管理庁管理部（1950）『行政機構年報　第1巻』，1-154.

行政管理庁管理部（1951）『行政機構年報　第2巻』，1-39.

服部朗（2010）「少年司法と児童福祉」，澤登俊雄・高内寿夫編著『少年法の理念』155-169.

平野孝（1990）『内務省解体史論』法律文化社.

五百旗頭真（1990a）「占領改革の三類型」，『レヴァイアサン』6号，97-120.

五百旗頭真（1990b）「占領―日米が再び出会った」『日米の昭和』TBSブリタニカ，62-82.

石原剛志（2005）「菊池俊諦児童保護論の展開と『児童の権利』概念―1920年代後半における業績の検討を中心に―」『中部教育学会紀要』第5号，4-5.

伊藤清（1939）『児童保護事業』常盤書房.

岩永公成（2002）「占領初期のPHWの児童福祉政策構想―厚生省児童局の設置過程を通して―」『社会福祉学』42（2)，11-22.

岩永公成（2005）「研究ノート　終戦以前の米国対日児童福祉政策：『民政ハンドブック』『民政ガイド』を中心に」『東日本国際大学福祉環境学研究紀要』第一巻第一号，

85-101.

児童福祉法研究会（1977）「児童福祉法の成立とその性格（上）」『季刊　教育法』（24），138-149.

児童福祉法研究会編（1978）『児童福祉法成立資料集成　上巻』ドメス出版.

児童福祉法研究会編（1979）『児童福祉法成立資料集成　下巻』ドメス出版.

片山等（1993）「教育法制の戦後改革」『研究叢書』第二号，青山学院大学総合研究所法学研究センター，127-184.

小林仁美（1989a）「1900年の感化法制定に関する一考察」『人間文化研究科年報』第5号，39-50.

小林仁美（1989b）「感化法改正と旧少年法・矯正院法の制定—留岡幸助の保護教育観—」『奈良女子大学教育学年報』第7号，19-40.

小島和貴（2010）「衛生行政史」，笠原英彦編『日本行政史』慶応義塾大学出版会，225-250.

国立国会図書館「官報」データベース．官報1941年8月2日，1942年1月2日，1949年5月31日．http://iss.ndl.go.jp/

国立国会図書館国会会議録検索システム・データベース．http://kokkai.ndl.go.jp/

国立国会図書館帝国議会会議録検索システム・データベース．http://teikokugikai-i.ndl.go.jp/

国立公文書館「昭和26年度　任命　11月　巻四十」

国立公文書館デジタルアーカイブ　http://www.digital.archives.go.jp/

駒崎道（2013a）「児童福祉法制定過程における行政統合と対象範囲拡大の議論—『児童福祉総合計画』構想の変遷を通して—」『社会福祉学』第53巻，第4号，29-41.

駒崎道（2013b）「青少年不良化防止をめぐる厚生省の行政統合議論—被占領期『児童福祉総合計画』構想の変容を通して—」『東京社会福祉史研究会』第七号，71-101.

厚生省児童家庭局（1978）『児童福祉三十年の歩み』.

厚生省20年史編集委員会編（1960）『厚生省20年史』.

厚生省労働局（1941）「青少年の不良化防止に就いて」『労働時報』七月号，18-19.

牧原出（2009）『行政叢書8　行政改革と調整のシステム』東京大学出版会.

文部科学省（2008）『スクールソーシャルワーカー実践活動事例集』

文部省青少年教護分科審議会（1950）『青少年の教護について』文部省.

守屋克彦（1977）『少年の非行と教育——少年法制の歴史と現状』勁草書房.

村上貴美子（1987）『占領期の福祉政策』勁草書房.

中村正則（1994）「日本占領の諸段階—その研究史的整理—」，油井大三郎・中村正則・豊下楢彦編『占領改革の国際比較』三省堂，87-106.

日本近代教育史料研究会編（1997）『教育刷委員会・教育刷新審議会会議録　第九巻』岩波書店.

日本青年館（1996）『復刻版・大日本青少年団史』（財）日本青年館（初版1970）.

日本少年教護協会（1941）「児童保護ニュース」『児童保護』第11巻第6号，73.

文　献

日本少年教護協会（1943）「青少年不良化防止に関する各省連絡懇談会」『児童保護』
　　八・九月合併号，3-16.

西本肇（1985）「戦後における文部行政機構の法制と環境（一）」『北海道大学教育学部
　　紀要』1985-03，69-95.

庭山慶一郎（1973）「占領期の行政機構改革をめぐって（戦後財政史）」『ファイナンス』
　　6月号9(3)，34-42.

小河滋次郎（1920）「非少年法案論」国立国会図書館デジタルコレクション.

小川利夫（1977）「1．児童福祉法研究の今日的課題」，児童福祉法研究会「児童福祉法
　　の成立とその性格（上）」『季刊　教育法』(24)，139-140.

小川利夫（1985）『教育福祉の基本問題』勁草書房.

荻原克男（2006）『戦後日本の教育行政構造——その形成過程』勁草書房.（初版1996
　　年、デジタル化2006年）

大橋基博（1991）「戦後教育改革研究の動向と課題」『日本教育史研究』第10号，81-98.

岡田彰（1994）『現代日本官僚制の成立—戦後占領期における行政制度の再編成—』法
　　政大学出版局.

大坪與一（1996）『更生保護叢書第三号　更生保護の生成』財団法人日本更生保護協会.

サムス，クロフォード・F著，竹前栄治編訳（1986）『DDT革命——占領下の医療，福
　　祉を回想する』岩波書店.

佐野健吾（1977）「児童福祉法の諸課題—児童福祉法研究会の経過とその中間集約から
　　—」『児童福祉法研究』創刊号，16-24.

佐藤進（1976）「児童の生活と児童の権利保障と行政の体系化」，佐藤進編『児童問題講
　　座第三巻　児童の権利』ミネルヴァ書房，74-116.

青年教育振興会（1942）「勤労青少年の不良化防止座談会」『青年と教育』第7番第11
　　号，16-34.

青少年問題対策協議会編（1949）『青少年問題の現状とその対策』内閣総理大臣官房審
　　議室.

社会福祉研究所（1979）『占領期における社会福祉資料に関する研究報告』社会福祉研
　　究所.

菅沼隆（2005）『被占領期社会福祉分析』ミネルヴァ書房.

大霞会（1971）『内務省史　第三巻』財団法人地方財務協会，223-225.

竹前栄治（2007）『GHQ』岩波書店.

竹前栄治（1995）「GHQ論——その組織と改革者たち」，中村正則・天川晃・尹健二・
　　五十嵐武士編『戦後日本占領と改革　第2巻』岩波書店，33-77.

竹前栄治（2003）『岩波ブックレット　シリーズ昭和史No.9　占領と戦後改革』岩波書
　　店.

丹野喜久子（1977）「児童福祉法成立過程における立法意志の検討」，児童福祉法研究会
　　『児童福祉法研究』創刊号，25-44.

寺脇隆夫（1976）「児童福祉法の成立と『児童の権利』—法成立過程研究の視点から—」

『社会福祉研究』（19），15-22.

寺脇隆夫（1977）「2. 児童福祉法成立の経過と意義」，児童福祉法研究会（1977）「児童福祉法の成立とその性格（上）」『季刊　教育法』（24），141-144.

寺脇隆夫（1978）「解題　第二部　戦後児童保護関係法令通知、同関連資料」，児童福祉法研究会『児童福祉法成立資料集成　上巻』，44-63.

寺脇隆夫（1978）「解題　第三部　法案要綱・法案及び成立法」，児童福祉法研究会『児童福祉法成立資料集成　上巻』，71-74.

寺脇隆夫（1978）「解題　第四部　法律案成立過程資料、同関連資料」，児童福祉法研究会『児童福祉法成立資料集成　上巻』，77-93.

寺脇隆夫編（1996）『続　児童福祉法成立資料集成』ドメス出版.

寺脇隆夫編（2011）マイクロフィルム版　木村忠二郎文書資料「戦後創設期／社会福祉制度・援護制度史資料集成第二期」柏木書房.

留岡清男（1940）『生活教育論』西村書店.

鳥居和代（2002）「戦時下青少年不良化対策―青少年工具の輔導対策を中心に―」『日本教育史研究会』第 21 号，31-58.

鳥居和代（2011）「敗戦後の『青少年問題』への取り組み：文部省の動向を中心として」『金沢大学人間社会学域学校教育学類紀要』第 3 巻，1-13.

辻清明（1995）『日本官僚制の研究』東京大学出版会.

右田紀久恵（1976）「児童福祉法と行財政―その構造と問題性―」，佐藤進編『児童問題講座第三巻　児童の権利』ミネルヴァ書房，124-177.

吉田久一（1990）『改訂増補版現代社会事業史研究』川島書店.

おわりに

　子どもの福祉を保障する行政間連携とはなにか。

　筆者の子ども家庭福祉分野研究は、この問いから始まった。2008年に文部科学省のスクールソーシャルワーカー活用事業が始まり、その草創期に社会福祉士の資格（厚生労働省）をもつスクールソーシャルワーカー（以下SSW）として地方自治体の教育委員会（文部科学省管轄の行政）に配属されたことにさかのぼる。

　SSW活用事業において、家庭や学校、友人、地域社会など、子どもたちを取り巻く「環境の問題が複雑に絡み合い、特に学校だけでは解決困難なケースについて」、「社会福祉等の専門家である」SSWに「積極的に関係機関等と連携した対応」が求められた（文部科学省2008：2）。また2005年には既に、児童虐待防止の観点から地方自治体に要保護児童対策地域協議会が設置され、行政間を横断した関係機関の情報の共有及び連携により早期発見対応が実施されていた。

　しかし、実際の個別ケース会議において、関係機関の支援方針がなかなか一致せず具体的な対応が遅れる、ということが少なくなかった。つまり、関係機関の連携による方針一致の遅れが、子どもの福祉を阻害する要因になるとも考えられたのである。関係機関の多様な専門的視点により、早期に子どもや家庭の問題を発見、対応がなされるはずの行政間「連携」システム。子どもの福祉、健全な成長を支える行政間連携とはなにか、と考えさせられずにはいられなかった。

　博士前期課程においては、上記のようなSSWの実践を通して出会った研究課題にどのようにアプローチをするか、大いに迷った。先行研究を検討したところ、第一に1970～1980年代における小川利夫・土井洋一等による教育と福祉制度の間に生じる児童の課題を研究対象とした「教育福祉問題」研究があった。第二に1990年代、林茂男、筑前甚七等による児童

福祉と教育の連携問題としても検討されていることがわかった。これらの研究は、1970年代発足の児童福祉法研究会に引き継がれ、現在に至るが、これら先行研究の最終目的は、子どもの福祉をいかに実現するか、であり、そのための国及び社会の責任をどのように果たしていくかという点に集約されるといえるであろう。

　「教育福祉問題」研究においては、「教育と福祉の関連をめぐる問題は…きわめて歴史的な課題である」と述べられ、それらの問題は根深く、縦割り行政というセクショナリズムの問題だけではなく、両者の文化や価値、視点が形成された歴史的社会的な構造要因があると指摘されていた（小川利夫1985：37-50，110）。しかしながら、未だ十分に検討されてはいない。また、前述した要保護児童対策地域協議会という枠組みが形成され、子どもの施策において連携の必要性は強調されているが、実際には行政間を横断した連携は難しい。このことからも、連携困難な要因が、制度全般の構造的な問題として根強く存在するのではないかと考えた。

　これらの研究から指摘されたように行政間連携問題が、子どもの福祉を侵害する現状を改善するためにも、現在の児童福祉関係行政の基礎が形成された戦後の児童福祉政策、制度創設のプロセスにおける問題生成、その関係構造を十分に理解する必要がある。しかし、戦後児童福祉政策、制度形成過程についての研究は十分豊かなものとはいえなかった。そのため、大変遠回りではあるが、戦後の児童福祉政策の基底にあるGHQの児童福祉政策構想を起点とし、厚生省を中心とした児童福祉法制定過程を再検討することとした。特に、関係行政である司法省（法務庁・法務府）、文部省等、それぞれの対象範囲が重複する不良少年対策（後の健全育成）における専門分業による役割分担＝行政間連携による統合的な施策について、どのような議論があったのかを検討したのが本書である。児童福祉政策に限らず「連携」という言葉が多用される昨今ではあるが、実質の伴う効果的な「連携」とはどのような状況、関係性、プロセス、システム運営が必要なのかを、今後の研究においても検討して参りたい。

　2017年12月に、児童福祉法が誕生して70周年を迎える。子どもの福祉を保障する行政間連携についての筆者の模索は、ようやくスタート地点

を確定したにすぎず、ゴールは遠い。本書の刊行が、子どもの支援に関わる多くの現場実践者の方々や研究者の抱える連携問題解決への手がかりの一つとなれば幸いである。行政の専門分業と統合的な連携システムの構築による、子どもの福祉の保障の実現に少しでも貢献できればと切に思う。

謝　辞

本書は、2014年5月に日本女子大学に提出し、同年9月に学位を取得した博士学位論文を加筆修正したものである。2017年4月に平成29年度科学研究費助成事業（科学研究費補助金）（研究成果公開促進費）「学術図書」に採択（JP17HP5166）され、刊行されることとなった。ここに至るまで、なんと多くの方たちに支えられてきたことか。感謝の言葉しかない。

本研究及び論文執筆にあたり、厳しくも温かいご指導をいただいた日本女子大学博士後期課程の指導教員、名誉教授である岩田正美先生に、心より感謝申し上げる。筆者が迷い悩むたびに、研究目的を問い続けてくださり、研究テーマと真摯に向き合う勇気と覚悟をいただいた。大学院修了後も、常に叱咤激励くださる中で実感した先生の深い愛情になんと感謝を申し上げればよいのか言葉にできない。まだまだ残された課題は多く、研究のゴールは遠いが、先生のご指導へのご恩返しを忘れずに邁進して参りたい。

また、学位論文の審査にあたり、ご精読いただき、有用なご指摘、力強い励ましをくださった日本女子大学の沈潔先生、増田幸弘先生、専修大学・宇都榮子先生、同志社大学・横田光平先生に深く感謝申し上げる。研究過程において厚生労働省雇用均等・児童家庭局の資料や元官僚へのインタビューに関してご協力いただいた淑徳大学・柏女霊峰先生、子ども家庭福祉分野研究全体へ多くの示唆をいただいた日本女子大学の林浩康先生に深謝する。

人生も中盤を過ぎてから社会福祉の道を歩む決心をしたため、博士学位論文提出に至るまでも紆余曲折あり、多くの先生方にお世話になった。社会福祉の道を歩むかどうか悩んでいた際、以前、末期がんで在宅医療を受けていた父の担当であった医療ソーシャルワーカー、当時武蔵野女子大学

にいらした石井美智子先生には、社会福祉を学ぶ最初の入り口をつくっていただいた。また当時、家庭の事情でお世話になった伊藤律子弁護士の医療訴訟に取り組む姿や、上智大学元学長であるヨゼフ・ピタウ大司教との教理問答の中で、この世の中で生きていく自分の役割を深く考えさせられたことは、この道に進む大きな原動力となった。

　日本社会事業大学専門職大学院において社会福祉・児童福祉の分野をはじめて学び、実習や社会福祉士取得にむけてご指導いただいた宮島清先生、ティーチングアシスタントを通して、社会福祉学部の基礎演習を学ばせていただいた斎藤くるみ先生、本研究の出発点であるスクールソーシャルワーク実践及び修士論文をご指導くださった日本社会事業大学名誉教授、山下英三郎先生には、スクールソーシャルワークの現場を通して出会ったリサーチクエスチョンを博士後期課程においてさらに深めるよう励ましていただいた。大阪府立大学の山野則子先生の研究にSSWとして参加させていただく中で、現場と研究の良循環を目指す先生の情熱と研究方法に多くの学びをさせていただいた。また当時、東海大学におられた北島英治先生からは、ソーシャルワークの視座からご指導いただき、改めて研究対象を行政に焦点化する決心をすることができた。

　歴史研究及び児童福祉法制定過程研究において多くの示唆やご指導を賜った寺脇隆夫先生、岡田英己子先生には岩永公成さんの論文、関西福祉大学・村上貴美子先生をご紹介いただいた。村上貴美子先生にはその後四国在住の際も、研究に対して多くの励ましをいただき「研究を始めたのは遅いけれども、だったら長く研究をすればいい」と、晩学のコンプレックスを払拭していただいた。被占領期の社会福祉政策研究の道標として、多くの示唆をいただいた立教大学の菅沼隆先生の「厚生行政のオーラルヒストリー」研究に参加させていただけ、本書では果たせなかった課題の一つ、政策決定過程における官僚の歴史的課題認識に接近する機会を与えてくださったことにも感謝である。また幸いにも博士論文提出直前に職を得、教員としてはじめて赴任した四国学院大学においては、金永子先生はじめ学部を超えた先生方、職員の方の支えにより、学位取得及び学内での担当学科や初年次のカリキュラムを通じて大学教員として多くの学びをさせてい

ただいた。香川県スクールソーシャルワーカー協会の講座の講師を務めたことも、自分の研究の起点を常に思い起こす貴重な経験であった。家庭の事情により残念ながら帰郷することとなったが、無事に任期2年を終えることができ心より感謝申し上げる。

その後、日本女子大学の学術研究員として受け入れをしてくださった岩永理恵先生はじめ、筆者の研究者及び大学教員としての道を心配し、励まし支えてくださる母校の先輩、諸先生方がおられたおかげで研究を継続することができている。なんと幸いなことであろう。社会福祉学科中央研究室の大日義晴先生、職員の方々、現在は関東学院大学の石川時子先生、岩田正美ゼミナールの友人である実践女子大学の大澤朋子先生はじめ、韓国釜山の慶州大学黄世隣先生や中條共子先生、大妻女子大学山本真知子先生との議論や論文作成の切磋琢磨があったからこそ、共に論文を完成させることができた。多くの先生方や職員の方々、大学院の友人たちに恵まれ、幸せな大学院時代を送ることができたことは、研究者人生における財産である。

また、高校時代の恩師の紹介で、短期間、支援員としてお手伝いをさせていただいた公益財団法人日本キリスト教婦人矯風会のステップハウス所長松浦薫さんには、女性福祉支援と子ども家庭福祉支援の両側面から、女性の福祉課題の根本にある子どもと家庭の課題、人権の問題を新たな視点で学ぶ貴重な経験をさせていただき、子ども家庭福祉分野の研究者としての役割を深く考えさせられた。本年度より子どもの虹情報研修センター研究部にて非常勤研究員として、児童相談所や市区町村の児童家庭相談・支援の調査研究、研究事務局として携わっている。今後の研究と、研究を実践現場に還元するという研究の動機を実現するために多くの示唆を得ることができよう。川松亮研究部長はじめ、センター職員の方々、子ども家庭福祉の課題に真摯に取り組む同僚研究員の方々との議論や作業は、この分野に身をおくことの新たな覚悟と勇気を与えてくれた。心より感謝申し上げる。

今回の博士論文を書籍化するにあたり、科研費の申請では日本女子大学研究・学修支援課の越田はるかさんはじめ担当の方々に丁寧に対応いただ

いたことも筆者にとって心強かった。児童福祉法研究会の発表と、駿河台大学の吉田恒雄先生よりのご紹介がご縁となり、刊行に関して適切なアドバイスをくださった明石書店の深澤孝之さん、岡留洋文さんの編集作業過程における丁寧なご指摘があったからこそ作業を完了することができた。深謝申し上げる。

　最後に、論文提出にあたり校正を手伝ってくださった友人の山屋春恵さん、倉本芳美さん、SSWの仕事を引き継いでくださった黒川綱子さん、人生及び研究者の先輩として多くの心配や助言をしてくださった富山大学の秋葉悦子先生、紙幅の関係もあり、ここに全てのお名前を記すことはできないが、多くの友人たちの温かで常に変わらない友情と信頼に言葉に尽くせぬ感謝を捧げます。医師を目指し道半ばで亡くなった高校時代の友人、宮崎祥子さん。中島直子先生と彼女との出会いがなかったら子ども家庭福祉の道を歩むことはなかったかもしれない。研究の起点となったスクールソーシャルワークの現場で出会った子どもたち、ご家族の方々、学校及び関係機関の方々からは多くの貴重な学びをさせていただいた。自分の力量の小ささにうちひしがれながらも、クライアントの方々の生き抜こうとする力に日々励まされ、研究を続けることができている。

　人生の折々において、高い価値観の模索をたんたんと続けることの重要性を静かに忍耐強く教えてくれた叔父の駒崎興はじめ、ふがいない私を支え続けてくれる母、妹、亡き父と祖父母に本書を捧げる。

　　2017 年 8 月　　　　　　　　　　　　　　　　駒 崎　　道

〈著者略歴〉

駒崎 道（こまざき・みち）

日本女子大学大学院人間社会研究科社会福祉学専攻博士後期課程修了、博士（社会福祉学）。スクールソーシャルワーカー、四国学院大学准教授を経て、現在、日本女子大学学術研究員、子どもの虹情報研修センター非常勤研究員。
専門は、子ども家庭福祉、児童福祉政策における行政間連携、スクールソーシャルワーク。

〈主な論文〉
「児童福祉法制定過程における行政統合と対象範囲拡大の議論〜『児童福祉総合計画』構想の変遷を通して〜」日本社会福祉学会『社会福祉学』vol.53-4（No.104）、29-41頁、2013年
「児童福祉法制定過程におけるGHQ関与の一考察— PHW記録用覚書『児童福祉法』（一九四七年）の検討を通して—」『東京社会福祉史研究』第11号、51-77頁、2017年

GHQ「児童福祉総合政策構想」と児童福祉法
―児童福祉政策における行政間連携の歴史的課題

2017年9月25日　初版第1刷発行

著　者	駒　崎　　　道
発行者	石　井　昭　男
発行所	**株式会社明石書店**

〒101-0021 東京都千代田区外神田 6-9-5
電　話　03（5818）1171
ＦＡＸ　03（5818）1174
振　替　00100-7-24505
http://www.akashi.co.jp
装丁　　明石書店デザイン室
印刷　　株式会社文化カラー印刷
製本　　本間製本株式会社

ISBN978-4-7503-4563-5

Printed in Japan　　　　　　（定価はカバーに表示してあります）

[JCOPY]　〈（社）出版者著作権管理機構 委託出版物〉
本書の無断複写は著作権法上での例外を除き禁じられています。複写される場合は、そのつど事前に、（社）出版者著作権管理機構（電話　03-3513-6969、FAX　03-3513-6979、e-mail: info@jcopy.or.jp）の許諾を得てください。

本刊行物は、JSPS科研費JP17HP5166の助成を受けたものです。

キャロル活動報告書と児童相談所改革

児童福祉司はなぜソーシャルワークから取り残されたか

藤井常文 [著]　**倉重裕子** [訳]

◎A5判／上製／248頁　◎3,300円

占領期に国連の社会活動部から日本に派遣され、児童相談所を取り巻く機構改革に取り組み、数多くの問題提起や提言を行ったルイス・A・キャロル。その報告書は後の児童福祉法の改正と児童相談所・児童福祉司の制度改革に多大な影響を与えた。報告書の抄訳と解説。

【内容構成】

はじめに

第1部　Miss Carroll's Reports　A・K・キャロル活動報告書
　　　1949年12月から1950年1月まで
　　　1950年2月まで
　　　1950年3月31日まで
　　　1950年4月30日まで
　　　1950年5月31日までのレポート
　　　1950年6月1日から7月20日まで

第2部　児童相談所と児童福祉司制度の成立の歴史的経緯
　　　児童保護法案から児童福祉法案へ
　　　成立と施行

第3部　キャロル女史の来日と実地調査・指導
　　　派遣されたキャロル女史
　　　活動報告書はどのように生かされたか

〈価格は本体価格です〉

戦争孤児と戦後児童保護の歴史

台場、八丈島に「島流し」にされた子どもたち

藤井常文 著

A5判/上製/232頁 ◎3800円

戦後、戦争孤児と「浮浪児」の保護のために主要な役割を果たした児童保護施設。しかし、東京都の台場の「東水園」、八丈島の「武蔵寮」は、「特質浮浪児」の「隔離」を目的とした異質な施設であった。本書はその成り立ちと実態を詳細に調査し、児童保護の歴史の中に位置づける試み。

● 内 容 構 成 ●

第一章 戦争孤児と「浮浪児」
第一節 国と東京都における戦争孤児・「浮浪児」対策
第二節 実態調査と地方福祉委員会審議
第三節 「戦災孤児」・「浮浪児対策」と帝国議会

第二章 東水園の歴史
第一節 創設された警察署直轄の都立施設
第二節 民間団体による管理・運営へ
第三節 解明すべき課題

第三章 武蔵寮の歴史
第一節 武蔵寮の創設に関わった団体の歴史とその関係
第二節 武蔵農園の創業から武蔵寮の創設
第三節 崩壊に至る道／第四節 評価と課題

児童館の歴史と未来

児童館の実践概念に関する研究

西郷泰之 著

A5判/並製/304頁 ◎3200円

これまで児童健全育成事業を担ってきた児童館だが、今やそのアイデンティティを完全に見失っている。本書は、児童館施策約70年間の歴史的変遷を辿ることで、児童館の実践概念を明確にし、現代そして未来に向けて児童館活動の基本的役割を今いちど明らかにする。

● 内 容 構 成 ●

第1部 児童館の実践概念の混乱
第1章 児童館実践の混乱
第2章 児童館施策が目指してきたこと

第2部 児童館に関する史的考察
第3章 児童館前史と児童館構想期の社会的背景
第4章 児童館の歴史と施策意図

第3部 児童館施策のこれから
第5章 児童館施策の今後の基本的方向
第6章 地域福祉施設としての児童館の実践
第7章 子ども家庭福祉施策等の動向と児童館の課題

第4部 児童館の実践概念——その結論と提言
第8章 結論 児童館の実践概念
第9章 提言——児童館の基本的な目標・役割を果たすために

〈価格は本体価格です〉

子どもの権利ガイドブック【第2版】

日本弁護士連合会子どもの権利委員会編著
権利・貧困・教育・文化・国籍と共生の視点から
◎3600円

外国人の子ども白書

荒牧重人、榎井縁、江原裕美、小島祥美、志水宏吉、南野奈津子、宮島喬、山野良一編
◎2500円

周産期からの子ども虐待予防・ケア

保健・医療・福祉の連携と支援体制
中板育美著
◎2500円

児童相談所一時保護所の子どもと支援

子どもへのケアから行政評価まで
和田一郎編著
◎2200円

ネグレクトされた子どもへの支援

理解と対応のハンドブック
安部計彦、加藤曜子、三上邦彦編著
◎2800円

子ども虐待在宅ケースの家族支援

「家族維持」を目的とした援助の実態分析
畠山由佳子著
◎2600円

ダイレクト・ソーシャルワーク ハンドブック

対人支援の理論と技術
ディーン・H・ヘプワース、ロナルド・H・ルーニーほか著
武田信子監修
北島英治、澁谷昌史、平野直己ほか監訳
◎4600円

日本の児童虐待防止法的対応資料集成

児童虐待に関する法令・判例・法学研究の動向
吉田恒雄編著
◎25000円

〈価格は本体価格です〉

エビデンスに基づく効果的なスクールソーシャルワーク

現場で使える教育行政との協働プログラム
山野則子編著
◎2600円

新版 学校現場で役立つ子ども虐待対応の手引き

子どもと親への対応から専門機関との連携まで
玉井邦夫著
◎2400円

エビデンスに基づく子ども虐待の発生予防と防止介入

その実践とさらなるエビデンスの創出に向けて
トニー・ニューマン編
小林美智子監修
藤原武男、水木理恵監訳
◎2800円

事例で学ぶ 社会的養護児童のアセスメント

子どもの視点で考え、適切な支援を見出すために
増沢高著
◎2000円

いっしょに考える子ども虐待

小林登監修　川﨑二三彦、増沢高編著
◎2000円

子ども虐待ソーシャルワーク

転換点に立ち会う
川﨑二三彦著
◎2800円

日本の児童相談

先達に学ぶ援助の技
川﨑二三彦、鈴木崇之編著
◎2400円

児童相談所70年の歴史と児童相談

"歴史の希望としての児童"の支援の探究
加藤俊二著
◎2800円